SUCESSÕES

O GEN | Grupo Editorial Nacional – maior plataforma editorial brasileira no segmento científico, técnico e profissional – publica conteúdos nas áreas de concursos, ciências jurídicas, humanas, exatas, da saúde e sociais aplicadas, além de prover serviços direcionados à educação continuada.

As editoras que integram o GEN, das mais respeitadas no mercado editorial, construíram catálogos inigualáveis, com obras decisivas para a formação acadêmica e o aperfeiçoamento de várias gerações de profissionais e estudantes, tendo se tornado sinônimo de qualidade e seriedade.

A missão do GEN e dos núcleos de conteúdo que o compõem é prover a melhor informação científica e distribuí-la de maneira flexível e conveniente, a preços justos, gerando benefícios e servindo a autores, docentes, livreiros, funcionários, colaboradores e acionistas.

Nosso comportamento ético incondicional e nossa responsabilidade social e ambiental são reforçados pela natureza educacional de nossa atividade e dão sustentabilidade ao crescimento contínuo e à rentabilidade do grupo.

ORLANDO GOMES

Atualizador
MARIO ROBERTO CARVALHO DE FARIA

SUCESSÕES

Coordenador
Edvaldo Brito

17ª Edição | Revista e Atualizada

- A EDITORA FORENSE se responsabiliza pelos vícios do produto no que concerne à sua edição (impressão e apresentação a fim de possibilitar ao consumidor bem manuseá-lo e lê-lo). Nem a editora nem o autor assumem qualquer responsabilidade por eventuais danos ou perdas a pessoa ou bens, decorrentes do uso da presente obra.

- Nas obras em que há material suplementar on-line, o acesso a esse material será disponibilizado somente durante a vigência da respectiva edição. Não obstante, a editora poderá franquear o acesso a ele por mais uma edição.

- Todos os direitos reservados. Nos termos da Lei que resguarda os direitos autorais, é proibida a reprodução total ou parcial de qualquer forma ou por qualquer meio, eletrônico ou mecânico, inclusive através de processos xerográficos, fotocópia e gravação, sem permissão por escrito do autor e do editor.

Impresso no Brasil – *Printed in Brazil*

- Direitos exclusivos para o Brasil na língua portuguesa
Copyright © 2019 by
EDITORA FORENSE LTDA.
Uma editora integrante do GEN | Grupo Editorial Nacional
Travessa do Ouvidor, 11 – Térreo e 6º andar – 20040-040 – Rio de Janeiro – RJ
Tel.: (21) 3543-0770 – Fax: (21) 3543-0896
faleconosco@grupogen.com.br | www.grupogen.com.br

- O titular cuja obra seja fraudulentamente reproduzida, divulgada ou de qualquer forma utilizada poderá requerer a apreensão dos exemplares reproduzidos ou a suspensão da divulgação, sem prejuízo da indenização cabível (art. 102 da Lei n. 9.610, de 19.02.1998). Quem vender, expuser à venda, ocultar, adquirir, distribuir, tiver em depósito ou utilizar obra ou fonograma reproduzidos com fraude, com a finalidade de vender, obter ganho, vantagem, proveito, lucro direto ou indireto, para si ou para outrem, será solidariamente responsável com o contrafator, nos termos dos artigos precedentes, respondendo como contrafatores o importador e o distribuidor em caso de reprodução no exterior (art. 104 da Lei n. 9.610/98).

- Capa: Fabricio Vale dos Santos

- Data de fechamento: 18.03.2019

- **CIP – BRASIL. CATALOGAÇÃO NA FONTE.**
SINDICATO NACIONAL DOS EDITORES DE LIVROS, RJ.

G615s
Gomes, Orlando, 1909-1988

Sucessões / Orlando Gomes; – 17. ed. [revista e atualizada por] Mario Roberto Carvalho de Faria – Rio de Janeiro: Forense, 2019.

ISBN 978-85-309-6970-7

1. Herança e sucessão – Brasil. I. Faria, Mario Roberto Carvalho de. II. Título.

19-55392   CDU: 347.65(81)

Leandra Felix da Cruz – Bibliotecária – CRB-7/6135

OBRAS DO AUTOR

1. O Estado e o indivíduo.
2. A convenção coletiva de trabalho.
3. Direito do trabalho (Ensaios).
4. Introdução ao direito do trabalho.
5. O salário no direito brasileiro.
6. Do reconhecimento dos filhos adulterinos.
7. A crise do direito.
8. Introdução ao direito civil.
9. Questões de direito civil.
10. Marx e Kelsen.
11. Raízes históricas e sociológicas do Código Civil brasileiro.
12. Contratos.
13. Direito privado, novos aspectos.
14. Obrigações.
15. Direito e desenvolvimento.
16. Anteprojeto de Código Civil.
17. Memória justificativa do anteprojeto de reforma do Código Civil.
18. Curso de direito do trabalho.
19. A reforma do Código Civil.
20. Transformações gerais do direito das obrigações.
21. Direito de família.

22. Harengas.

23. Contrato de adesão.

24. Questões de direito do trabalho.

25. Direitos reais.

26. Alienação fiduciária em garantia.

27. O novo direito de família, cinco estudos.

28. Direito econômico.

29. Novas questões de direito civil.

30. Escritos menores.

31. Novíssimas questões de direito civil.

32. Novos temas de direito civil.

33. **Código Civil:** Projeto Orlando Gomes.

34. **Questões mais recentes de direito privado:** pareceres.

SOBRE O AUTOR E O ATUALIZADOR

Orlando Gomes

Professor Emérito na Faculdade de Direito da Universidade Federal da Bahia. Professor Honorário na Faculdade de Direito da Universidade Católica de Salvador. Professor Catedrático da Universidade Federal da Bahia. Doutor *Honoris Causa* da Universidade de Coimbra.

Mario Roberto Carvalho de Faria

Advogado. Professor da cadeira de Direito Civil da Pontifícia Universidade Católica do Rio de Janeiro. Professor da Escola da Magistratura do Estado do Rio de Janeiro e da Escola Superior de Advocacia. Membro do Instituto dos Advogados do Brasil.

PRÓLOGO

O Direito das Sucessões não é campo aberto a inovações de grande porte, mas, tendo estrita conexão com duas instituições básicas do ordenamento jurídico de qualquer povo, como são a *família* e a *propriedade*, é compreensível que receba influência das transformações por que estas passam. Não chegam, contudo, a provocar mudanças radicais no regime hereditário, que continua orientado por três conceitos gerais: 1) o do respeito à vontade do finado; 2) o de que a sucessão legítima é supletiva de sua vontade; e 3) o da igualdade das legítimas.

Todavia, até anunciadas reformas nos dias correntes prendem-se inadvertida ou teimosamente ao passado, quer ao conceito de família correspondente à sua estrutura arcaica, de tipo patriarcal, quer a um conceito de propriedade que ignora sua função social, já admitida na Constituição, e despreza sua função econômica. De resto, a sucessão *causa mortis* se tornou marginal em relação ao processo produtivo, por isso que o capital se transmite em formas que tornam praticamente irrelevante a disciplina sucessória (RODOTÁ).

A imagem da família legítima, oriunda exclusivamente do casamento civil, ofuscava a família natural, mesmo constituída pelo matrimônio religioso, e projetava intoleráveis limitações no direito hereditário. O Código Civil restringia quantitativamente a sucessão dos filhos simplesmente naturais, reduzindo seu quinhão à metade da quota que coubesse ao filho legítimo, proibia terminantemente o reconhecimento, voluntário ou coativo, dos filhos adulterinos e dos incestuosos, incluindo a jurisprudência, naquela categoria, os filhos de pessoas desquitadas, enquanto dilatava até o sexto grau a sucessão dos parentes da linha colateral, beneficiando remotos primos. Esse quadro sofreu apenas ligeiras alterações. No entanto, outra é, hoje, a concepção da família e outros, consequentemente, os pressupostos da sucessão legítima. A começar pela composição, reduzida, como se acha, aos pais e filhos, quando muito aos avós e netos, cujos interesses, como grupo que deve manter-se coeso, se devem regular sem sacrifício da sua *ratio* atual. Democratizada com a mudança no equilíbrio das posições que seus membros ocupam no grupo e sofrendo, cada dia mais, a intervenção do Estado por meio das leis ou da fiscalização do juiz, a família moderna revela forte tendência, na sua constituição e no curso da sua existência, a impregnar--se do espírito do *contrato*, com manifestos reflexos no campo patrimonial e, desse modo, no Direito das Sucessões. As leis que facilitam a dissolução do vínculo matrimonial, a anulação do casamento, a separação independentemente de culpa, a igualdade dos filhos de toda condição e tantas outras alteram, por via reflexa, a sistemática da sucessão legal, antecipando-a praticamente ou

X | SUCESSÕES – *Orlando Gomes*

determinando que participem, como genuínos herdeiros, pessoas estranhas à família legítima, e assim por diante.

Quanto à *propriedade*, interroga-se mais incisivamente onde identificar sua *função social* – *ratio* de sua legitimidade –, na sua aquisição por herança, que não se funda, como adverte um escritor, nem sobre o trabalho, nem na poupança do adquirente. Resposta não se obtém porque a função social da propriedade é uma ideia estranha à sucessão hereditária como simples transmissão de bens, a que se reduz. Nem há que insistir em tal conexão, sabido que a propriedade a que se exige essa funcionalidade se acha formalizada em títulos constitutivos da riqueza mobiliária, que se transferem, como nota o mesmo escritor, por meios mais simples e expeditos do que o testamento. Por outro lado, para a grande maioria, a morte de uma pessoa da família é tão somente a condição jurídica para a percepção de pensão previdenciária, nenhum interesse tendo, para tantos que nada possuem, as disposições do livro das sucessões. Importam essas disposições fundamentalmente aos que são donos de bens de uso ou titulares inexpressivos de valores mobiliários representativos da propriedade de bens de produção. O regime hereditário, aplicando-se praticamente a bens que têm essa função, de uso ou de consumo, objeto de *propriedade pessoal*, institui-se indistintamente nos sistemas econômicos antagônicos, perdendo, no capitalista, a importância que tinha como instrumento de perpetuação da riqueza na família. Ainda assim, o Estado, na sua escalada para se apropriar da riqueza privada, a pretexto de redistribuí-la, taxa fortemente a transmissão hereditária de bens, concorrendo para "desvalorizar ainda mais os institutos tradicionais do Direito das Sucessões".

Não obstante tais mudanças, permanecem, com poucas alterações, as disposições do Código Civil sobre *sucessões*. Afora as que decorreram do novo estatuto da mulher casada, não se registram, em verdade, outras modificações de maior significação. Algumas se positivaram, no entanto, por meio de incorporação a outras leis ou Códigos, em flagrante atentado à técnica de legislar e sacrifício, não raro, do próprio sistema do corpo de leis codificadas. Não se trata do método tolerável de completa substituição de um instituto, para atualizá-lo, nem mesmo de introdução de nova figura jurídica sem preocupação sistemática e sem rigor dogmático. A boa norma de extremar, no terreno legislativo, as áreas próprias de cada divisão do Direito, que proporcionou a elaboração de códigos distintos – o civil, o comercial, o penal, o processual e outros tantos –, foi esquecida, entre nós, neste período de reformas apressadas e canhestras. Nessa onda, diversos artigos do Código Civil, em matéria de sucessões, foram alterados por disposições do Código de Processo Civil de 1973. [Em sequência, a Lei 10.406, de 10/01/2002, revogou o Código Civil de 1916 e, posteriormente, a Lei 13.105, de 16/03/2015, revogou o Código de Processo Civil de 1973]. A pretexto de regular o procedimento especial do inventário e da partilha, de jurisdição contenciosa, e o procedimento especial dos testamentos e codicilos, de jurisdição voluntária, bem como o de herança jacente, o legislador processual modificou regras contidas no livro das sucessões do Código Civil. É certo que algumas dessas disposições situam-se com propriedade naquele Código, não assim outras, mas de tal modo se embaralham que o estudante, o advogado e o juiz precisam estar advertidos para essa duplicidade.

A adaptação não altera o cunho didático desta obra. Sem se limitar a simples resumo, em ordem sistemática, do texto do Código Civil, nem ao registro sumário de soluções práticas, pretende ser, como na primeira edição, um compêndio presidido pelo espírito de síntese, tão claro quanto possível, no qual se apresenta despretensiosamente, como se fora o derradeiro tomo de um curso de Direito Civil, o quadro das relações e atos jurídicos tradicionalmente compreendidos na parte especial do Direito das Sucessões.

Nos trinta e quatro capítulos que se seguem, é nítida a divisão da obra em quatro partes: 1 – noções gerais; 2 – sucessão legítima; 3 – sucessão testamentária; 4 – inventário e partilha. A ordem de tratamento das matérias é, finalmente, a do Código Civil.

O Autor

PALAVRAS DO COORDENADOR DA EQUIPE DE ATUALIZADORES

A Editora Forense e a Família (os filhos Marcelo, Maurício, Márcio e Marco Antônio – o primeiro presidente e os demais conselheiros da Fundação Orlando Gomes) incumbiram-me de coordenar a **Comissão de Atualizadores** (Professores: Ministro Moreira Alves – **Introdução ao direito civil**; Antônio Junqueira Azevedo – **Contratos**; Luiz Edson Fachin – **Direitos reais**; Álvaro Villaça Azevedo – **Família**; Mario Roberto Carvalho de Faria – **Sucessões**; Edvaldo Brito – **Obrigações e responsabilidade civil**).

O critério de escolha está informado por dois pré-requisitos de igual nível: a) o respeito do atualizador pela memória do Professor Orlando Gomes e b) a competência arrimada pela inteligência e cultura do atualizador, neste caso à exclusão deste coordenador.

As regras para a atualização consistem em:

Guardar a uniformidade do estilo de atualizações; elaborar uma introdução que ofereça uma visão de conjunto da obra atualizada, e da atualização, em si; guardar, na atualização, o mérito do pensamento da obra, seguindo a sequência na qual ele está vazado, vedadas, assim, as confrontações de pensamento divergente do atualizador; [colocar a sigla RA (Revisão do Atualizador) nos trechos objeto do trabalho do atualizador; excluir os trechos totalmente superados, substituindo-os por texto de autoria do atualizador].

Cumpre-o, a tudo, o eminente Professor Mario Roberto Carvalho de Faria, com maestria, ao dar cabo à tarefa que lhe foi confiada.

Todos lhe agradecemos por esta colaboração que ajuda a perpetuar a memória sábia de Orlando Gomes.

Salvador, 29 de julho de 2003.

Data dos 15 anos da morte do Professor Orlando Gomes

Edvaldo Brito
Coordenador

ÍNDICE ANALÍTICO DAS MATÉRIAS

Capítulo 1
GENERALIDADES

1. Generalidades	1
2. Justificação do Direito das Sucessões	2
3. Evolução Histórica	3
4. Acepções da Palavra "Sucessão"	4
5. Sucessão a Título Universal e a Título Singular	5
6. Herança e Legado	6
7. Espécies de Sucessão	7
8. Formas Fundamentais	7
9. Pressupostos da Sucessão	8
10. Conteúdo	9

Capítulo 2
ABERTURA DA SUCESSÃO E DELAÇÃO

11. Momentos do Fenômeno Sucessório	11
12. Abertura da Sucessão	11
13. Tempo da Abertura	12
14. Lugar da Abertura	13
15. Devolução Sucessória	13
16. Fonte	14
17. Aspectos da Delação	14
18. Efeitos	15

Capítulo 3
AQUISIÇÃO DA HERANÇA

19. Momento da Aquisição	17
20. Transmissão *Ipso Jure* da Herança	18
21. Efeitos da Aquisição	19
22. Direito de Deliberar	19
23. Aceitação da Herança	20
24. Espécies de Aceitação	20

XVI | SUCESSÕES – *Orlando Gomes*

25. Aceitação a Benefício de Inventário 21

26. Renúncia da Herança 22

Capítulo 4
CAPACIDADE SUCESSÓRIA

27. Conceito e Espécies 25

28. Capacidade Sucessória das Pessoas Físicas 26

29. Capacidade Sucessória das Pessoas Jurídicas 27

30. Indignidade 27

31. Natureza Jurídica 28

32. Casos de Indignidade 28

33. Efeitos 30

34. Declaração de Indignidade 30

35. Reabilitação 31

Capítulo 5
SUCESSÃO LEGÍTIMA

36. Generalidades 33

37. Herdeiro Legítimo 34

38. Ordem da Vocação Hereditária 35

39. Modos de Suceder 37

40. Direito de Representação 38

41. Pressupostos do Direito de Representação 40

42. Causas do Direito de Representação 41

43. Efeitos 42

44. Unicidade de Estirpe 43

45. Ordem da Sucessão Legítima 44

Capítulo 6
SUCESSÃO DOS PARENTES

46. Parentes Sucessíveis 45

47. Sucessão dos Descendentes 45

48. Regras 46

49. Concorrência do Cônjuge com os Descendentes 47

50. Sucessão dos Ascendentes 48

51. Concorrência do Cônjuge com os Ascendentes 49

52. Sucessão dos Parentes Colaterais 50

53. Direito de Representação na Linha Colateral 51

Capítulo 7
SUCESSÃO DO CÔNJUGE E DO COMPANHEIRO

54. Pressupostos	53
55. Natureza do Direito do Cônjuge	54
56. Direito de Habitação	54
57. Proteção do Cônjuge Sobrevivente	55
58. Sucessão dos Companheiros	56

Capítulo 8
SUCESSÃO DO ESTADO

59. Vocação do Estado	59
60. Natureza do Direito do Estado	59
61. Momento da Aquisição	60
62. Herança Jacente	61
63. Natureza da Herança Jacente	62
64. Arrecadação da Herança	62
65. Herança Vacante	63

Capítulo 9
PROTEÇÃO DA LEGÍTIMA

66. Localização da Matéria	65
67. Liberalidades Inoficiosas	66
68. Redução	67
69. Ordem de Redução	69

Capítulo 10
SUCESSÃO TESTAMENTÁRIA

70. Generalidades	71
71. Antecedentes Históricos	72
72. Conceito	73
73. Lei Reguladora	74
74. Pressupostos	75
75. Capacidade Ativa	76
76. Indisponibilidade Relativa	77
77. Capacidade Passiva	78
78. Testamento	80
79. Codicilo	82

Capítulo 11
FORMAS DE TESTAMENTO

80. Proteção da Vontade de Testar	83
81. Formas de Testamento	84
82. Testamento de Mão Comum	85
83. Testamento Nuncupativo	86
84. Reconstituição do Testamento	87

Capítulo 12
TESTAMENTO PÚBLICO

85. Variedade de Formas Testamentárias	89
86. Testamentos Comuns	90
87. Testamento Público	90
88. Formalidades Essenciais	92
89. Como se Faz o Testamento Público	93
90. Testemunhas Instrumentárias	93
91. Testamento do Analfabeto	93
92. Testamento do Surdo	94
93. Testamento do Mudo	95
94. Testamento do Cego	95

Capítulo 13
TESTAMENTO CERRADO

95. Noção e Formalidades	97
96. Cédula Testamentária	97
97. Formalidades da Cédula	98
98. Auto de Aprovação	99
99. Cerramento	101
100. Abertura	101
101. Incolumidade do Testamento Cerrado	102
102. Diferença entre Testamento Cerrado e Particular	103

Capítulo 14
TESTAMENTO PARTICULAR

103. Generalidades	105
104. Requisitos Essenciais de Validade	106
105. Formalidades Não Essenciais	107
106. Requisitos de Eficácia	108
107. Ineficácia	109

ÍNDICE ANALÍTICO DAS MATÉRIAS | **XIX**

108. Testamento sem Testemunhas 110

Capítulo 15
TESTAMENTOS ESPECIAIS

109. Classificação 111
110. Testamento Marítimo 111
111. Testamento Aeronáutico 112
112. Caducidade 113
113. Testamento Militar 113
114. Testamento Nuncupativo 114

Capítulo 16
INVALIDADE DOS TESTAMENTOS

115. Formalismo 117
116. Distinções Necessárias 118
117. Nulidade do Testamento 119
118. Nulidade das Disposições Testamentárias 120
119. Anulabilidade do Testamento 121
120. Anulabilidade das Disposições Testamentárias 121
121. Ineficácia Legal 123

Capítulo 17
DISPOSIÇÕES TESTAMENTÁRIAS

122. Conteúdo e Interpretação do Testamento 125
123. Disposições à Pessoa Incerta 128
124. Classificação das Disposições Testamentárias 129
125. Disposições Puras e Simples 130
126. Disposições Condicionais 130
127. Disposições a Termo 132
128. Disposições Modais 132
129. Cláusula Cominatória 134
130. Disposições Motivadas e Restritivas 134

Capítulo 18
DISPOSIÇÕES CONJUNTAS E DIREITO DE ACRESCER

131. Disposições Conjuntas 137
132. Direito de Acrescer 138
133. Fundamento 140

134. Pressupostos 140
135. Aplicação do Direito de Acrescer.. 141
136. Regime do Usufruto.. 142

Capítulo 19
CLÁUSULAS RESTRITIVAS

137. Classificação 145
138. Cláusula de Inalienabilidade... 146
139. Espécies... 147
140. Natureza.. 148
141. Efeitos.. 149
142. Sub-rogação de Bens Inalienáveis 150
143. Cláusula de Incomunicabilidade... 151
144. Cláusula de Impenhorabilidade 152
145. Cláusula de Conversão 152
146. Cláusula de Administração 152

Capítulo 20
LEGADOS

147. Conceito e Caracteres 153
148. Sujeitos.. 154
149. Objeto.. 155
150. Classificação 155
151. Legado de Coisas.. 156
152. Legado de Usufruto.. 157
153. Legado de alimentos 158
154. Legado Alternativo 159
155. Legado de Crédito 159
156. Legado de Débito.. 160
157. Outros Legados 160

Capítulo 21
AQUISIÇÃO E EFEITOS DOS LEGADOS

158. Aquisição dos Legados 163
159. Aceitação e Renúncia.. 164
160. Direito de Pedir o Legado 164
161. Pagamento do Legado... 166
162. Cumprimento do Legado de Coisas 167
163. Extinção dos Legados 167
164. Garantia dos Legados.. 169

Capítulo 22
SUBSTITUIÇÕES

165. Generalidades 171
166. Classificação 171
167. Substituição Vulgar 172
168. Natureza da Substituição Vulgar 173
169. Fundamento 174
170. Pressupostos 174
171. Efeitos 175
172. Substituição Recíproca 175
173. Substituição Fideicomissária 176

Capítulo 23
FIDEICOMISSO

174. Generalidades 177
175. Conceito 179
176. Elementos Históricos 180
177. Elementos Constitutivos 181
178. Posição do Fiduciário 181
179. Posição do Fideicomissário 182
180. Caducidade 183
181. Ineficácia 185
182. Fideicomisso e Usufruto 186

Capítulo 24
DESERDAÇÃO

183. Conceito 191
184. Pressupostos 192
185. Comprovação 193
186. Casos 194
187. Casos Especiais 194
188. Efeitos 195

Capítulo 25
REVOGAÇÃO DO TESTAMENTO

189. Faculdade de Revogação 197
190. Classificação 198
191. Revogação Expressa 198
192. Revogação do Testamento Revogatório 199

XXII | SUCESSÕES – *Orlando Gomes*

193. Revogação Tácita.. 200
194. Inutilização do Testamento Cerrado.. 201
195. Alienação da Coisa Legada... 201

Capítulo 26
CADUCIDADE DO TESTAMENTO

196. Natureza... 203
197. Classificação... 204
198. Rompimento por Superveniência... 205
199. Descendente Sucessível.. 205
200. Ignorância da Existência de Outros Herdeiros.. 206
201. Sobrevivência do Herdeiro... 207
202. Como se Dá o Rompimento... 207
203. Exclusão da Caducidade... 207

Capítulo 27
TESTAMENTEIRO

204. Testamentaria... 209
205. Natureza Jurídica... 210
206. Testamenteiro... 211
207. Aceitação.. 212
208. Atribuições, Direitos e Obrigações.. 212
209. Vintena ou Prêmio... 214
210. Extinção.. 215

Capítulo 28
PETIÇÃO DE HERANÇA

211. Finalidade da Ação... 217
212. Natureza... 217
213. Legitimação.. 219
214. Herdeiro Aparente.. 219
215. Relações entre o Herdeiro Real e o Aparente.. 220
216. Relações entre o Herdeiro Real e o Adquirente de Bem Hereditário.................... 220
217. Particularidades da Ação.. 221

Capítulo 29
CESSÃO DE HERANÇA

218. Generalidades... 225
219. Cessão de Herança.. 225

ÍNDICE ANALÍTICO DAS MATÉRIAS | **XXIII**

220. Momento da Cessão... 227
221. Pressupostos e Requisitos.. 227
222. Particularidades.. 227
223. Efeitos... 228

Capítulo 30
INVENTÁRIO

224. Inventário.. 231
224-A. Inventário e Partilha por Escritura Pública... 232
225. Inventariante.. 234
226. Representação Legal.. 235
227. Bens Sujeitos a Inventário... 237
228. Prestação de Contas.. 237
229. Remoção do Inventariante... 237
230. O Procedimento de Inventário Judicial.. 238

Capítulo 31
COLAÇÃO

231. Localização... 241
232. Fundamento... 242
233. Natureza.. 243
234. Pressupostos.. 244
235. Sujeitos... 245
236. Objeto... 246
237. Modos... 247
238. Valor dos Bens Doados... 248

Capítulo 32
ENCARGOS DA HERANÇA

239. Discriminação dos Encargos.. 249
240. Pagamento das Dívidas... 250
241. Separação de Bens do Espólio... 250
242. Discriminação de Patrimônios... 251
243. Dívida do Herdeiro... 252
244. Responsabilidade dos Herdeiros.. 252

Capítulo 33
SONEGADOS

245. Conceito.. 255

246. Pena 256

247. Caracterização... 257

248. Ação de Sonegados... 257

249. Efeitos... 258

Capítulo 34

PARTILHA

250. Comunhão Hereditária.. 261

251. Direito de Exigir Partilha... 262

252. Modalidades... 263

253. Regras.. 264

254. Partilha Testamentária 265

255. Partilha em Vida.. 266

256. Modos de Partilhar.. 267

257. Efeitos da Partilha 268

258. Tornas e Licitação.. 269

259. Sobrepartilha.. 270

260. Anulação e Rescisão da Partilha 271

Índice Alfabético de Assuntos 275

Capítulo 1
GENERALIDADES

Sumário: 1. Generalidades. **2.** Justificação do Direito das Sucessões. **3.** Evolução Histórica. **4.** Acepções da Palavra "Sucessão". **5.** Sucessão a Título Universal e a Título Singular. **6.** Herança e Legado. **7.** Espécies de Sucessão. **8.** Formas Fundamentais. **9.** Pressupostos da Sucessão. **10.** Conteúdo.

1. Generalidades. *Direito das Sucessões* é a parte especial do Direito Civil que regula a destinação do patrimônio de uma pessoa depois de sua morte.[1] Não compreende as disposições de Direito Tributário, nem as de Direito Público relativas aos efeitos do óbito do indivíduo na esfera das respectivas competências. Refere-se apenas às *pessoas físicas*. A extinção de uma *pessoa jurídica* não está no seu âmbito, nem têm a natureza de disposições de última vontade os preceitos estatutários que regulam a sorte do patrimônio social. Disciplina, concisamente falando, os efeitos da morte de uma pessoa natural, na área do Direito Privado.

Seu estudo pressupõe o conhecimento das outras partes especiais do Direito Civil. Por efeito da morte, transmitem-se e se constituem *direitos reais*. A *sucessão* é um dos *modos de aquisição* da propriedade. *Créditos* e *obrigações* passam aos sucessores *causa mortis*. O *testamento* é negócio jurídico. A *sucessão legítima* descansa no *Direito de Família*, e assim por diante.

Não obstante constituir-se de relações predominantemente patrimoniais, que poderiam determinar seu tratamento juntamente com o *Direito das Coisas* ou o *Direito das Obrigações*, sustenta-se sua *autonomia*, para regulação unitária, porque encerra princípios e figuras que, embora conservem afinidade com relações patrimoniais *inter vivos*, distinguem-se e pedem disciplina orgânica.[2]

O Direito das Sucessões divide-se em quatro partes fundamentais, constituídas de princípios, conceitos e regras atinentes à *sucessão legítima*, à *sucessão testamentária*, às duas espécies, no que têm de comum, e ao inventário e partilha.

---

1 BINDER. **Derecho de successiones**. Tradução de Berdejo, p. 1.

2 CICU. Successioni per causa di morte. In: CICU e MESSINEO. **Trattato di diritto civile e commerciale**. p. 3.

Outros negócios *mortis causa*, como os pactos sucessórios e a doação *causa mortis*, existem, mas são nulos no Direito brasileiro.[3]

2. Justificação do Direito das Sucessões. Condena-se o Direito das Sucessões sob fundamentos diversos.

Lassale combateu-o, por se apoiar em duas ideias anacrônicas: *a)* a de continuação da vontade do defunto e *b)* a da compropriedade aristocrática da família romana.

Outros sustentam, com apoio em Saint Simon, que o Estado deveria ser o herdeiro universal das fortunas privadas, obtendo-se, desse modo, sem violência, sua transferência ao domínio público.

Menger preconiza a proibição de se transmitirem, *mortis causa, os bens de produção*, admitindo, entretanto, o direito de disposição dos *bens de consumo*.

Entre os que aceitam o direito sucessório, avoluma-se a corrente dos que advogam forte taxação progressiva sobre os bens hereditários ou pretendem sua limitação aos descendentes, ascendentes e irmãos.

Contrapõem-se argumentos à posição negativista. O mais persuasivo é o de que a herança não é mais do que a extensão da propriedade privada além dos limites da vida humana. O próprio Menger reconhece que está intimamente ligado o destino das duas instituições, a propriedade e sucessão. Se a apropriação individual de bens de qualquer espécie é legalmente protegida, e até estimulada, não se justifica a expropriação com a morte do proprietário. Em todos os tempos, a *sucessão* tem sido admitida e, até nos povos que aboliram a propriedade privada dos bens de produção, ocorre em relação aos bens de uso e consumo.

Esclarece Cimbali que a propriedade se constitui sob o impulso de fatores que concorrem para sua formação e garantia. São *elementos subjetivos* que se tripartem. O *elemento individual* prepondera em sua aquisição. O *familiar*, na sua conservação. O *social*, em sua garantia. Enquanto vive, os três fatores compartilham das utilidades da propriedade. Por sua morte, cada um dos três fatores reivindica a parte que lhe cabe.[4]

Não é preciso recorrer, porém, à construção artificial para justificar o direito hereditário. A sucessão *mortis causa* encontra sua justificação, conforme acentua Degni, nos mesmos princípios que explicam e justificam o direito de propriedade individual, do qual é a expressão mais enérgica e a extrema, direta e lógica consequência.[5] Esse, o seu fundamento racional.

---

3 A proibição é atenuada pelas regras sobre a estipulação em favor de terceiro para valer depois da morte do estipulante; o essencial é que a assunção da obrigação do estipulante contra o promitente seja *atual*, como no seguro de vida. TRIMARCHI. **Istituzioni di diritto privato**. p. 835.

4 **Nova fase do direito civil**. § 160.

5 **La successione a causa di morte**. v. I, p. 15.

3. Evolução Histórica. O conhecimento da evolução histórica do Direito das Sucessões interessa a partir do Direito Romano.

No Direito das XII Tábuas, o *pater familias* tinha absoluta liberdade de dispor dos seus bens para depois da morte, mas, se falecesse sem testamento, a sucessão se devolvia, seguidamente, a três classes de herdeiros:

1 – *Sui*;

2 – *agnati*;

3 – *gentiles*.

Heredes sui et necessarii eram os filhos sob pátrio poder, a mulher *in manu, quia filiae loco est* e outros parentes sujeitos ao *de cujus*.

Agnati, as pessoas sob o mesmo pátrio poder ou que a ele se sujeitariam se o *pater familias* não estivesse morto. A herança não era deferida a todos os agnados, mas ao mais próximo no momento da morte.[6]

Gentiles, os membros da mesma *gens*.

O sistema foi substituído pelo *direito pretoriano*, que admitiu quatro ordens de sucessíveis: *liberi, legitimi, cognati* e *cônjuge sobrevivente* (*vir et uxor*).

A primeira classe compreendia os *sui heredes* e os *emancipati*. A segunda, os *consanguinei* e os *agnati*. A terceira, todos os parentes até o sexto grau. A quarta, o marido, ou a mulher.

Conquanto incluísse os parentes cognados, é somente no *Direito justinianeu* que a sucessão legítima passa a se fundar unicamente no parentesco natural. A ordem da vocação hereditária era:

1 – *descendentes*;

2 – *ascendentes, juntamente com irmãos bilaterais*;

3 – *irmãos consanguíneos ou uterinos*;

4 – *outros parentes colaterais*.

Os parentes mais próximos excluíam os mais remotos. A viúva pobre, por *sucessão irregular* introduzida pela Novela 117, recolhida a herança se faltassem todos os herdeiros. A *lex Julia et Papia Poppea* prescrevera o direito do Estado à sucessão, quando ocorresse a *vacantia*.

No *Direito germânico primitivo* a sucessão baseava-se na *compropriedade familiar*, vindo, em primeiro lugar, os filhos varões e, em seguida, os irmãos do defunto, tios paternos e maternos.

---

6 DEGNI. **La successione a causa di morte**. v. I, p. 15.

No Direito pátrio, a *ordem da vocação hereditária* foi, até 1907, a seguinte: 1 – *descendentes*; 2 – *ascendentes*; 3 – *colaterais até o décimo grau*; 4 – *cônjuge sobrevivo*; 5 – *Fisco*. A Lei n. 1.839, desse ano, alterou-a, trazendo para o terceiro grau o cônjuge supérstite e limitando o parentesco transversal ao sexto grau. O [texto revogado do] Código Civil observou-a, mas a sucessão dos parentes colaterais foi reduzida, em lei extravagante, ao quarto grau.[7]

Tanto a Lei n. 883 como a 4.121 modificaram, *circunstancialmente*, o direito hereditário do cônjuge sobrevivente.

[A Constituição Federal trouxe duas disposições importantes acerca do direito sucessório: a do art. 5º, XXX, que inclui entre as garantias fundamentais o direito de herança; e a do art. 227, § 6º, que assegura a paridade de direitos, inclusive sucessórios, entre todos os filhos, havidos ou não da relação do casamento, assim como por adoção.

A Lei n. 8.971, de 29.12.1994, criou, nas relações concubinárias, o direito de sucessão em favor do companheiro sobrevivente, sobre a totalidade da herança, na falta de descendentes ou ascendentes. Posteriormente, a Lei n. 9.278, de 10.05.1996, regulando o § 3º do art. 226 da Constituição Federal, instituiu, ainda no campo da sucessão entre companheiros, o direito real de habitação sobre o imóvel destinado à residência da família, enquanto vivesse o companheiro sobrevivente ou não constituísse nova união ou casamento. A Lei n. 10.050, de 14.11.2000, acrescentou o § 3º ao art. 1.611, atribuindo ao filho deficiente físico incapacitado para o trabalho igual direito concedido no § 2º ao cônjuge casado pelo regime da comunhão universal. Por fim, a Lei n. 10.406, de 10.01.2002, instituiu o Código Civil vigente, apresentando como principal inovação no direito sucessório a inclusão do cônjuge como herdeiro necessário e concorrente com descendentes e ascendentes].

4. Acepções da Palavra "Sucessão". As relações jurídicas modificam-se, permanecendo inalteradas em sua identidade.

A modificação pode ser *subjetiva* ou *objetiva*. A mudança do *sujeito* na posição ativa ou passiva da relação toma o nome técnico de *sucessão*.[8] O sucessor assume o lugar do autor da sucessão. Há, em suma, *transmissão* voluntária ou coativa. Nem sempre é possível, quer no lado ativo, quer no passivo. Nos casos permitidos, ocorre *inter vivos* e *mortis causa*. A sucessão por morte compreende todas as espécies de aquisição, sendo complexa por sua natureza. É o modo por excelência de *sucessão universal*, tendo tamanha significação que o substantivo se emprega comumente para designá-la. Caracteriza-se pela completa identidade da posição jurídica do sucessor e do autor da sucessão, de tal modo que, "ressalvado

---

7   Decreto-Lei n. 9.461, de 15 de julho de 1946.

8   PASSARELLI, Santoro. **Dottrine generali di diritto civile**. 6. ed. p. 89.

o sujeito, todos os outros elementos permanecem na relação jurídica: o título, o conteúdo, o objeto".[9]

A expressão *sucessão hereditária* emprega-se nos sentidos *objetivo* e *subjetivo*. No *sentido objetivo*, é sinônimo de *herança*, massa de bens e encargos, direitos e obrigações que compunham o patrimônio do defunto. No *sentido subjetivo*, equivale a direito de suceder, isto é, de recolher os bens da herança.

Conquanto a transferência de um patrimônio na sua totalidade se dê, *uno actu*, pelo direito hereditário, em condições que singularizam a *sucessão translativa*, ocorre igualmente quando o Estado recolhe o das associações dissolvidas e fundações extintas, quando se opera a fusão de duas ou mais sociedades anônimas, ou se institui, pelo casamento, a comunhão universal de bens.

Por ser *translativa*, a *sucessão hereditária* implica definitiva transferência dos direitos do autor da herança aos herdeiros, ou legatários, que os adquirem na medida em que aquele os perdeu.

5. Sucessão a Título Universal e a Título Singular. A sucessão *mortis causa* pode dar-se *a título universal* e *a título singular*.

A primeira caracteriza-se pela transmissão do patrimônio do defunto, ou de quota-parte deste; a segunda, pela transferência de bens determinados.

Sucede a *título universal* quem recolhe a totalidade dos bens da herança ou uma fração aritmética da universalidade. Sucede *a título singular* quem recebe bens determinados, certa generalidade de coisas, ou uma quota concreta de bens.

Em nosso Direito, a sucessão *a título universal* somente se admite *mortis causa*.

No Direito Romano, entretanto, permitia-se por ato *inter vivos* por meio da *bonorum venditio*, da *adrogatio* e da *conventio in manum*. Justifica-se a limitação moderna, uma vez que o sucessor universal assume a posição jurídico-econômica do autor da herança.

É verdade que o patrimônio de uma pessoa pode ser transmitido enquanto vive, mediante doação ou partilha de ascendente, mas, conforme correta observação de Vitali, não há, nesses casos, verdadeira e própria sucessão, porque esses negócios jurídicos não transmitem *atualmente* a representação do doador ou do ascendente.[10]

Na sucessão a *título universal*, as relações jurídicas constituídas do *patrimônio* do defunto transmitem-se como um todo orgânico, compreendido *ativo* e *passivo*, isto é, direitos, créditos, obrigações, débitos. A *sucessio in universum jus* comporta a *divisão intelectual* em frações consideradas em relação ao todo, compreendendo sucessores *pro parte*,[11] na metade, em um terço, e assim por diante.

O sucessor universal continua a pessoa do finado ou a representa. Com essas expressões se quer significar que a substitui inteiramente, investindo-se em

---

9 TELES, Galvão. **Teoria geral do fenômeno jurídico sucessório**. p. 22.

10 **Delle successioni legittime e testamentarie**. v. I, p. 7.

11 DEGNI. Ob. cit., p. 4.

seus direitos e obrigações, mas são evidentemente impróprias. A *personalidade* é intransmissível e a *representação* supõe ação em nome e por conta de outrem.[12] Em verdade, assume nas relações patrimoniais sua posição jurídica.

A sucessão *a título singular* deriva unicamente de *testamento*, limitando-se a objeto determinado que pode compreender um conjunto de bens, contanto que não formem unidade na qual percam sua individualidade – *singularum rerum*.

6. Herança e legado. Quem sucede a *título universal* é *herdeiro*. Quem sucede a *título singular, legatário*.

Herança é o patrimônio do defunto. Não se confunde com o *acervo hereditário* constituído pela massa dos bens deixados, porque pode compor-se apenas de dívidas, tornando-se *passiva*.

A herança é *coisa*, classificada entre as *universalidades de direito – universum jus, universa bona*. Constitui *núcleo unitário*. Não é pessoa jurídica, nem simplesmente um *nomen juris*, mas, sim, objeto de direito. Forma-se de um complexo de relações jurídicas, não se confundindo com as *universalidades de fato* que se compõem de coisas especificamente determinadas. Não é suscetível de divisão em *partes materiais*, enquanto permanece como tal.

Compreende todos os direitos que não se extinguem com a morte. Excluem-se os que não se concebem desligados da pessoa, *como os direitos de personalidade*. Integram-na bens móveis e imóveis, direitos e ações, obrigações. Abrange também coisas futuras. Sendo *universalidade de direito*, é suscetível, abstratamente, de aumento ou diminuição.[13]

Legado é o bem, ou o conjunto de bens certos e determinados, integrantes da herança, deixado pelo testador para alguém.

O *legatário não se confunde* com o *herdeiro* porque sucede *a título singular*. A distinção entre *herança* suscita dúvidas na prática. Na sucessão testamentária – única em que é possível atribuir a qualidade de legatário – a disposição que compreenda a totalidade ou uma fração ideal dos bens do testador é instituição de herdeiro. O usufruto de todo o patrimônio do testador configura, entretanto, *legado*. Tem-se considerado *herança a quota não representada por uma fração, que constitui*, não obstante, unidade patrimonial ideal, como se verifica com a disposição testamentária pela qual se deixam a alguém todos os bens móveis.

A distinção entre *herdeiro* e *legatário* tem importância prática em razão das consequências ligadas a essas posições. O legatário precisa pedir ao herdeiro a entrega da coisa legada e não responde pelas dívidas da herança. É, numa palavra, sucessor *a título singular*.

7. Espécies de Sucessão. A sucessão *mortis causa* é deferida por lei ou testamento.

Quando se dá em virtude de lei, diz-se *legítima* ou *legal*.

---

12 DEGNI. Ob. cit., p. 6.
13 VITALI. Ob. cit., p. 5.

A *sucessão legal é legitimária* quando não pode ser afastada pela vontade de quem lhe dá causa.

Ocorre a *sucessão legítima* quando seu autor não haja disposto validamente, no todo ou em parte, de seus bens, por testamento. Verifica-se necessariamente, em parte, quando há herdeiros aos quais destine a lei determinada porção da herança.

É *testamentária* a sucessão que deriva de ato de última vontade praticado pela forma e nas condições estabelecidas na lei.

A *sucessão testamentária* resulta ordinariamente de testamento. O *codicilo* não produz esse efeito, embora, por seu intermédio, sejam lícitas disposições de última vontade, de natureza especial,[14] e se permita o legado de móveis, roupas, ou joias, não mui valiosas, de uso pessoal.

Nosso Direito não admite outros *títulos de vocação sucessória*. São proibidos os *pactos sucessórios*. Nulo de pleno direito é o contrato sobre herança de pessoa viva. Permitida não é, entre nós, a renúncia à sucessão que ainda não se abriu. Nem qualquer ato de disposição de herança esperada. Em suma, ilícita a *sucessão contratual*. Na proibição, a disposição, em contrato social, para que a sociedade continue com determinado filho do sócio. A distinção entre *sucessão legítima* e *testamentária* não se faz apenas pelo *título da vocação*, ou procedência, mas, também, pelos *efeitos*.

A *sucessão legal* ocorre sempre *a título universal*. O sucessor é necessariamente *herdeiro*. Na *sucessão testamentária*, pode ser *herdeiro* ou *legatário*, sucedendo, nesta última hipótese, *a título singular*. O *legatário* não representa o defunto.

8. Formas Fundamentais. A sucessão hereditária obedece a um desses três sistemas:

1. *concentração obrigatória;*
2. *divisão necessária;*
3. *liberdade testamentária.*

Pelo sistema da *concentração obrigatória*, defere-se a determinada pessoa, de ordinário o filho primogênito, com exclusão dos outros membros da família. A finalidade é impedir o fracionamento do acervo hereditário. O *fideicomisso familiar* e os *morgados* são formas desse sistema hereditário.

Pelo sistema da *divisão necessária*, o espólio partilha-se entre todos os filhos do autor da herança, ou entre os parentes mais próximos. Havendo descendentes, parte dos bens destina-se a eles obrigatoriamente, no pressuposto de que lhes pertencem de pleno direito. Não havendo, ainda assim se divide a herança entre os herdeiros sucessíveis, se não tiver a partilha de obedecer a outro critério estabelecido em *testamento*.

---

14 Código Civil, [art. 1.881].

A divisão obrigatória jamais compreende todo o patrimônio. Aplicase apenas a uma parte, geralmente a metade.

Pelo sistema da *liberdade testamentária*, não há *herdeiros necessários* entre os quais deva ser partilhada a herança, de sorte que seu autor pode decidir livremente o destino dos bens.

A *forma* de sucessão corresponde a interesses políticos da sociedade. O sistema de *concentração obrigatória* atende à conveniência de conservação do patrimônio íntegro da mesma família, concorrendo para a estratificação da aristocracia. O da *divisão necessária* satisfaz o propósito de parcelamento da propriedade. O da *liberdade testamentária* desvincula a sucessão do Direito de Família, adequando--se à noção de propriedade e herança, hoje superada.

O Direito pátrio adotou o sistema da *divisão necessária*, pelo qual a vontade do autor da herança não pode afastar certos herdeiros, dividindose, entre eles, em partes iguais, metade do acervo.

[O autor da herança, embora não possa, por simples ato de vontade, excluir herdeiro necessário de sua sucessão, tem poderes para distribuir livremente a cota disponível de seus bens (art. 1.846) e, ainda, para indicar os bens e valores que devem compor os quinhões hereditários (art. 2.014) ou a submeter ditos bens a cláusulas de incomunicabilidade e inalienabilidade, havendo justa causa (art. 1.848)].

Direito Agrário contém preceito que faz exceção ao princípio, determinando que, em alguns casos, o bem permaneça indiviso.

9. Pressupostos da sucessão. São pressupostos da sucessão *mortis causa*:

a) *a morte do* de cujus;
b) *a vocação hereditária.*

No Direito atual, somente a *morte natural* determina a abertura da sucessão. A *morte civil* foi banida. Admite-se, porém, para esse efeito, a morte presumida [que, nos termos do art. 7º do Código Civil, pode ser declarada sem decretação da ausência, nos casos previstos em lei. Quando consequência da ausência decorrido um ano da arrecadação dos bens do ausente, abre-se a sucessão provisória]. Se não reaparecer, é convertida em *sucessão definitiva*, embora conserve o ausente o direito de haver os bens no estado em que se encontrarem, no caso de regressar após a declaração de sua presumida morte. Por esta razão, sustentam alguns que, no caso, não se pode falar de genuína sucessão *mortis causa*.

O outro *pressuposto* é a *vocação hereditária*. Sua fonte *mediata* é a lei, mas, *imediatamente*, pode originar-se de testamento. Por este negócio jurídico, indica o testador os destinatários da sucessão. Se morre intestado ou tem herdeiros necessários, a indicação é da própria lei. A *vocação hereditária* pode resultar concomitante ou separadamente da lei e do testamento, coexistindo, ou não, sucessão legítima e sucessão testamentária. O poder de designar herdeiros é limitado em disposições legais ditadas no interesse da família, da concentração ou da fragmentação do patrimônio familiar.

10. Conteúdo. O conteúdo do direito de sucessão é limitado. Posto assuma o herdeiro a posição jurídico-econômica do defunto, não se lhe transmitem todos os direitos de que este era, ou podia ser, titular.

Transmissíveis são, de regra, ativa e passivamente, as relações jurídico-patrimoniais. Excetuam-se o *usufruto*, o *uso*, a *habitação*, a *renda vitalícia*, o *mandato*, a *empreitada de lavor*, a *relação de emprego* e a *obrigação de prestar alimentos*.

Não se transmite a *obrigação de prestar contas* que incumbia ao autor da herança na condição de *administrador* porque compreende a prática de atos infungíveis, mas os herdeiros devem apresentar os documentos e assentamentos de que estejam de posse.

A obrigação de *cumprir contrato preliminar* estipulado pelo morto deve ser prestada pelos sucessores, nas mesmas condições. São obrigados, assim, a firmar a escritura definitiva de venda prometida em compromisso irretratável. Transmite-se, igualmente, o direito de obtê-la.

As *declarações unilaterais de vontade* somente não subsistem quando dependem da aceitação do autor da herança, mas se tem admitido que a *proposta* de contratar pode ser aceita pelos herdeiros.

Os *direitos personalíssimos* são intransmissíveis.

No conteúdo da sucessão também não entram os *direitos de família* sem cunho patrimonial, o [*poder familiar*], o *direito de reconhecer filho*, o *de contestar a paternidade*, o *de propor ação de separação ou de divórcio, e outros*.[15]

O Direito das Sucessões designa os sucessores e regula a transmissão dos bens e das dívidas do autor da herança. Nesta última parte, limitase às *relações patrimoniais*. Dentre as que se extinguiam com a morte do devedor, conserva-se atualmente a obrigação de alimentos por efeito de separação matrimonial. Um dos raros direitos *não patrimoniais* que podem ser exercidos pelo herdeiro, por transmissão, é o *direito moral* do *autor*.

---

15 A literatura especializada no país constitui-se, dentre outras de menor divulgação, das seguintes obras: Clóvis Beviláqua, **Direito das sucessões**; Lacerda de Almeida, **Direito das sucessões**; Hermenegildo de Barros, **Do direito das sucessões**; Itabaiana de Oliveira, **Tratado de direito das sucessões**; Carlos Maximiliano, **Direito das sucessões**; Ferreira Alves, **Direito das sucessões**, Cândido de Oliveira Filho, **Direito das sucessões**; Teixeira de Freitas, **Tratado dos testamentos e das sucessões**; Pontes de Miranda, **Tratado dos testamentos**; Orozimbo Nonato, **Estudos sobre sucessão testamentária**; Dolor Barreira, **Sucessão legítima**; Hamilton de Moraes e Barros, **Comentários ao Código de Processo Civil**, arts. 946 a 1.102.

Capítulo 2
ABERTURA DA SUCESSÃO E DELAÇÃO

Sumário: 11. Momentos do Fenômeno Sucessório. **12.** Abertura da Sucessão. **13.** Tempo da Abertura. **14.** Lugar da Abertura. **15.** Devolução Sucessória. **16.** Fonte. **17.** Aspectos da Delação. **18.** Efeitos.

11. Momentos do Fenômeno Sucessório. Se concorrem os pressupostos da sucessão *mortis causa*, verificam-se simultaneamente:

a) a *abertura da sucessão;*
b) a *devolução sucessória ou delação;*
c) a *aquisição da herança ou adição.*

Posto coincidam cronologicamente, distinguem-se *conceitualmente*.

Abertura da sucessão é o momento em que nasce o direito hereditário, o *prius* necessário à substituição que se encerra no fenômeno sucessório.

Devolução sucessória ou *delação*, o mesmo momento encarado sob o aspecto da sucessibilidade, oferecendo-se a herança a quem pode adquirila. *Delata hereditas intelligitur quam quis adeundo consequi.*

Aquisição da herança, ou adição, o momento em que o herdeiro se investe na sucessão, tornando-se titular das relações jurídicas concentradas na herança.

Abertura e delação sempre coincidem. A aquisição pode ocorrer posteriormente, como acontece na *substituição fideicomissária* para o herdeiro de segundo grau. É controvertido, ademais, se a *aquisição* se dá com a *devolução sucessória* ou depende de *aceitação* do herdeiro. A prevalecer a última opinião, verifica-se em outro momento.

12. Abertura da Sucessão. A *abertura da sucessão* é efeito instantâneo da morte de alguém. Não se confunde, portanto, com sua *causa*. Deriva de fato jurídico *stricto sensu* com o qual coincide cronologicamente, mas, do ponto de vista *lógico*, sucede à morte do *auctor successiones*. Não se identificam, numa palavra.

Galvão Telles chama a atenção para o equívoco de tal confusão, que tem levado escritores a versarem, a propósito da *abertura da sucessão*, matérias pertinentes à *morte*, como a questão de sua prova e dos efeitos da *ausência*.[1] Tanto não se identificam – acrescenta – que o lugar da abertura da sucessão nem sempre coincide com o do óbito.

Posto seja o ponto de partida de todo o direito hereditário,[2] podendo ser visualizada como seu *pressuposto*, a abertura da sucessão significa, obviamente, seu *começo*. Tão logo ocorra, [a herança transmite-se aos herdeiros legítimos e testamentários].

13. Tempo da Abertura. Abre-se a sucessão conforme princípio universalmente aceito, no momento da morte de seu autor.

Dada a importância da determinação do exato momento da abertura da sucessão, deve a morte ser provada por modo a se afastarem dúvidas quanto a sua ocorrência.

A morte tanto pode ser *real* como *presumida*, somente se verificando, nesta última hipótese, quanto aos *ausentes*. Presume-se a morte do *ausente* [dez anos depois de] ter passado em julgado a sentença da abertura de sua *sucessão provisória*,[3] ou quando completaria ele oitenta anos, datando de cinco as últimas notícias suas [e, ainda, se for extremamente provável sua morte, estando em perigo de vida ou se, desaparecido em campanha ou feito prisioneiro, não for encontrado até dois anos após o término da guerra (art. 7º)].

Atesta-se a morte natural pela *certidão de óbito* extraída do livro próprio para registro do acontecimento. Na sua falta, admitem-se outros meios de prova.

O Direito pátrio desconhece a *morte civil*.

O registro do óbito deve indicar a *hora*, o dia e o lugar do desenlace, porque o momento em que ocorreu tem interesse se morrem contemporaneamente pessoas que reciprocamente são sucessoras umas das outras. Para se saber quem morreu primeiro, o Direito Romano estabelecera presunções de *premoriência*, baseadas na probabilidade de maior ou menor resistência vital. O problema dos *comorientes* recebeu solução diversa no Direito moderno, acolhida no Código Civil: se dois ou mais indivíduos falecerem na mesma ocasião, não se podendo averiguar se algum deles precedeu aos outros, presumir-se-ão simultaneamente mortos. A *presunção* legal mais não é que aplicação particular do princípio geral quanto ao ônus da prova, admitido que a *premoriência* possa provar-se por presunções de fato.

Aplicada a *presunção legal*, não se dá a transmissão de direitos hereditários de um para outro comoriente, sendo chamado à sucessão quem tem de herdar de

---

1 **Teoria geral do fenômeno jurídico sucessório**. p. 32.

2 OLIVEIRA, Itabaiana de. **Tratado de direito das sucessões**. v. I, p. 70.

3 A sucessão provisória abre-se a requerimento do interessado [passado um ano da arrecadação dos bens do ausente], se não deixou representante, [ou três anos, se deixou], cessando os efeitos da respectiva sentença se ele aparecer, ou [dez] anos depois de ter transitado em julgado.

cada qual, como se os que morreram na mesma ocasião não fossem sucessíveis um do outro.

Importa ainda determinar o momento da *abertura*, porque a sucessão se rege pela lei então vigente e porque o valor dos bens inventariados é o que tinham nesse momento.

14. Lugar da Abertura. Abre-se a sucessão no lugar do último domicílio do falecido. [O legislador conceituou o domicílio da pessoa natural como o lugar onde ela estabelece sua residência com ânimo definitivo. Entretanto, declarou que se a pessoa tiver diversas residências, onde alternadamente viva, considerar-se-á domicílio seu qualquer uma delas].

A sucessão dos filhos sob [poder familiar] abre-se onde os pais forem domiciliados (domicílio necessário). O domicílio voluntário consiste num comportamento constituído por um ato inicial de destinação e uma conduta sucessiva, estando presente em ambos uma determinação psíquica. A fixação do domicílio não é, porém, um negócio jurídico (Enneccerus, Oertmann, Von Thur), de sorte que ninguém pode atribuir-se domicílio diverso do que realmente tem. Em matéria de sucessão não há, em suma, domicílio de eleição.

Interessa a determinação do lugar da abertura da sucessão, porque a lei o tem como condição de alguns efeitos. Por ele se determina a *competência* para processar o *inventário* dos bens deixados[, bem como a lei fiscal a ser aplicada]. Determina, igualmente, o foro das ações dos coerdeiros, legatário e credores, relativas às heranças e legados. Atos compreendidos no direito sucessório devem praticar-se onde se deu a abertura da sucessão. Tais, dentre outros, a renúncia e a abertura do testamento cerrado.

15. Devolução Sucessória. Aberta a sucessão, [a herança transmite-se], desde logo, aos herdeiros legítimos e testamentários. [A transmissão aos sucessores envolve não só domínio, como, também, a posse da herança[4]].

A transmissão é automática, verificando-se sem necessidade de ato algum do adquirente e até sem que o sucessor saiba que a sucessão foi aberta.

O princípio de transmissão hereditária sem solução de continuidade funda-se numa *ficção jurídica*, necessária por não ser o espólio pessoa jurídica. Não o infirmam as disposições legais que exigem o *inventário*, permitem a *renúncia* e obrigam o registro dos *formais de partilha*. Admite-se a *fictio juris* para salvaguardar os bens hereditários da usurpação de terceiros.[5]

Em razão da regra, não precisa o herdeiro *imissão de posse* para se investir nesta, continuando-se de pleno direito, ainda que se considere o inventariante possuidor direto. Quanto ao *legatário*, tem de pedi-la, não obstante adquirir, desde logo, a propriedade do bem legado, se pura e simples a deixa.

---

4 [Art. 1.784 do Código Civil].

5 OLIVEIRA, Itabaiana de. **Tratado de direito das sucessões**. v. I, p. 75.

14 | SUCESSÕES – *Orlando Gomes*

Outro corolário do princípio é a *transmissão* do direito de aceitar a herança, caso o herdeiro venha a falecer antes de o exercer.

A posse atribuída ao cônjuge sobrevivente, que foi casado pelo regime da comunhão de bens, é simplesmente *ad ordinem* e *si et quantum*. Não elimina a do herdeiro legítimo ou testamentário, a quem se reconhece direito a defendê-la pelos interditos.

16. Fonte. Se é verdade que a sucessão se dá por disposição de última vontade, ou em virtude da lei,[6] sua fonte única é a *norma* legal que atribui esse efeito à morte do indivíduo.

É a lei que autoriza todo sujeito de direito a deliberar sua *sucessão* mediante disposições de última vontade consignadas em *testamento*, sem que tal autorização empreste a este negócio jurídico a condição de causa geradora da devolução sucessória. Outra é a função do testamento: indicar o destinatário da sucessão, jamais criá-la.[7] Esse negócio jurídico não vigora o direito de suceder, tendo de unir-se a outro fato jurídico – a morte do testador – para receber da lei sua eficácia específica. Pode-se dizer, entretanto, que o testamento válido é um elemento constitutivo da sucessão com o qual se indicam as pessoas às quais deve ser devolvida a herança, integrado em fato jurídico mais complexo, de natureza heterogênea.

Esse fato complexo não é, igualmente, *fonte* da devolução sucessória. Funda-se a *delação* exclusivamente na lei. O *fato* é apenas o *pressuposto* de efeitos que lhe são legalmente atribuídos.

17. Aspectos da Delação. Apresenta-se a *delação* sob duplo aspecto: *objetivo* e *subjetivo*.

No *aspecto objetivo*, é a possibilidade de aceitação da herança o momento em que passa à disposição dos herdeiros designados no testamento, ou na lei.

No *aspecto subjetivo*, confunde-se com a *vocação hereditária* estabelecida na lei ou determinada no testamento.

A *designação* dos herdeiros traduz-se em *vocação hereditária* se o designado sobrevive ao *de cujus* e se for capaz ou legitimado a recolher a herança. Necessário, ainda, que seja chamado em primeiro lugar. O *incapaz* e o *indigno* são designados, mas não são chamados.

A *vocação* cumpre-se, às vezes, em favor de outra pessoa que não a designada, ocorrendo *delação indireta*, como no caso de *substituição* vulgar.

Numa palavra, *vocação é designação concreta*, por meio da qual se objetiva em determinadas pessoas o *aspecto subjetivo* da *delação*.

---

6 [Art. 1.786 do Código Civil].
7 TELES, Galvão. Ob. cit., p. 37.

18. Efeitos. O principal efeito da delação sucessória é investir o herdeiro em situação jurídica transitória que lhe possibilita aceitar ou repudiar a herança.

Esgota-se com a *aceitação*. Declarada, ingressa o herdeiro na situação definitiva de sucessor do *de cujus*.

A *delação*, entre nós, implica *transmissão hereditária*. Não se limita a constituir o *direito de suceder*. Correspondendo ao momento da *abertura da sucessão*, o domínio e a posse da herança transmitem-se, *ipso facto*, ao herdeiro. O domínio ele adquire; a posse, continua a exercer.

Se renuncia à herança, rejeita a qualidade de herdeiro, não ingressando na posição jurídico-econômica do *de cujus*. Se aceita, assume-a.

O efeito da delação é, em suma, por herança à disposição dos sucessíveis. A projeção desse efeito na esfera patrimonial do sucessível é consequência do princípio da transmissibilidade instantânea da herança, tanto assim que os credores do herdeiro podem impugnar o ato de *renúncia* ou repúdio da herança.

Não obstante coincidir com o momento da abertura da sucessão, tem-se admitido *delação sucessiva* quando ocorre *renúncia* do primeiro herdeiro sucessível. Interessa indagar de sua possibilidade porque, no caso afirmativo, a prescrição do direito de aceitar a herança começa no momento em que ocorre a segunda devolução e, no caso negativo, a partir da primeira.[8] Atenta a circunstância de que a prescrição não pode ocorrer antes do nascimento do direito, é ilógica a segunda solução. Entende A. Cicu que a delação opera contemporaneamente em favor de todos os herdeiros chamados, mas somente produz efeitos plenos em relação aos primeiros, permanecendo em estado potencial relativamente aos outros.[9]

Na instituição condicional de herdeiros, a prescrição começa a correr do dia em que se verifica a condição. Suspende-se, nesse caso, a *delação*. Não coincide, desse modo, com a abertura da sucessão, conquanto se autorize ao herdeiro condicional, como é, por exemplo, o *fideicomissário*, a prática de atos conservatórios.

Na *substituição fideicomissária*, a delação é inequivocamente *sucessiva*. Na *substituição vulgar, indireta*, porque o substituto toma o lugar do herdeiro, por designação do testador, quando ele não pode aceitar a herança ou não a quer. É sucessiva no fideicomisso porque sua função não se esgota com a aceitação do *fiduciário*, antes se renova quando o *fideicomissário* é chamado.

---

8 Cicu, A. **Successione per causa di morte**. p. 50.
9 Ob. cit., p. 52.

Capítulo 3
AQUISIÇÃO DA HERANÇA

Sumário: 19. Momento da Aquisição. **20.** Transmissão *Ipso Jure* da Herança. **21.** Efeitos da Aquisição. **22.** Direito de Deliberar. **23.** Aceitação da Herança. **24.** Espécies de Aceitação. **25.** Aceitação a Benefício de Inventário. **26.** Renúncia da Herança.

19. Momento da Aquisição. A aquisição ou *adição* da herança ocorre em momento subsequente à *delação* ou devolução sucessória, mas se diz que é contemporânea, porque *retroage* ao dia da *abertura da sucessão*, ainda nos sistemas que não adotam a *saisine*.

Não é pacífica, entretanto, a solução desse problema. Oferecem-na, dividindo autores e legislações, quatro teorias. Pela primeira, a herança adquire-se *ipso jure* com a abertura da sucessão. Pela segunda, com a *aceitação*. Pela terceira, no momento da abertura da sucessão, sob a *condição suspensiva* da aceitação. Pela quarta, o domínio dos bens hereditários adquire-se com a aceitação, enquanto a *posse* é adquirida *ipso jure* com a abertura da sucessão.

Distinguem alguns civilistas, na aquisição, o *momento cronológico do momento jurídico*, esclarecendo que a verdadeira questão é a do momento em que, *de fato*, ocorre. Não resolveria dizer-se que a aquisição se verifica, *de direito*, com a *delação*. Na verdade, entre a abertura da sucessão e a aceitação medeia inevitável espaço de tempo, sendo certo, assim, de que se dá a aquisição, *cronologicamente*, em momento ulterior ao da morte do *de cujus*.[1]

A teoria da coincidência de momentos remonta ao antigo Direito francês, que consagrara a *saisine* como instituto pelo qual a transmissão hereditária se verificava *ipso jure* segundo o princípio: *le mort saisit le vif*.

A teoria da aceitação, *aditio o pro herede gestio*, inspira-se no Direito Romano.

A teoria da condição suspensiva é simples variante da teoria da aquisição *ipso jure*, visto que a admite no mesmo momento da devolução sucessória, embora dependente de confirmação, de sorte que permanece suspensa até o herdeiro declarar a aceitação.

---

1 Galvão Teles. **Teoria geral do fenômeno jurídico sucessório.** p. 102.

18 | SUCESSÕES – *Orlando Gomes*

A teoria da transmissão *ipso jure* unicamente da posse foi adotada no Direito italiano. A herança adquire-se com a *aceitação*,[2] mas o herdeiro pode propor as ações possessórias em defesa dos bens hereditários, sem necessidade de apreendê-los.[3] Aberta a sucessão, adquire-se a *posse* dos bens por efeito de disposição legal.

20. Transmissão *Ipso Jure* da Herança. O Direito pátrio filiou-se à doutrina da *saisine*. Aberta a [sucessão, a herança transmite-se], desde logo, aos herdeiros legítimos e testamentários.[4]

O fim da regra que prescreve a transmissão hereditária *instantânea, ipso jure*, é evitar qualquer hiato entre a *delação* e a *aquisição da herança*.

Opera-se a aquisição antes da aceitação. Os termos da disposição legal são peremptórios. Domínio e posse adquirem-se, de pleno direito, pelo simples fato da abertura da sucessão.

Outros artigos do Código confirmam-na. No caso de *comoriência*, sendo possível averiguar-se quem primeiro faleceu, a transmissão verifica-se independentemente de *aceitação*. A [legitimidade] para suceder é a do tempo da *abertura da sucessão*.[5] Se a aquisição somente se desse com a aceitação, teria de ser apurada no momento em que a herança fosse aceita. A cessão de herança, gratuita, pura e simples, aos demais herdeiros não importa aceitação.[6] Não se podendo ceder direitos que ainda não se integraram no patrimônio do cedente, é óbvio que a autorização legal assenta no pressuposto de que já lhe pertencem desde a *delação*, antes, portanto, da *aceitação*. Admite o Código, finalmente, a *renúncia* da herança. Ora, ninguém pode renunciar a direito de que não seja titular. Se ao herdeiro é lícito manifestar *renúncia*, é porque já adquiriu o direito renunciado desde a abertura da sucessão. Não renuncia ele ao direito de aceitar; renuncia à herança.

A *aceitação* não é em nosso Direito, por conseguinte, o *fato gerador* da aquisição hereditária.

Não se pode deixar de reconhecer, contudo, que a *ficção legal* da transmissão instantânea enseja dúvidas quanto ao valor da *aceitação*. Se a herança se adquire *ipso jure*, motivo não há para se atribuir ao herdeiro a faculdade alternativa de aceitar ou renunciar, mas, somente, esta.[7]

Distingue a lei, por outro lado, dois momentos, quando preceitua: "falecendo o herdeiro antes de declarar se aceita a herança", o [poder] de aceitar passa-lhe aos herdeiros.[8] Se a herança se adquirisse com a abertura da sucessão, transmitir-se-ia o direito de renunciá-la, jamais o de aceitá-la.

---

2 Código Civil, art. 459.

3 Código Civil, art. 460.

4 Código Civil, [art. 1.784].

5 [Art. 1.787].

6 [Art. 1.805, § 2º].

7 DEGNI. **La successione a causa di morte**. v. I, p. 57.

8 [Art. 1.809].

Pode-se arguir, finalmente, que a *aceitação* é uma superfetação, a menos que se considere necessária à aquisição como ato confirmatório, que retroage, por conseguinte, à data de abertura da sucessão.

Não obstante tais dificuldades, a superioridade do princípio da *saisine* é indiscutível quando se atenta para o problema da titularidade dos bens hereditários. Se a herança somente se adquirisse com a aceitação, tais bens permaneceriam sem dono até que fosse declarada. Ter-se-ia um patrimônio sem sujeito ou se tornaria necessário apelar para outra ficção, como a de que o espólio fosse pessoa jurídica. Procura-se, entretanto, afastar a objeção, alegando-se, com apoio no princípio da retroatividade, que os direitos compreendidos no acervo hereditário têm *sujeito potencial*.

21. Efeitos da Aquisição. Aceita a herança, o herdeiro ingressa *definitivamente* na posição jurídico-econômica do *de cujus*, tornando-se titular de todas as relações jurídicas transmissíveis.

Os direitos, assim adquiridos, conservam sua *configuração*. Passam aos herdeiros as *obrigações e ônus*. Ingressam eles nas situações jurídicas oriundas das *ações judiciais* iniciadas em vida do *auctor successionis*. Continuam a *posse* dos bens hereditários transmitida desde a delação, com o título e as características que a distinguiam no patrimônio do defunto, consolidando-se em suas pessoas. Suportam o peso dos encargos que, por lei ou vontade do testador, lhes sejam impostos, como o pagamento dos *legados*, o cumprimento de obrigações instituídas sob a forma de *modus*, o pagamento do imposto de transmissão *mortis causa* e outras despesas, e da *vintena* do testamenteiro. Confirma-se, enfim, a investidura em todos os direitos adquiridos potencialmente com a abertura da sucessão.

Quando há pluralidade de herdeiros, o ingresso na posição do defunto opera-se pelo *quinhão* que a cada qual couber. [A herança defere-se aos herdeiros como um todo unitário, sendo indivisível seu direito até que se faça a partilha][9].

22. Direito de Deliberar. A aquisição da herança opera-se em momento cronologicamente ulterior à delação, embora se transmita, *ex vi legis*, com a abertura da sucessão. Do herdeiro chamado, concede a lei a faculdade de deliberar se aceita, ou não, a herança transmitida *ipso jure*. Sua deliberação tem de ser declarada, expressa ou tacitamente, para confirmação dos efeitos da devolução sucessória.

Não fixa a lei prazo específico para tal declaração. O direito de deliberar extingue-se, consequentemente, no prazo da *prescrição* comum, tratando-se embora de *caducidade*. O pronunciamento do herdeiro pode ser, entretanto, provocado por interessado. Vinte dias após a abertura da sucessão, dado lhe é requerer ao juiz prazo razoável, não inferior a trinta dias, para, dentro nele, declarar o herdeiro se aceita, ou não, a herança.[10] Interpreta-se o silêncio como *aceitação*.

---

9 CICU, A. **Successioni por causa di morte**. p. 216; [Código Civil, art. 1.791].
10 [Código Civil, art. 1.807].

SUCESSÕES – *Orlando Gomes*

Se o herdeiro falecer antes de declarar se aceita, ou não, a herança, o *direito de deliberar* transmite-se a seus sucessores.[11]

23. Aceitação da Herança. *Aceitação* é o negócio jurídico pelo qual o herdeiro, legítimo ou testamentário, adquire concretamente o direito à herança, transmitida *ipso jure* com a abertura da sucessão. Declarando a vontade de recolher a herança, *confirma* o herdeiro a transmissão efetuada *ex vi legis*.

O negócio de *aceitação* é *unilateral*, valendo como declaração *não receptícia*.

Podem praticá-lo apenas as pessoas capazes de agir. Os *incapazes* devem ser representados ou assistidos.

A *aceitação é negócio puro*. Não se pode subordiná-la à *condição* ou a *termo*. Nula é a *aceitação* para valer desde certo tempo ou até certo tempo.[12]

Inadmissível a *aceitação parcial* da herança. Herdeiro que aceite *pro parte*, como o que, chamado a recolher metade da herança, aceitasse apenas um terço, pratica ato inválido. Não está impedido, porém, de, renunciando à herança, pedir os legados a ele deixados. A lei prevê a hipótese,[13] referindo-se, porém, à aceitação de legado, por deslize técnico, porque se adquire sem que o legatário precise declarar que o aceita.

Irrevogável a aceitação. Uma vez herdeiro, sempre herdeiro, *semel heres, semper heres*.

Pode ser provocada por [intimação do juiz, a pedido do herdeiro, presumindo--se a aceitação em caso de silêncio, como prevê o art. 1.807], mas, normalmente, é espontânea declaração de vontade.

[Não desejando mais a herança que aceitou, poderá o herdeiro cedê-la].

O direito de aceitar herança transmite-se aos herdeiros do sucessível chamado a herdar, se este falecer sem haver declarado que aceitava, [como preceitua o art. 1.809 do Código Civil].

A *caducidade* do direito de aceitar conta-se do dia em que o sucessível tem ciência de haver sido chamado à sucessão. No caso de *substituição fideicomissária*, a partir do conhecimento da morte do *fiduciário*.

A *aceitação* é anulável se obtida por *dolo* ou *coação*. O *erro*, entretanto, não é causa de sua anulação.

24. Espécies de Aceitação. A aceitação da herança pode ser *expressa, tácita*.

Define a lei a *aceitação expressa*, declarando tal a que se faz por escrito.[14] Parece ter exigido declaração proposital, mas é também expressa a aceitação constante de documento em que o herdeiro assume esta condição.

---

11 [Código Civil, art. 1.809].

12 OLIVEIRA, Itabaiana de. **Tratado de direito das sucessões**. v. I, p. 82.

13 [Código Civil, art. 1.808 e § 1º].

14 [Código Civil, art. 1.805].

Cap. 3 · AQUISIÇÃO DA HERANÇA | 21

É *tácita* a aceitação, na definição legal, quando resulta de atos compatíveis somente com o caráter de herdeiros.[15] Basta, para se configurar, a prática de um *fato concludente*, incompatível com a vontade de renunciar, com existência objetiva, isto é, independentemente de averiguação do ânimo de aceitar.

Diz-se *aceitação presumida* [ou legal] a que é suposta pela lei na hipótese de decorrer o prazo na *actio interrogatoria*, sem que o herdeiro se pronuncie. Pode, entretanto, ser considerada uma forma especial de *aceitação tácita*, se todo o silêncio como comportamento de que se infere a aceitação, como se poderia deduzir a *renúncia*, caso a lei lhe não desse aquela interpretação.

A prática de determinados atos, legalmente excluídos, não induz à aceitação da herança, tais como: 1 – os atos oficiosos, como o funeral do finado; 2 – os atos meramente conservatórios; 3 – os atos de administração e guarda interina; 4 – a cessão gratuita, pura e simples de herança, aos demais coerdeiros.[16]

25. Aceitação a Benefício de Inventário. Por determinação legal, não responde o herdeiro por encargos superiores às forças da herança.[17]

É o *benefício de inventário* que, entre nós, ao contrário de outras legislações, não precisa ser invocado. Consiste, em essência, numa limitação de responsabilidade. Desse privilégio participam todos os herdeiros, legítimos ou testamentários, jamais ocorrendo a aceitação pura e simples. Nada impede, entretanto, a renúncia ao benefício, bastando que o herdeiro se desinteresse de provar o excesso.

O privilégio concede-se para evitar uma *damnosa hereditas*.[18] Responde o herdeiro apenas *intra vires hereditatis*.

Incumbe-lhe provar o excesso, salvo se existir inventário, que a escuse, demonstrando o valor dos bens herdados.[19] A prova deve ser feita no próprio processo de inventário *lato sensu*.

Com o *benefício de inventário*, previne-se a confusão dos patrimônios do defunto e do herdeiro. Esta *separação* entre o acervo hereditário e o patrimônio do herdeiro constitui o *fundamento técnico* do instituto. Distinguem-se juridicamente. Não é fácil, porém, explicar a limitação da responsabilidade do herdeiro em face de ser ele titular único de dois patrimônios. Viva controvérsia lavra na doutrina[20] sem resultado plenamente elucidativo.

Da *aceitação a benefício de inventário* resulta:

1 – o herdeiro não é responsável pelo pagamento das dívidas da herança além do valor dos bens que lhe couberam;

---

15 [Código Civil, art. 1.805].
16 [Código Civil, arts. 1.805, §§ 1º e 2º].
17 [Código Civil, art. 1.792].
18 TRABUCCHI. **Istituzioni di diritto civile**. 10. ed., p. 856.
19 [Código Civil, art. 1.792].
20 Na Itália, notadamente, Barassi, Messineo, Cicu, Natoli.

2 – conserva os direitos e obrigações que tinha para com o *de cujus*, como qualquer credor ou devedor, não se extinguindo, pela *confusão*, créditos e débitos.

Esses efeitos decorrem fundamentalmente da *separação dos patrimônios*, na qual se assenta a regra de que o herdeiro não responde *ultra vires hereditatis*.

26. Renúncia da Herança. *Renúncia* é o negócio jurídico unilateral pelo qual o herdeiro declara não aceitar a herança.

A *renúncia* não depende do assentimento de quem quer que seja.

Não se presume. Há de resultar de expressa declaração. Tal como a *aceitação*, *é negócio puro*, não prevalecendo se feita sob condição ou a termo. Inadmissível, também, a renúncia parcial.

A *renúncia é negócio formal*. Deve constar, necessariamente, de *escritura pública* ou *termo judicial*.[21] A *forma*, sendo da substância do ato, sua inobservância importa nulidade. O *termo* lavra-se nos próprios autos do inventário.

Não pode ser feita antes da abertura da sucessão, pois implicaria *pacto sucessório*, legalmente proibido.

Deve manifestar-se antes da aceitação, isto é, da prática de qualquer ato que a induza.

[Assim como a aceitação, a renúncia é irrevogável, preceitua o art. 1.812 do Código Civil]. Não há, portanto, liberdade de revogá-la. Anulada por vício do consentimento, passa o renunciante à condição de que se despira, não obstante já haver produzido efeitos. Nos sistemas jurídicos que aceitam a *revogabilidade* da renúncia, o renunciante conserva a faculdade de revogá-la até a aceitação de quem é chamado a substituí-lo.

A *impugnação* por *erro* é censurável, por atentar contra o interesse público que quer a estabilidade das transmissões hereditárias.[22]

A renúncia tem *eficácia retroativa*. Tem-se o renunciante como se jamais [tivesse sido] chamado à sucessão. Consequentemente, os herdeiros do renunciante não o representam. Ninguém sucede ao renunciante por *direito de representação*. Mas, se ele for o único legítimo de sua classe ou se todos os outros da mesma classe renunciarem à herança, poderão os filhos vir à sucessão, por direito próprio.[23] Desse modo, se o herdeiro renunciante é filho único do *de cujus*, seus descendentes de primeiro grau sucedem como se ele houvesse pré-falecido. Se são renunciantes todos os filhos do *auctor successionis*, seus descendentes de primeiro grau herdam por cabeça, dividindo-se a herança, por exemplo, entre dez netos do mesmo *de cujus*, tendo o primeiro dois filhos, o segundo, três, e o terceiro, cinco, e não em três partes.

---

21 [Código Civil, art. 1.806].

22 TRABUCCHI. Ob. cit., p. 861.

23 [Código Civil, art. 1.811].

Diferem os *efeitos da renúncia* conforme seja *legítima* ou *testamentária* a sucessão.

Na *sucessão legítima*, a parte do renunciante *acresce* à dos outros herdeiros da mesma classe,[24] salvo, obviamente, se for o único. Deixando o *de cujus*, por exemplo, três filhos, se dois renunciarem à herança, suas respectivas partes irão para o irmão que não renunciou. [Porém, se todos renunciarem serão chamados à sucessão seus filhos e, se não houver mais descendentes, será chamada a classe subsequente, os ascendentes].

Na *sucessão testamentária*, variam as soluções conforme as hipóteses que se podem apresentar. A parte do herdeiro renunciante caberá a seu *substituto*, se o testador o houver designado. Quando não tenha havido designação, transmite-se aos herdeiros legítimos a cota vaga do renunciante.

Os credores do herdeiro renunciante podem aceitar a herança em nome dele, com autorização do juiz, se a renúncia os prejudicar.[25] Neste caso, pagas as dívidas, o remanescente é devolvido, não a ele, mas aos outros herdeiros.

A renúncia não é *translativa*. Por outras palavras, não importa transmissão de bens ou direitos. Não se confunde, enfim, com a *cessão de herança*. É *ato abdicativo*.

[Renunciando o herdeiro, a transmissão da herança não se verifica, impossibilitando-o de indicar à qual herdeiro sua renúncia beneficiaria.[26] É ato puro e simples. Se o herdeiro renunciante aponta um beneficiário para seu ato, renúncia translativa, na verdade está praticando cessão da herança e não renúncia. A distinção é importante, principalmente para efeitos tributários.

Não há incidência de imposto *causa mortis* na hipótese de renúncia pura e simples, mas ocorre a tributação no caso de cessão, ainda que se use a nomenclatura de renúncia translativa].

---

24 [Código Civil, art. 1.810].
25 [Código Civil, art. 1.813].
26 [Código Civil, art. 1.804, parágrafo único].

Capítulo 4
CAPACIDADE SUCESSÓRIA

Sumário: 27. Conceito e Espécies. **28.** Capacidade Sucessória das Pessoas Físicas. **29.** Capacidade Sucessória das Pessoas Jurídicas. **30.** Indignidade. **31.** Natureza Jurídica. **32.** Casos de Indignidade. **33.** Efeitos. **34.** Declaração de Indignidade. **35.** Reabilitação.

27. Conceito e Espécies. Têm capacidade sucessória todas as pessoas existentes no momento da abertura da sucessão, sejam físicas ou jurídicas. Admitem-se, como exceção ao princípio, possam suceder as pessoas concebidas e as entidades que ainda devem se constituir.

A regra da capacidade para suceder é comum à sucessão legítima e à sucessão testamentária. Nesta, além da incapacidade absoluta, há causas de incapacidade atinentes unicamente a determinadas pessoas. Na sucessão legal, a *incapacidade por indignidade* também é *relativa*, e de efeitos pessoais.

Censuram-se os Códigos que consideram absolutamente *incapazes* as pessoas que ainda não existem, ou que deixaram de existir, ao tempo da abertura da sucessão. A existência do herdeiro sucessível é antes um *pressuposto* da sucessão hereditária do que uma *causa de incapacidade*.[1] Observa-se que a *indignidade*, do mesmo modo, é antes causa de *exclusão* do herdeiro do que propriamente de incapacidade.

Contudo, tratadistas e legisladores referem-nas ao tratarem da *capacidade sucessória*. Acompanhando-os, podem apontar-se duas espécies de incapacidade:

a) a inexistência do sucessível;

b) a indignidade.

O Código Civil nacional não se refere à *capacidade sucessória*. No capítulo consagrado à exclusão dos herdeiros indignos, alude, titulando-o ["dos excluídos da sucessão"].

---

1 DEGNI. **La successione a causa di morte.** p. 88.

28. Capacidade Sucessória das Pessoas Físicas. São incapazes de suceder os indivíduos que, ao tempo da abertura da sucessão, não estão ainda concebidos, ou premorreram ao autor da herança, a quem sucederiam. A *indignidade* equipara-se à *premoriência*.

Requer-se, em princípio, que o herdeiro sucessível exista no momento da abertura da sucessão, para que alguém assuma a posição jurídicoeconômica do *de cujus*, ingressando nas relações jurídicas de que ele participava.

Concede-se, entretanto, que, embora ainda não tenha nascido a esse tempo, já esteja concebido. Tem o *nascituro*, em consequência, *capacidade sucessória*. Sua capacidade é, entretanto, excepcional porque somente sucede se nascer com vida. Desse modo, verifica-se um estado de *pendência da delação*, recolhendo seu representante legal a herança sob *condição resolutiva*.[2]

O direito de suceder do *nascituro* depende de já estar concebido no momento da abertura da sucessão. [O Código Civil, em seu art. 1.597, considerou, também, concebidos os embriões excedentários havidos a qualquer tempo, decorrentes de concepção artificial homóloga. Sério problema ocorrerá com a possibilidade de inseminação *post mortem* dos embriões excedentários. Em vida do autor da herança, o embrião só poderá ser inseminado com autorização do próprio. Porém, após seu óbito, a autorização dada em vida perderá seu valor.

Essa autorização só poderá se efetivar por meio de testamento, o ato válido para disposições *post mortem*, quer se trate de disposições patrimoniais ou pessoais.

A possibilidade de se atribuir parte da herança ao embrião inseminado após a morte do *de cujus* dependerá de lei complementar que a regulamente].

Na *sucessão testamentária*, os [conceptos] têm capacidade sucessória, se filhos forem de pessoa determinada, viva ao tempo da abertura da sucessão, ou se instituídos forem por *substituição fideicomissária*, hipótese em que não se exige o laço de parentesco. A primeira regra foi introduzida em Códigos que aboliram o *fideicomisso* para permitir que o testador beneficie, na mesma medida, os descendentes da mesma pessoa. Torna-se ociosa nas legislações que mantiveram a *substituição fideicomissária*. Nesta, [só cabe] a instituição do nascituro não concebido como fideicomissário.

[Na disposição testamentária em favor de prole eventual, não sendo o herdeiro concebido até dois anos após a abertura da sucessão, os bens reservados serão destinados aos herdeiros legítimos, salvo disposição em contrário do testador. Solucionou o Código Civil a polêmica anteriormente existente quanto à administração dos bens da prole eventual, ao determinar que, "salvo disposição em contrário, a curatela caberá à pessoa cujo filho o testador esperava ter por herdeiro" (§ 1º do art. 1.800)].

Ainda na *sucessão testamentária* têm capacidade sucessória as *pessoas jurídicas*.

---

2 CICU, A. **Successioni per causa di morte**. p. 78.

29. Capacidade Sucessória das Pessoas Jurídicas. Equiparadas às pessoas físicas na órbita patrimonial, podem as *pessoas jurídicas* ser chamadas à sucessão. Necessária, porém, a designação em testamento, como é intuitivo.

Em princípio, devem estar constituídas pela forma exigida na lei. Debate-se, no entanto, a possibilidade do chamamento de pessoa por se constituir. A relação de continuidade, que deve existir entre o *de cujus* e o herdeiro, impede, em tese, a designação de herdeiro inexistente. Mas, podendo o testador instituir *fundação*,[3] óbvio se torna que essa pessoa jurídica, ainda não constituída, pode suceder, formando-se, precisamente, com a dotação especial que aquele lhe fizer.

30. Indignidade. Considera-se *indigno* o herdeiro que cometeu atos ofensivos à pessoa ou à honra do *de cujus*, ou atentou contra sua liberdade de testar, reconhecida a indignidade em sentença judicial.

No Direito Romano, de onde procede a indignidade para herdar, os bens do herdeiro declarado indigno passavam ao Fisco. A herança lhe era devolvida, mas a lei o privava do direito hereditário, *potest capere sed non retinere*. Os *bona ereptoria* recaíam no Estado e, excepcionalmente, em outras pessoas que houvessem se distinguido por sua misericórdia para com o *de cujus*, ou eram designados por ato de última vontade.[4]

No Direito comum, desenvolveu-se a tendência para atribuir aos herdeiros do indigno a parte que lhe caberia na herança.[5]

No Direito moderno, prevaleceu essa orientação, tendo-se o indigno como [se morto fosse].

Historicamente, manteve-se firme o caráter de *exclusão* da herança adquirida.

Herda, mas não retém.

Nas codificações do século XIX, o herdeiro *indigno* foi reputado *incapaz de suceder*.

A *indignidade* deve ser declarada por *sentença* que a configure, destruindo a *delação da herança* no *indigno*, com efeito retroativo, como esclarece Binder.

É legitimado a propor a *ação judicial* quem tenha interesse na declaração de indignidade.

A necessidade de configurar-se mediante *sentença* indica que não constitui *incapacidade* que torne *ope legis* impossível a aquisição hereditária, senão que é apenas fato que opera *officio judicis*.[6]

O *fundamento* da indignidade encontra-se, para alguns, na presumida vontade do *de cujus*, que excluiria o herdeiro se houvesse feito declaração de última vontade. Preferem outros atribuir os efeitos da indignidade, previstos na lei,

---

3 [Código Civil, art. 1.799, III].

4 BINDER. **Derecho de sucessiones**. p. 344.

5 DERNBURG. **Pandette**. v. III.

6 Assim pensam os que seguem a tradição romanística.

ao propósito de prevenir ou reprimir o *ato ilícito*, impondo uma *pena civil* ao transgressor, independentemente da sanção penal.

A *sanção civil* consiste em privar o indigno do direito [à sucessão]. Como esse direito não depende da vontade do autor da herança, quando a pessoa incursa em indignidade é *herdeiro necessário*, tem-se entendido que possui fundamento publicístico a pena.[7] Não compreende, porém, que tal *pena* possa ser obstada pelo *de cujus* que reabilite o indigno, nem constitui *delito* o atentado à liberdade de testar, também determinante de indignidade.

31. Natureza Jurídica. Dissentem os autores na determinação da natureza da indignidade, dividindo-se as opiniões entre as teorias da *incapacidade* e da *exclusão*.

Pela primeira, o herdeiro indigno não pode suceder por lhe faltar capacidade sucessória, não se verificando, em seu favor, a *delação*.

Pela segunda, sucede, mas é excluído da sucessão.

A [exclusão] por *indignidade* é, para os que a admitem, de natureza especial, porque existe apenas em relação à sucessão da pessoa contra a qual o sucessível cometeu o ato ofensivo, somente se verificando se não tiver ocorrido *reabilitação*. Deve ser pronunciada pelo juiz, pressupondo, pois, provocação do interessado, [decaindo o direito, cujo prazo], entre nós, é de quatro anos, [contados da data da abertura da sucessão].[8]

Tais singularidades levam à conclusão de que não se trata de verdadeira e própria *incapacidade*. Opera, entretanto, como se fosse, de vez que priva o indigno de adquirir a herança. Se não fosse considerado incapaz, injustificável seria a devolução da herança a seus descendentes. Não poderia a lei reputá-lo possuidor de má-fé, baseada no pressuposto de que ele conhece a impossibilidade de suceder. Caso herdeiro fosse até a declaração judicial de indignidade, as alienações que fizesse até então seriam válidas sem restrição condicional, como declara, aliás, nosso Direito,[9] quando, em verdade, somente se admitiriam sob condição resolutiva. Porque incapaz, não se lhe devolve a sucessão, tanto assim que, conforme prescreve a lei,[10] a *reabilitação* tem como efeito sua admissão à sucessão.

[No] Direito pátrio [vigente] a indignidade [é tratada como causa de exclusão], parecendo ter o legislador aceito a regra *potest capere sed non retinere*.[11]

32. Casos de Indignidade. São indignos de suceder:

1 – Os que houverem sido autores, [coautores ou partícipes] em crime de homicídio [doloso], ou tentativa deste, contra a pessoa de cuja sucessão se tratar, [seu cônjuge, companheiro, ascendente ou descendente];

---

7 CICU, A. Ob. cit., p. 84.
8 [Código Civil, art. 1.815, parágrafo único].
9 [Código Civil, art. 1.817].
10 [Código Civil, art. 1.817].
11 [Código Civil, arts. 1.814 a 1.818].

2 – os que acusaram, caluniosamente, [o autor da herança] em juízo, ou incorreram em crime contra a sua honra, [de seu cônjuge ou companheiro];

3 – os que, por violência ou [meios fraudulentos, o] inibiram [ou o obstaram] de livremente dispor de seus bens em testamento ou codicilo.[12]

A enumeração é taxativa.

No primeiro caso, não se exige a condenação em ação penal. A independência da ação civil não comporta, entre nós, dúvida, mas, se a sentença no juízo criminal conclui pela inexistência do crime ou declara não ter sido cometido pelo herdeiro, faz coisa julgada em relação aos efeitos civis.

Quando falte a imputabilidade, não há indignidade. Do mesmo modo, nos casos de homicídio culposo, ou preterintencional, ou quando se verifique uma das causas de extinção da punibilidade.

Basta o concurso no crime para configurar a indignidade.

Não se requer, no homicídio, o propósito de cometê-lo para recolher a herança.

[O Código Civil estendeu a pena da exclusão por indignidade às hipóteses de homicídio doloso, consumado ou tentado, não só contra o autor da herança, mas, também, contra o cônjuge, companheiro, descendente ou ascendente do autor da herança].

A denunciação caluniosa, assim declarada em juízo criminal, considera-se fato determinante da indignidade. Refere-se o Código à *acusação* [ao *de cujus*, seu cônjuge ou companheiro], embora exija que tenha sido feita em juízo, não bastando, portanto, a calúnia assacada em particular. Não há como apurá-la sequer em juízo civil.

Alguns Códigos, como o italiano e o português, incluem o *falso testemunho* ao lado da denunciação caluniosa, uma vez que a testemunha seja declarada falsa no juízo criminal e haja prestado depoimento relativo a crime punível com determinadas penas.

Entende-se que a expressão "crime contra sua honra", empregada no texto legal, abrange as ofensas contra a *memória* do morto.[13]

A terceira causa de [exclusão] por indignidade é, nas expressões de Degni, o atentado à liberdade de testar do *de cujus*. Ocorre quando o herdeiro sucessível o induz, por meio de dolo ou coação, a fazer, alterar, ou revogar testamento. Verifica-se, também, quando o inibe de testar.

[Dos meios fraudulentos], a que se refere a lei, distingue-se a *captação*, que é, entretanto, dolosa, não devendo ser desprezada como causa, igualmente, de indignidade.

Se o testamento for outro que não o que se executa, a indignidade não se configura.

Se nulo, igualmente.

---

12 [Código Civil, art. 1.814].

13 OLIVEIRA, Itabaiana de. **Tratado de direito das sucessões**. v. I, p. 136.

30 | SUCESSÕES – *Orlando Gomes*

33. Efeitos. Os efeitos da indignidade resumem-se na exclusão do herdeiro sucessível, não se operando a delação em seu favor. É como se ele morto fosse.

Na *sucessão legítima*, seus descendentes são chamados a substituí-lo. Sucedem por *direito de representação*.

Na *sucessão testamentária*, toma-lhe o lugar o *substituto*. Não havendo, acresce aos outros herdeiros a parte que lhe caberia.

Se o *indigno* se comporta como se herdeiro fosse, é considerado *herdeiro aparente* e *possuidor de má-fé*. Tem esta qualidade porque não pode ignorar o vício do seu título de aquisição, consistente em fato pessoal.[14] Obrigado fica, em consequência, a restituir os frutos e rendimentos que dos bens da herança houver percebido.[15] Em face de terceiros [de boa-fé], conserva a figura de *herdeiro aparente*, sendo válidas as alienações [onerosas] de bens hereditários anteriores à sentença declaratória da indignidade,[16] [entretanto, as doações são nulas].

Excluído da sucessão, não tem direito, sequer, ao usufruto e à administração dos bens que a seus [sucessores] couberem na herança.[17] Do contrário, aproveitar-se-ia indiretamente do que lhe foi diretamente recusado.

Exagera o Código ao proibir que suceda eventualmente nesses bens. Não se justifica a proibição porque a incapacidade do indigno existe, por definição, unicamente em relação ao *de cujus*.

O efeito da indignidade não se produz, ocorrendo a aquisição definitiva da herança, se o incurso em atos determinantes de sua exclusão permanece por mais de quatro anos na posse dos bens hereditários. [A decadência do direito para] obter a declaração de indignidade não se compadece com o princípio de que, sendo incapaz, jamais poderia adquirir a herança.

Despesas que faça com a conservação dos bens hereditários devem ser re-embolsadas ao indigno na figura de *herdeiro aparente*.[18]

Visto que o indigno jamais se considera *herdeiro*, conserva todos os direitos que, por outro título, encerrem pretensão contra o *espólio*. Está, por conseguinte, autorizado a cobrar os créditos que lhe assistam contra a herança.[19]

34. Declaração de Indignidade. A indignidade tem de ser declarada por sentença judicial. Pressupõe, assim, *ação* que a suscite.

A *ação* pode ser intentada pelo interessado em obter a *declaração de indignidade*, no prazo de quatro anos,[20] a contar da abertura da sucessão.

---

14 DEGNI. Ob. cit., p. 100.
15 [Código Civil, art. 1.817, parágrafo único].
16 [Código Civil, art. 1.817].
17 [Código Civil, art. 1.816, parágrafo único].
18 [Código Civil, art. 1.817, parágrafo único].
19 [Código Civil, art. 1.817, parágrafo único].
20 [Código Civil, art. 1.815, § 1º].

Podem propô-la somente os que tenham interesse na sucessão. A [lei] não comporta a interpretação que restringisse os interessados às pessoas que seriam convocadas para substituir o indigno. Do contrário, limitaria a legitimação ativa aos descendentes do herdeiro excluído, na *sucessão legítima*, e ao substituto, na *sucessão testamentária*.

[Qualquer *interessado* na sucessão pode intentá-la, inclusive o testamenteiro, fiel executor da vontade do testador, bem como o Ministério Público, havendo interesse de incapazes ou na hipótese do inciso I do art. 1.814 do, com a nova redação dada pela Lei 13.532/2017, que acrescentou o § 2º ao art. 1.815 do Código Civil].

Proposta por um dos descendentes do *indigno*, instaura-se, necessariamente, o *litisconsórcio* com os demais.

A sentença não é constitutiva, senão simplesmente *declaratória*. Inequívoco, portanto, seu *efeito retroativo* à data de abertura da sucessão.

Os fatos determinantes da indignidade devem ocorrer antes da morte do *de cujus*, mas se admitem fatos posteriores, como a ofensa à *memória do morto*, hipótese em que se dá própria e verdadeira *exclusão*.

É juiz competente o do *inventário*.

A ação é ordinária.

São *pessoais* os efeitos da sentença.

35. Reabilitação. Será admitido à herança o sucessível que, havendo incorrido em indignidade, foi perdoado pelo autor da sucessão, por ato autêntico, ou testamento. Nesta hipótese, a indignidade é eliminada pela vontade do *de cujus*.

A essa declaração de vontade denomina-se *reabilitação*.

Sua natureza jurídica é controvertida. Depende a solução do problema de que se aceite quanto ao *fundamento da indignidade*. Se assenta na *vontade presumida* do *auctor successionis*, indica o perdão a falsidade da presunção, dado que foi expressa, em sentido contrário, a verdadeira e real vontade. Se a sanção civil da exclusão não descansa na vontade do ofendido, mas, como lembra Cicu, na vontade da lei dirigida a prevenir e reprimir o ato ilícito, não se explica como pode ser impedida pela vontade particular.

Pretende-se buscar a explicação na mesma ordem de ideias, segundo a qual, também no campo do Direito Penal, certos crimes somente se investigam mediante queixa da parte,[21] mas a analogia caberia apenas para explicar que a indignidade não se configura se o interessado não intentar a respectiva *ação*.

Domina a opinião de que o *perdão* do ofendido é verdadeiramente a causa imediata da *reabilitação*. Se o fundamento da indignidade é a tutela de um ressentimento pessoal, como parece a Coviello, pode dispensá-la quem o revelou.

---

21 CICU, A. Ob. cit., p. 100.

A *reabilitação* do indigno [há de] ser *expressa*. Sendo *expressa*, [deve] constar de *testamento*, escritura pública [ou qualquer outro documento autêntico]. O declarante deve ter plena capacidade, e a *forma* é a substância da declaração de vontade. [Caso o testador contemple no testamento quem sabia haver incorrido em indignidade, restringe a sucessão deste aos limites da disposição testamentária, não se considerando tal ato como revogação tácita, propiciando ao herdeiro receber todo o quinhão a que tinha direito. Tal disposição está contida no parágrafo único do art. 1.818 do Código Civil].

A reabilitação é *irretratável*. Declarada em testamento, prevalece ainda que este tenha sido revogado, ou se tenha tornado inexequível. No entanto, pode ser *impugnada* por vício da vontade: erro, dolo, coação.

Conhecida antes da morte do *de cujus*, não importa *reaquisição* da capacidade sucessória do incurso em indignidade. É com a abertura da sucessão que a *delação* se concretiza, nesse momento se apurando a capacidade de suceder. Não se readquire o que se não perdeu. Mas, se após a declaração judicial de indignidade aparecer o documento de reabilitação, o indigno recupera a capacidade sucessória, cancelando-se a exclusão.

Capítulo 5
SUCESSÃO LEGÍTIMA

> **Sumário: 36.** Generalidades. **37.** Herdeiro Legítimo. **38.** Ordem da Vocação Hereditária. **39.** Modos de Suceder. **40.** Direito de Representação. **41.** Pressupostos do Direito de Representação. **42.** Causas do Direito de Representação. **43.** Efeitos. **44.** Unicidade de Estirpe. **45.** Ordem da Sucessão Legítima.

36. Generalidades. A sucessão *ab intestato* deriva imediatamente da lei, ao contrário da sucessão testamentária que resulta, consoante permissão legal, de uma disposição de última vontade, denominada *testamento*.

Por ter na lei sua fonte imediata, chama-se *sucessão legítima* ou, também, *sucessão legal.*

Ocorre quando o falecido não houver disposto, no todo ou em parte, dos bens, em testamento válido, ou quando não pode dispor de parte desses bens por ter *herdeiros necessários*. Na segunda hipótese, dá-se inevitavelmente. Denomina-se sucessão legitimária.

Em suma, há sucessão legítima quando:

a) tem o autor da herança herdeiros que, de pleno direito, fazem jus a recolher uma parte dos bens;

b) o testador não dispõe de todos os seus bens;

c) o testamento caduca;

d) o testamento é declarado inválido.

A existência de testamento não exclui, portanto, a *sucessão legítima*, porquanto, ainda sendo válido e eficaz, se dará havendo *herdeiros obrigatórios* ou havendo bens excedentes das disposições testamentárias. Quando *ineficaz*, por haver caducado, ou ter sido declarado nulo, aplicam-se, em substituição, as regras da *sucessão ab intestato.*

Defere-se a sucessão, nesses casos, aos *herdeiros legítimos*, indicados na lei, por ordem de vocação. Têm tal condição os parentes e o cônjuge, atribuindo-se a herança ao Estado.se não existem tais herdeiros. O critério da *vocação* é a proximidade do vínculo familiar.

34 | SUCESSÕES – *Orlando Gomes*

Distinguem-se, na *sucessão legal, ordens, classes* e *graus*.

Há três *ordens: parentes, cônjuges* e Estado.

As *classes de sucessíveis* compreendem: *descendentes, ascendentes, colaterais, cônjuges.* [O Estado foi excluído da ordem da vocação hereditária estabelecida no art. 1.829, eis que não recebe os bens da herança na qualidade de herdeiro. Limitou-se o legislador a incluir somente os parentes e o cônjuge].

Na *classe dos parentes*, os *graus* do parentesco na linha reta ou colateral têm influência na *vocação*, estabelecendo preferências.

Carece de importância prática a questão relativa à importância das duas modalidades de *sucessão*. Se é certo que a *sucessão legítima* somente se dá quando o autor da herança morre intestado, não menos verdadeiro é que, havendo herdeiros necessários, o testamento não pode, de regra, afastá-los. São, pois, igualmente importantes, não se justificando a assertiva de que qualquer delas constitui regra ou exceção.[1]

37. Herdeiro Legítimo. *Herdeiro legítimo* é a pessoa indicada na lei como sucessor nos casos de *sucessão legal*, a quem se transmite a totalidade ou *quota-parte* da herança.

Contrapõe-se-lhe o *herdeiro testamentário*, que é o sucessor a título universal nomeado em testamento.

Na *classificação* dos *herdeiros legítimos*, distinguem-se os *necessários*, também designados *legitimários "reservatários"*, dos *facultativos*; mas a expressão, empregada em sentido lato, designa quem, por prescrição legal, é chamado à sucessão do que faleceu intestado; já em acepção estritíssima, refere-se aos filhos, primeiros herdeiros necessários.

Herdeiro necessário é o parente [e o cônjuge ou companheiro] com direito a uma quota-parte da herança, da qual não pode ser privado. A parte *reservada* aos herdeiros legitimados chama-se *legítima*. Constitui-se, entre nós, da metade dos bens do falecido. [No Código Civil de 1916, a matéria era tratada no título da sucessão testamentária, tendo o novel legislador a incluído no título da sucessão legítima].

A existência de *herdeiros necessários* impede a disposição, por ato de última vontade, dos bens constitutivos da *legítima* ou *reserva*. Pode dispor, entretanto, da outra metade, calculada sobre o total dos bens existentes ao tempo do óbito, abatidas as dívidas e as despesas do funeral.[2]

É precisamente este direito que o distingue do *herdeiro* facultativo, também *legítimo* como ele. A existência de *herdeiros facultativos* não impede a disposição, em testamento, de todos os bens do testador, mas, se falece sem deixar testamento,

---

1 VITALI. **Dellesucessione**. v. I, p. 28 e ss.; BARREIRA, Dolor. **Sucessão legítima**. p. 27-28.
2 [Código Civil, art. 1.847].

esses herdeiros são chamados a suceder sucessivamente. Para excluí-los da sucessão, basta, no entanto, que o testador disponha dos seus bens, sem os contemplar.[3]

Em resumo: havendo *herdeiros necessários, a liberdade de testar* é restrita à *metade disponível*; havendo somente *herdeiros facultativos*, é plena. Todo herdeiro necessário é legítimo, mas nem todo herdeiro legítimo é necessário.[4]

São *herdeiros necessários*: os *descendentes e ascendentes* sem limitação no grau de parentesco [e, ainda, o cônjuge e o companheiro]. São *herdeiros facultativos* os *colaterais* até o quarto grau, [sendo de se destacar que o legislador não atribuiu aos companheiros essa qualidade].

O *herdeiro legítimo* investe-se em prerrogativas e deveres decorrentes da situação pessoal em que se insere quando chamado a suceder. Dentre as prerrogativas, sobressaem as que dizem respeito à destinação do cadáver e aos funerais. Dentre os deveres, salienta-se o de atender às despesas com o funeral.

A qualificação do *herdeiro legítimo* fundamenta-se na organização da família.

Reside seu chamamento em três ordens de direito: 1 – *jus familiae*; 2 – *jus sanguinis*; 3 – *jus conjugii*.[5] Por direito de família *stricto sensu*, em favor dos parentes legítimos. Por direito de sangue, dos filhos e pais. Por direito matrimonial, do cônjuge.

O Estado não é propriamente herdeiro. Contestável a assertiva de que assume tal condição pelo *jus imperii*.

38. Ordem da Vocação Hereditária. A lei divide os *herdeiros legítimos* em *ordens* e *classes*, unindo-os em grupos distintos. A hierarquia das ordens define a *vocação hereditária*.

Regem-na duas regras:

1ª – Uma classe sucessível só é chamada quando faltam herdeiros na classe precedente [(princípio das classes); e]

2ª – na mesma classe, os parentes mais próximos excluem os mais remotos, salvo o *direito de representação* [(*princípio dos graus*)].

[A ordem de chamamento dos herdeiros à sucessão prevista no art. 1.829 do Código Civil sofreu mudança substancial com a elevação da posição do cônjuge, que passou a concorrer com os descendentes e os ascendentes. Julgando o Recurso Extraordinário n. 878.694-MG, o Supremo Tribunal Federal, por maioria de votos, decidiu pela inconstitucionalidade do art. 1.790 do Código Civil, determinando que o regime estabelecido no art. 1.829 deve ser aplicado também aos companheiros em igualdade com os cônjuges].

---

3 [Código Civil, art. 1.850].

4 BARREIRA, Dolor. Ob. cit. p. 32, nota 27.

5 RUGGIERO. **Instituições de direito civil**. v. III, p. 513.

A sucessão legal defere-se na seguinte ordem de *chamamento*:

1 – descendentes, [em concorrência com o cônjuge ou companheiro, salvo se casado ou convivendo este com o falecido pelo regime da comunhão universal, ou no da separação obrigatória de bens;[6] ou se, no regime da comunhão parcial, o autor da herança não houver deixado bens particulares];
2 – ascendentes, [em concorrência com o cônjuge ou companheiro];
3 – cônjuge sobrevivente [ou companheiro];
4 – colaterais.

Os herdeiros de cada *classe* preferem aos das classes imediatas. Assim, os *ascendentes* somente são chamados à sucessão, não havendo herdeiros da classe dos *descendentes*; o *cônjuge* [*ou companheiro*], se faltarem *ascendentes*; os *parentes colaterais*, se não houver *cônjuge* [*ou companheiro*]; [e, por fim, o Município, Distrito Federal ou União (art. 1.844)].

Dentro da *ordem* dos parentes, que compreende os descendentes, [os ascendentes] e os colaterais, a preferência se estabelece pelo *grau* de parentesco. Os parentes de grau mais afastado são excluídos pelos de grau mais próximo. Desse modo, o *filho* prefere ao *neto*, o *pai*, ao *avô*, o *irmão*, ao *sobrinho*.

A *vocação hereditária* não é apenas a designação virtual de sucessíveis, mas, também, a atribuição, às categorias indicadas, de certa posição jurídica, quando se concretiza. Ao estabelecer a hierarquia das *classes*, a lei não se limita a apontar os destinatários da sucessão. Atribui-lhes, do mesmo modo, o direito de suceder, deferindo-o a quem se encontre na classe chamada e, dentro dela, a quem tinha preferência sobre outros parentes. A essa atribuição pode denominar-se *devolução* para se qualificar a *vocação* unicamente como seu aspecto subjetivo.[7] A *devolução* seria o aspecto objetivo da *vocação*, "a própria atribuição". A distinção converte-se, em última instância, numa questão terminológica.

A *vocação* é *direta* ou *indireta*. Dá-se indiretamente quando um sucessível é chamado para tomar o lugar de quem deveria suceder porque a sucessão corresponde ao grau do seu parentesco.

Ocorre a *vocação indireta* nos casos em que a lei assegura a determinados sucessíveis o *direito de representação*. Trata-se de artifício imaginado pelo legislador para abrir exceção à regra de que, na mesma classe, os parentes mais próximos preferem aos mais afastados. Obtém-se esse resultado atribuindo-se a esses parentes mais remotos a posição dos mais próximos, aos quais substituem

---

6 [A Lei n. 12.344, de 09.12.2010, alterou o art. 1.641, II, do Código Civil, aumentando para 70 anos a idade a partir da qual se torna obrigatório o regime da separação de bens no casamento].

7 TELES, Galvão. **Teoria geral de fenômeno sucessório**. p. 64.

como se estes estivessem a recolher a herança. Eles ingressam nessa posição por determinação legal.

A *vocação hereditária* é chamamento virtual. Para se converter em chamamento real, torna-se necessária a conjunção, relativamente ao designado, dos seguintes requisitos: *a)* sobrevivência, ou nascimento com vida, do sucessível; *b)* capacidade; *c)* aceitação de herança.[8] Se falha qualquer desses requisitos, outros sucessíveis são chamados, somente se verificando a *vocação indireta* quando é premorto o sucessível na classe dos descendentes.

A expressão *vocação hereditária* está empregada, neste passo, como indicação originária dos sucessíveis, como *sucessibilidade abstrata*. Usase, não obstante, no sentido de atribuição da herança a uma pessoa, que se torna atual no momento da delação, ou como a própria concretização da designação do herdeiro chamado. Seria, afinal, o *título* pelo qual determinado sujeito é chamado à sucessão do *de cujus*.

39. Modos de Suceder. São três os modos de suceder:

1 – *Jure proprio;*
2 – *jure representationis;*
3 – *jure transmissionis.*[9]

Sucede-se *por direito próprio* [*ou por cabeça*] quando se pertence à *classe* chamada à sucessão.

Por *direito de representação*, quando se toma o lugar do herdeiro pertencente à *classe* chamada à sucessão, *no momento de sua abertura*.

Por *direito de transmissão*, quando se substitui o herdeiro pertencente à *classe* chamada à sucessão, *depois* de sua abertura.

São três os modos de partilhar a herança:

1 – *in capita;*
2 – *in stirpes;*
3 – *in lineas.*

A partilha *por cabeça* faz-se em *partes iguais* entre herdeiros da mesma classe.

Por *estirpe* se faz em relação aos herdeiros que sucedem por *direito de representação* ou de *transmissão*.

Por *linhas*, em *partes iguais*, entre herdeiros da mesma classe, dividida a herança ao meio, se chamados à sucessão os ascendentes paternos e os maternos, ou devolvida integralmente a um deles, se o outro premorrer.

---

8 TELES, Galvão. **Direito de representação, substituição vulgar e direito de acrescer.** p. 8.
9 OLIVEIRA, Itabaiana de. **Tratado de direito das sucessões.** v. I, p. 139.

Entre o *modo de suceder* e o de *partilhar* existem nexos estabelecidos em função da igualdade ou desigualdade de *graus* de *parentesco* ou de *linha*.[10]

Para os que sucedem *jure proprio*, a partilha pode ser *in capita* ou *in lineas*. Para os que sucedem *jure representationis*, é necessariamente *in stirpes*. Para os que sucedem *jure transmissionis*, *in stirpes* ou *in lineas*.

A sucessão *por direito próprio, in capita*, se dá quando, no momento da abertura, concorrem unicamente herdeiros do mesmo grau de parentesco, quer na classe dos *descendentes*, quer na dos colaterais. Assim, quando chamados os filhos do autor da herança, todos sobreviventes, ou os irmãos. Sucedem *por cabeça*, dividindo-se a herança, em partes iguais, no primeiro caso, entre os filhos e, no segundo, entre irmãos. Mesma *classe de sucessíveis*, mesmo *grau de parentesco*, sucessão *por direito próprio* e partilha *por cabeça*.

Na sucessão *por direito próprio*, pode ainda a partilha fazer-se *por linhas*, se concorrem os ascendentes do autor da herança a ele vinculados pelo mesmo *grau de parentesco*. Assim, se são chamados à sucessão o pai e a mãe, divide-se a herança em duas partes iguais entre o ascendente paterno e o materno, ambos parentes no primeiro grau da linha reta. Mesma *classe de sucessíveis*, mesmo *grau de parentesco*, sucessão *por direito próprio* e partilha *por linhas*. Aplica-se a mesma regra quando, na falta de pais, são chamados os ascendentes do segundo grau. Mas, se entre os ascendentes não há igual grau de parentesco, porque já não existe um deles, o outro é chamado à sucessão quanto à totalidade, preferindo aos ascendentes de segundo grau da linha do que premorreu, por não se dar o *direito de representação* nesta *linha*. Nessa hipótese, não há partilha, mas adjudicação da totalidade da herança pelo ascendente mais próximo sobrevivente.

Na sucessão *por direito de representação*, há desigualdade de *graus de parentesco* no momento de sua abertura. Dá-se na linha reta descendente e na colateral, partilhando-se os bens desigualmente. Os que sucedem *jure representationis* formam uma *cabeça*, seja qual for seu número. Esse direito é conferido aos netos e aos filhos de irmão. Na ocorrência dos seus pressupostos, partilha-se a herança, sempre, *por estirpe*.

Na sucessão *por direito de transmissão*, os herdeiros do *post morto* habilitam-se a recolher a parte que lhes coube na herança, como uma *cabeça*, estejam, ou não, em igualdade de grau de parentesco. É uma sucessão dentro de outra. Se chamados forem à sucessão do *transmitente* seus ascendentes, partilha-se *por linhas* sua quota-parte.

40. Direito de Representação. O *direito de representação* é o mecanismo pelo qual se opera a *vocação indireta* na sucessão legítima.

Por esse instituto do Direito das Sucessões, malnomeado, chama-se a suceder o descendente de herdeiro premorto, ou julgado indigno, para lhe tomar o lugar como se tivesse o mesmo grau de parentesco dos outros chamados.

---

10 OLIVEIRA, Itabaiana de. Ob. cit., p. 139.

O *direito de representação* é restrito, entre nós, à sucessão legal, *conquanto* apresente alguma semelhança com a *substituição* na sucessão testamentária.

Tem cabimento apenas quando falta um parente da *classe dos descendentes*, e, limitadamente, da *classe dos colaterais*.

Não se confunde com o *direito de transmissão*. Sucede-se, por esse direito, quando, depois da abertura da sucessão, falece o herdeiro sem ter aceitado ou repudiado a herança, a ele transmitida desde a sua abertura. Ocorre, nessa hipótese, dupla transmissão, sucedendo os chamados à sucessão do herdeiro *post morto* conforme tenha ele disposto, ou, na falta de testamento, segundo as regras da sucessão legal. Sucede-se por *direito de representação* quando, no momento da abertura da sucessão, falta quem devia suceder, por designação legal, e não sucedeu por impossibilidade física ou jurídica. Ocorre, nesse caso, uma só transmissão, sucedendo em substituição os parentes indicados na lei.

A *natureza do direito de representação* é controvertida. Cinco teorias tentam explicá-la: 1 – da *ficção*; 2 – da *conversão*; 3 – da *sub-rogação*; 4 – da *unidade orgânica*; 5 – da *substituição* ex lege.[11]

Concede a primeira o direito de representação como artifício usado pelo legislador para assegurar a sucessão de certos parentes, atribuindolhe grau de parentesco que não tem.

A segunda teoria, defendida por Nicoló, é aplicação ao fato jurídico da vocação hereditária da construção doutrinária relativa à *conversão* dos negócios jurídicos, sustentando seu criador que tal fato, sem alteração dos seus elementos, se produz em relação a outra pessoa que não o primitivo destinatário.

Deve a Betti a doutrina da *sub-rogação*. A posição de quem sucede pelo direito de representação é a de quem toma o lugar de outrem que, *virtualmente*, deveria ocupá-lo.

Sub-roga-se, em consequência, nos seus direitos.

Para Kohler, ocorre sucessão coletiva da estirpe, que constituiria uma unidade orgânica participante da partilha como uma só pessoa.

Vangerow vê no direito de representação uma *substituição legal*. Esclarece Ruggiero, prosélito dessa teoria, que esse direito, outrora concebido como ficção legal, é, na realidade, uma substituição feita por lei, não se dando representação em sentido técnico, ou seja, a aquisição e o exercício de um direito em nome de outra pessoa, pois quem sucede por direito de representação adquire em nome próprio e por direito próprio.[12]

As explicações são contestáveis, levantando-se contra cada qual objeções ponderáveis. Com o sufrágio da maioria dos tratadistas, avantaja-se a doutrina da substituição *ex lege*, tecnicamente mais perfeita.

---

11 TELES, Galvão. **Direito de representação, substituição vulgar e direito de acrescer.** p. 48.

12 **Instituições de direito civil.** v. III, p. 508.

O *fundamento* do direito de representação é buscado no Direito de Família, por alguns, na vontade presumida do autor da herança, por outros, e, finalmente, na tutela de legítima expectativa. Há de ser encontrado em consonância com sua finalidade. Visa a corrigir o absurdo que derivaria de rigorosa aplicação do princípio segundo o qual o parente mais próximo exclui o mais afastado, pois é incongruente que, se alguém morre deixando um filho e tendo outro morrido antes, os filhos deste fiquem excluídos da sucessão, indo toda a herança para o filho sobrevivo.[13] Tutela a lei a legítima expectativa desses parentes mais remotos, evitando que uma circunstância fortuita, como é a pré-morte, perturbe o mecanismo normal da sucessão.[14]

41. Pressupostos do Direito de Representação. São pressupostos do *direito* de representação:

a)   a *sucessão legal*;
b)   a *impossibilidade de ser chamado à sucessão que deveria suceder*;
c)   a *descendência*.

O primeiro pressuposto não é da natureza do instituto. Algumas legislações estendem-no à *sucessão testamentária*.[15] Entre nós, porém, é exclusivo da *sucessão legal*, conquanto não se justifique, a nosso ver, a limitação. Estabelece, entretanto, o Código Civil que se dá o direito de representação quando a *lei* chama certos parentes do falecido a suceder em todos os direitos, em que ele sucederia, se vivesse.[16] A disposição está colocada no título relativo à *sucessão legítima*. Em consequência, só se representam herdeiros legítimos. É, pois, a *sucessão legal* um dos pressupostos do direito *de representação*.

Necessário, em seguida, que falte o herdeiro que sucederia, devendo ele ser descendente ou irmão do autor da herança. A este devem sobreviver:

a)   um filho e os filhos de outro filho premorto; ou
b)   um irmão e os filhos de outro irmão premorto.

Por outras palavras, *concurso* entre filhos e netos, e entre irmãos e sobrinhos destes, cessando, na linha colateral, quando o parentesco ultrapassa o terceiro grau civil.

O terceiro pressuposto é a existência de *descendentes*. Quem é chamado para tomar o lugar do herdeiro premorto há de ser seu filho, ou neto, se for o caso, limitada a vocação ao descendente de primeiro grau na sucessão de colaterais.

---

13 RUGGIERO. Ob. cit., p. 508.
14 TELES, Galvão. Ob. cit., p. 56.
15 Código Civil italiano, art. 467, alínea 2.
16 [Art. 1.851].

O direito de representação jamais se dá na linha reta *ascendente*.[17] Na linha transversal, unicamente em favor dos filhos de irmão do falecido, quando com irmão deste concorrerem.

42. Causas do Direito de Representação. A representação admite-se nos seguintes casos:

a) *pré-morte*;
b) *indignidade*;
c) *deserdação*.

O falecimento do sucessível antes do autor da herança é a causa mais comum da vocação de *representantes*. Instituída a representação com o objetivo de regular excepcionalmente a sucessão em caso de *pré-morte*, vigorava o princípio *viventes non datur representatio*, perfeitamente consonante à ideia de que a representação era simples ficção legal da transmissão hereditária. Esse princípio tinha, entretanto, significação restrita, sendo enfatizado para acentuar-se que os herdeiros do *renunciante* não o representam. É tranquila a regra de que se representam pessoas vivas, conquanto em hipóteses taxativamente limitadas. As exceções à regra abrem-se para os casos de exclusão da herança.

O direito de representação pressupõe a morte do *representado* antes do *de cujus*, admitindo-se, porém, quando ocorre a *comoriência*, visto não se poder averiguar, nesse caso, qual dos dois sobreviveu ao outro. Observe-se que solução diversa conduziria ao absurdo de os netos nada receberem da herança do avô quando o pai tivesse morrido juntamente com ele e existissem outros filhos daquele.[18]

Para o efeito da *representação*, equipara-se à morte a *ausência* declarada.

Ao regular o direito de representação, o Código Civil, no capítulo respectivo,[19] cogita unicamente de sua aplicação ao caso de *pré-morte*, mas, na disciplina dos que não podem suceder,[20] declara pessoais os efeitos da exclusão, dispondo que os descendentes do herdeiro excluído sucedem como se ele morto fosse [antes da abertura da sucessão].[21] Bem evidente é que, se considera falecido o *indigno* de suceder, assegura à sua descendência o *direito de representação*, uma vez verificadas as demais condições para seu nascimento.

A deserdação deve ser incluída entre as causas que originam a *representação*, posto não reproduza a lei, ao regê-la, a disposição relativa à *indignidade*. Tal como o indigno, o *deserdado* é excluído da sucessão pelas mesmas causas. Não se justificaria tratamento diverso. Os efeitos da *deserdação* afinam com os

---

17 [Código Civil, art. 1.852].
18 TELES, Galvão. Ob. cit., p. 61.
19 [Arts. 1.851 a 1.856, Cap. III do Título II do Livro V].
20 [Arts. 1.814 a 1.818].
21 [Art. 1.816].

da indignidade, devendo ser também *pessoais*. Transmiti-lo aos descendentes do deserdado seria iníquo. Onde está a mesma razão deve haver o mesmo direito.

A *sucessão representativa* não se dá quando o herdeiro *renuncia* à herança. Em termos peremptórios, declara a lei que ninguém pode suceder representando herdeiro renunciante. Entende-se que, renunciando, nunca foi herdeiro, e se herdeiro nunca foi, não há cogitar de representação.

Os herdeiros do *renunciante* podem receber, entretanto, a herança que lhe tocaria se não renunciara, mas *por direito próprio* e, consequentemente, *por cabeça*. Recolhem-na em duas hipóteses:

1ª – se o renunciante for o único legítimo de sua classe;

2ª – se todos os outros da mesma classe renunciarem à herança.[22]

A proibição que atinge os descendentes do herdeiro renunciante é condenada pela doutrina moderna, não obstante assentar em raciocínio lógico e inatacável. Legislações mais novas eliminaram-na.[23]

O renunciante à herança de uma pessoa poderá representá-la na sucessão de outro.[24] Assim, o filho de quem morreu antes do pai deste, seu avô, tendo renunciado à herança do seu próprio pai, não está impedido de representá-lo na sucessão do avô.

43. Efeitos. O principal efeito do *direito de representação* consiste em atribuir a pessoas que não sucederiam, pela existência de sucessíveis préchamados, o direito de suceder, em substituição a um desses herdeiros. Essas pessoas passam a ocupar a posição do herdeiro que substituem, com os mesmos direitos e encargos, agrupadas, porém, numa unidade inorgânica.

Com o direito de representação, excepciona-se a regra de que os parentes mais próximos excluem os mais afastados, visto que a desigualdade de graus não impede que estes sejam chamados com aqueles. Embora a teoria da *ficção legal* tenha sido abandonada, a figura da eficácia do direito de representação torna-se mais nítida fingindo-se que o *representante* se investe no *grau sucessório* do *representado, assegurando-se-lhe* esse direito para que, sobre ele, não pese a fatalidade, ou a culpa, determinante da exclusão da pessoa cujo lugar toma.

O efeito fundamental da *representação* verifica-se ainda quando o *representado* não seja o ascendente imediato do representante, se a *sucessão representativa* ocorre na *linha reta*.

Contudo, não se produz *per saltum et omisso medio*. Entre o *representante* e o *representado*, a cadeia do grau de parentesco não pode ser interrompida omitindo-se quem poderia ser representante, mas tal regra não impede a constituição de

---

22 [Código Civil, art. 1.811].

23 Código Civil italiano, art. 467, alínea I; Código Civil português, art. 2.062.

24 [Código Civil, art. 1.856].

subestirpes, que se nivelam à *estirpe*. Premortos um filho do autor da herança e um neto, filho do que premorreu, os bisnetos, filhos do neto premorto, formam *subestirpe*.

Dado que a sucessão por *direito de representação* se dá por *estirpe*, sua ocorrência não afasta o princípio de que a herança se divide em tantas partes quantos os herdeiros, mas, nesse caso, herdeiro não coincide com indivíduo ou cabeça. A partilha não será *individual*, nenhuma relevância tendo o número dos componentes da *estirpe*, pois se apresenta como uma unidade. Cada estirpe participa da divisão hereditária como se fosse uma só pessoa, um só indivíduo, um herdeiro. Seus componentes recebem, em conjunto, o que tocaria *individualmente* ao *representado*.

Cumpre distinguir a relação *externa*, assim figurada, da *relação interna*. A parte recebida unitariamente pela estirpe subdivide-os individualmente pelos que a compõem. Se há *subestirpe*, seus integrantes figuram na *divisão interna* como uma unidade, subdividindo-se entre eles, por indivíduo, o que caberia à pessoa que substituem. Quando, porém, da *pré-morte* de quem integraria uma *estirpe* não há lugar à formação de *subestirpe*, a parte que lhe competiria *acresce* aos outros componentes da mesma estirpe, a todos aproveitando.

44. Unicidade de Estirpe. A circunstância de haver uma só *estirpe* exclui o *direito de representação*, para alguns doutores, defendendo outros, porém, opinião contrária.[25]

Conquanto se possa sustentar com fundamentos lógicos, a que se renderam legislações recentes,[26] a extensão da *sucessão representativa* aos casos de uma só estirpe e de igualdade de parentesco entre os membros de várias estirpes em relação ao autor da herança, tal solução contraria a finalidade do instituto. O *direito de representação* instituiuse para favorecer os descendentes de quem, fortuitamente, não pode herdar, por haver morrido antes do *de cujus,* ter sido declarado indigno, ou excluído da sucessão por deserdação. Seu caráter excepcional não consente estendê-la à situação que excedem à sua finalidade. A se admiti-lo na hipótese de unicidade de estirpe, perderia seu significado de *vocação indireta*. Os netos de filho único premorto sucedem diretamente o avô, na condição de descendentes do segundo grau. Outrossim, nenhuma utilidade prática teria, no caso, a *sucessão representativa*, salvo na hipótese rara da *imputação* de bens para revogação ou redução de liberalidade a terceiro, feita ao filho premorto como adiantamento de legítima, hipótese na qual a representação impediria a imputação na *metade disponível*.[27]

O Código Civil resolveu expressamente o problema da igualdade de parentesco entre componentes de várias estirpes *na linha colateral*, prescrevendo: "Se

---

25 Pela exclusão: Demolombe, Laurent, Planiol, Ripert e Maury, Polacco, Ricci, Pacifici Mazzoni, Dusi, Cunha Gonçalves. Contra: Chironi Filomusi Guelfi, Coviello, Ruggiero, Galvão Teles.

26 Código Civil italiano, art. 469, alínea 2; Código Civil português, art. 2.045.

27 PLANIOL, RIPERT, MAURY. **Traité pratique de droit français**. t. IV, p. 83.

só concorrerem à herança filhos de irmãos falecidos, herdarão *por cabeça*".[28] Em relação à *linha reta*, não há preceito. Quanto a esta, poderia a lógica ser sacrificada à justiça, por ser desvantajosa e injustificável a sucessão *in capita*, que favoreceria fortuitamente a estirpe mais numerosa. Infere-se, entretanto, do art. [1.835] que somente sucedem por direito de representação havendo desigualdade de graus de parentesco.

45. Ordem da Sucessão Legítima. As *classes sucessíveis* são chamadas sucessivamente. Algumas compõem-se de várias pessoas, os descendentes, os ascendentes, os parentes colaterais; outras, de um só sucessor, o cônjuge.

Quando se constituem de uma pluralidade de herdeiros, não se chamam os da classe imediata enquanto houver um da classe precedente.

[O Código Civil previu o *concurso* de sucessores de classes diversas; o cônjuge concorre com os descendentes e os ascendentes]. Afora esses casos, a preferência exclusiva pelas classes seriadas é absoluta. Enquanto houver um descendente, qualquer que seja o grau de parentesco, nenhum ascendente será chamado. Enquanto houver um ascendente, o cônjuge sobrevivente não será convocado [sozinho], e assim por diante. Está, contudo, admitido o concurso excepcional [do cônjuge] como titular do direito real de habitação.[29]

Nas *classes plurais*, guia-se a lei pela *proximidade de parentesco*. Os filhos preferem aos netos; estes, aos bisnetos. O pai, ao avô; este, ao bisavô, excluindo--se, na sucessão por *linhas*, trancada a bifurcação, os parentes mais afastados. Na linha colateral, os irmãos preferem aos tios ou sobrinhos [e estes àqueles].

Na primeira ordem da sucessão *ab intestado* estão os *descendentes* [com os quais o cônjuge concorre, conforme o regime de bens adotado]. Na segunda, os *ascendentes* [em concorrência com o cônjuge]. Na terceira, o *cônjuge*. Na quarta, os *colaterais*. [Não havendo herdeiros sucessíveis, a herança será devolvida ao Estado]. Nesta sequência, defere-se a sucessão legítima, demandando exame circunstanciado de cada classe sucessível.

---

28 [Art. 1.843, § 1º].
29 V. Cap. 7.

Capítulo 6
SUCESSÃO DOS PARENTES

Sumário: 46. Parentes Sucessíveis. **47.** Sucessão dos Descendentes. **48.** Regras. [**49.** Concorrência do Cônjuge com os Descendentes]. **50.** Sucessão dos Ascendentes. [**51.** Concorrência do Cônjuge com os Ascendentes]. **52.** Sucessão dos Parentes Colaterais. **53.** Direito de Representação na Linha Colateral.

46. Parentes Sucessíveis. Os parentes do defunto têm direito à sua sucessão na seguinte ordem: *descendentes, ascendentes, colaterais*.

Na *linha reta*, não há limitação do grau de parentesco. Na *linha colateral*, o vínculo não ultrapassa o quarto grau.

As três *ordens* são *sucessivas*. Não se passa aos *ascendentes* senão na falta de descendentes, nem se chamam os *colaterais* senão quando faltam ascendentes e, interrompendo a ordem do parentesco, o cônjuge sobrevivente.

Vigora nas três classes a regra *proximior excludit remotionem*. Os descendentes mais próximos excluem os mais afastados, a menos que estes sejam chamados a suceder por *direito de representação*. Igual norma aplica-se à sucessão dos ascendentes, com a particularidade de estender-se a exclusão aos ascendentes de uma *linha*, se desigual o grau de parentesco. Na linha transversal, também os parentes mais propínquos preterem os mais distantes.

Subdividem-se os *parentes sucessíveis* em duas categorias: *herdeiros necessários* e *facultativos*. Os primeiros sucedem de pleno direito. Sua existência limita a liberdade de testar, por ser indisponível a parte do patrimônio do testador, que se chama *legítima*. Quanto aos outros, sucedem somente se o autor da herança não dispuser contrariamente.

[Dentre os parentes] são *herdeiros necessários os descendentes e ascendentes*. Os *parentes colaterais* são *herdeiros facultativos*.

A sucessão dos *parentes* obedece à classificação do parentesco, tanto assim que um parente de grau mais afastado na primeira classe exclui o de grau mais próximo da segunda. O neto exclui o pai; o bisavô, o irmão.

47. Sucessão dos Descendentes. Afinam-se todos os Códigos em chamar à sucessão, em primeiro lugar, os *descendentes*.

SUCESSÕES – *Orlando Gomes*

Assenta a prioridade em duplo fundamento: a continuidade da vida humana e a vontade do autor da herança.

Os *descendentes* sucedem, necessariamente, sem distinção de leito, sexo ou primogenitura, mas uns precedem os outros. Por ordem de preferência exclusiva, herdam, em primeiro lugar, os *filhos*; seguidamente os *netos*, depois os *bisnetos*, e assim por diante.

Para efeitos sucessórios, as diferentes qualidades de filhos juridicamente classificadas não têm importância no Direito pátrio.

Os filhos, [qualquer que seja a natureza da filiação], gozam de igual *direito hereditário*. [O Código Civil prescreve no art. 1.834 a igualdade de todos os descendentes que concorrem na sucessão de seus ascendentes.

O art. 1.626 do Código Civil foi revogado pela Lei n. 12.010, de 03.08.2009, permanecendo em vigor o art. 41 da Lei n. 8.069, de 13.07.1990 (Estatuto da Criança e do Adolescente), que atribui ao adotado a situação de filho, desligando-o de qualquer vínculo com os pais e parentes consanguíneos. Falecendo o adotado sem descendentes, os pais biológicos estarão excluídos da sucessão, herdando somente os pais adotivos. O texto do art. 1.628 foi, também, revogado pela mesma Lei, sendo certo que se mantém a reciprocidade de direitos sucessórios entre os adotados, adotantes e demais parentes que participem da sucessão, obedecida a ordem da vocação hereditária, conforme disposto no § 2º, do art. 42, do mencionado Estatuto].

48. Regras. A primeira regra relativa à *sucessão dos descendentes* é que os *filhos* sucedem *por direito próprio e por cabeça*.

Porque todos se acham à mesma distância do pai, como parentes em linha reta, descendentes no *primeiro grau*, a herança divide-se entre eles em *partes iguais*.

Se concorrem à sucessão somente descendentes de segundo grau – os netos –, também sucedem por *cabeça*. Doutrinariamente, pode-se defender a tese de que deveriam suceder por *estirpe*. Determina o Código Civil, porém, que se divida a herança igualmente entre todos os netos, se não há filho sobrevivente, dispondo que sucedem por cabeça.[1]

Quando se achem em grau diferente, herdam *por direito de representação e por estirpe*.[2] Havendo, assim, filhos sobrevivos e filho premorto, os descendentes deste o substituem, recolhendo, como uma só pessoa, a parte da herança que lhe caberia. Os netos estão excluídos, se não há filho premorto.

A segunda regra é que os *descendentes* têm direito à *legítima*, pertencendo-lhes, *pleno jure*, a metade da herança. Da concessão desse direito decorre, primeiramente, que o ascendente não pode dispor senão da outra metade. Caso prejudique, em testamento, a legítima dos descendentes, reduzem-se as liberalidades até o limite da integridade da parte indisponível.

---

1 [Código Civil, art. 1.835].

2 [Ver Cap. 5].

Cap. 6 · SUCESSÃO DOS PARENTES | **47**

O direito dos descendentes *à legítima* precede à abertura da sucessão do ascendente. Preserva-o a lei, declarando nulas, no excesso, as doações que, no momento da liberalidade, ultrapassem a parte que o doador poderia dispor em testamento.[3] Outra condenação a essas *doações inoficiosas* encontra-se na proibição de doar o marido à mulher, e *vice-versa*, em *pacto antenupcial*, bens que excedam à metade dos que possuem, se casados pelo regime da *separação*.[4]

Como outro fundamento, mas para a mesma finalidade, assegura a lei aos filhos *ação* para anular as doações do pai à *concubina*.[5]

Particulariza-se a proteção legal à legítima na consagração do *princípio da igualdade*, pelo qual todos os filhos devem receber a mesma porção hereditária. Preserva-se esse direito, primeiramente, prescrevendo-se que a doação dos pais aos filhos importa *adiantamento da legítima*,[6] determinando-se, em seguida, que o donatário traga à *colação*, no inventário do doador, o que dele em vida recebeu ou o correspondente valor.[7] A obrigação de conferir as doações recebidas, para reposição da *parte inoficiosa*, constituída pelo que exceder à legítima e mais a metade disponível, alcança o herdeiro renunciante, o indigno e o deserdado.

Todas essas medidas dirigem-se, em última análise, à simples *expectativa de direito*, salvo, evidentemente, a que se refere à *colação*. Conquanto a *legítima* pertença de pleno direito aos descendentes sucessíveis, a *pretensão* que encerra somente se torna exercitável com a abertura da sucessão, tanto que, se o herdeiro necessário falecer antes do autor da herança, não se aplicam as regras expostas, a menos que venha a ser *representado*.

Não obstante o direito reconhecido aos descendentes, [permitiu o legislador][8] que o ascendente [indique], em testamento, [os bens e valores que devem compor os quinhões hereditários, deliberando ele próprio a partilha. Não reproduziu, porém, a regra que autorizava o ascendente a determinar a conversão dos bens da legítima em outra espécie.

49. Concorrência do Cônjuge com os Descendentes. Ao contrário da legislação portuguesa, que não faz qualquer restrição quanto ao regime de bens, o novo texto do Código Civil deferiu a sucessão ao cônjuge sobrevivente em concorrência com os descendentes, desde que o regime não seja da comunhão universal, da separação obrigatória ou, sendo da comunhão parcial, o autor da herança não tenha deixado bens particulares, considerando-se particulares aqueles discriminados no art. 1.659.

---

3 [Código Civil, art. 549].

4 [Código Civil/1916, art. 316, sem correspondente].

5 [Código Civil, art. 550].

6 [Código Civil, art. 544].

7 [Código Civil, art. 2.002].

8 [Código Civil, art. 2.014].

Contrario sensu, o cônjuge concorrerá com os descendentes, quando casado pelo regime da separação total de bens, da participação final nos aquestos e no regime da comunhão parcial, se deixar bens particulares. O legislador, ao referir-se ao regime da separação obrigatória,[9] equivocou-se ao fazer remissão ao art. 1.640, quando a matéria é tratada no art. 1.641.

Julgando o REsp n. 992.749-MS (2007/0229597-9), relatado pela Min. Nancy Andrighi, a 3ª Turma do Superior Tribunal de Justiça entendeu por unanimidade de votos que, nos casos de concorrência do cônjuge com descendentes, as consequências do regime de bens adotado pelo casal devem prevalecer mesmo após a morte, concluindo, assim, que, nos regimes da separação convencional de bens, o cônjuge nada herda e, no regime da comunhão parcial, o cônjuge, além da meação nos aquestos, concorre com os descendentes somente no tocante aos bens comuns. Ressalta, ainda, o voto condutor que o regime da separação obrigatória é gênero que congrega duas espécies: separação legal e convencional. A decisão também levou em conta as peculiaridades do caso julgado, ou seja, o autor da herança contava com 51 anos de idade, casou-se com uma jovem de 21 anos e permaneceu casado por apenas dez meses, vindo a falecer, vítima de grave doença que o acometera. A interpretação contraria o texto legal e destoa da doutrina dominante.

O Superior Tribunal de Justiça reviu essa posição, entendendo ser correta a aplicação literal do dispositivo (art. 1.829) para admitir que o cônjuge concorre com descendentes do autor da herança, salvo se casado pelos regimes da comunhão universal, da separação obrigatória ou se, no regime da comunhão parcial de bens, não tiver o *de cujus* deixado bens particulares. E, nesse caso, regime da comunhão parcial de bens, o cônjuge concorre somente nos bens particulares, pois nos comuns já é meeiro (Recursos Especiais n. 1.472.945/RJ; 1.382.170/SP;1.368.123/SP e 1.501.332/SP).

Concorrendo com descendentes comuns, ao cônjuge sobrevivente caberá um quinhão igual ao dos demais herdeiros, fazendo jus à quota mínima de uma quarta parte da herança se for ascendente de todos os herdeiros com que concorrer. É o que preceitua o art. 1.832. Não sendo o caso, a sucessão se dará, também, por cabeça, dividindo-se a herança em tantas partes quantos forem os herdeiros, porém não terá o cônjuge direito à quota mínima, aplicando-se esse entendimento, inclusive, quando concorrerem descendentes comuns com descendentes só do autor da herança, hipótese não prevista pelo legislador].

50. Sucessão dos Ascendentes. Na falta de descendentes em qualquer grau, devolve-se a herança aos *ascendentes*.

Primeiramente os *pais*, depois os *avós*, e assim por diante, seja qual for a origem dos bens.

---

9 [A Lei n. 12.344, de 9 de dezembro de 2010, alterou o art. 1.641, II, do Código Civil, aumentando para 70 anos a idade a partir da qual se torna obrigatório o regime da separação de bens no casamento].

Formam os ascendentes duas linhas: a paterna e a materna. Se os sucessíveis nessas duas linhas se encontram à mesma distância do descendente falecido, divide-se a herança em duas partes iguais, uma para o pai, a outra para a mãe. Mas se sobrevivo está somente um deles, caber-lhe-á a totalidade, ainda que vivos estejam os pais do ascendente premorto, visto que não há direito de representação na linha reta ascendente. Prevalece, nessa classe de sucessíveis, sem exceção, a regra de que os parentes mais próximos excluem os mais remotos, sem distinção de linhas.[10]

Em todos os casos de igualdade de grau e diversidade de linhas, parte-se a herança entre as duas linhas, meio a meio[11] [, afastando o princípio de que quando estão todos os herdeiros no mesmo grau herdam por direito próprio ou por cabeça]. No primeiro grau, a divisão faz-se em quotas iguais, como visto, por cabeça, entre o pai e a mãe. Do segundo grau em diante, importa apenas a *linha* para a partilha, sendo indiferente o número de cabeças. Se falece alguém que tenha, como sucessíveis, os avós paternos e maternos, divide-se a herança meio a meio, quer sejam dois os ascendentes em cada uma das linhas, quer na paterna ou na materna, quer haja um só sobrevivo. Quando não há claros nas duas linhas, cada metade subdivide-se, posteriormente, *por cabeça*. Quando sobrevivem o avô e a avó paternos e somente a avó materna, ou *vice-versa*, persiste a divisão por linhas meio a meio, havendo subdivisão na linha paterna, de sorte que a final recebem os ascendentes dessa linha um quarto da herança e o da outra, a metade.

Se há diversidade de grau nas duas linhas, os ascendentes mais próximos, sejam dois ou um, recebem a totalidade da herança, porque excluem os mais afastados.

As regras relativas dos ascendentes consanguíneos obedecem a critério de política legislativa preferível ao que adotaram outros Códigos. Tanto a que deu exclusiva preferência ao grau mais próximo quanto a que evitou o *concurso* dos ascendentes com parentes colaterais. Conservam algumas legislações o princípio de que a divisão *por linhas* não deve ser sacrificada pela desigualdade do grau de parentesco. No antigo Direito francês, vigorava a regra *paterna paternis, materna maternis*, pela qual os bens imóveis havidos pelo *de cujus* por herança paterna se devolviam aos parentes desse ascendente; do mesmo modo, atribuíam-se aos parentes maternos os imóveis adquiridos pela mulher por sucessão hereditária. A origem dos bens deixou, porém, de ser causa determinante do fracionamento da herança.

[**51. Concorrência do Cônjuge com os Ascendentes.** Concorrendo com ascendentes, o cônjuge sobrevivente herdará qualquer que seja o regime de bens. Se concorrer com ascendentes de 1º grau, pai ou mãe, terá o cônjuge direito a um terço da herança; entretanto, se concorrer com um só ascendente ou com ascendentes de grau maior, fará jus à metade da herança, cabendo a outra metade aos ascendentes, respeitando-se a regra da divisão por linhas, preconizada no § 2º do art. 1.836].

---

10 [Código Civil, art. 1.836, § 1º].
11 [Código Civil, art. 1.836, § 2º].

50 | SUCESSÕES – Orlando Gomes

52. Sucessão dos Parentes Colaterais. Na sucessão dos parentes colaterais, distingue-se a dos *irmãos e seus descendentes* da dos outros parentes, assim considerados os que se acham vinculados ao *de cujus* até o *quarto grau*, porque somente em relação aos primeiros se admite o modo de suceder *por direito de representação*. Todos são chamados em quarto lugar, constituindo *classe única*.[12]

Até certo momento,[13] os parentes colaterais pertenciam à terceira classe dos sucessíveis e o vínculo de parentesco se estendia até o décimo grau. Passaram à quarta classe e o parentesco foi reduzido primeiramente ao sexto grau, em seguida ao terceiro, e a final ao quarto.[14]

Os *parentes colaterais* sucedem na falta de cônjuge supérstite. [São herdeiros facultativos. Não desejando contemplá-los, basta que o testador faça um testamento os excluindo (art. 1.850)].

Em sua *classe*, os mais próximos excluem os mais remotos, salvo o *direito de representação* concedido aos filhos de irmãos. Herdam em primeiro lugar os *irmãos* do morto e, em segundo, os *tios* ou *sobrinhos*, estes quando não formam *estirpe*, precedendo os de terceiro grau aos de quarto.

Os *irmãos* são parentes colaterais de segundo grau, o mais próximo nessa linha. Com eles concorrem, porém, os *sobrinhos*, excluindo os *tios*, também parentes em terceiro grau, quando chamados para substituir irmão premorto. Sucedem eles, portanto, quer *por direito próprio*, quer *por direito de representação*.

A sucessão dos *irmãos* subordina-se a diferentes regras, conforme tenham o mesmo pai e a mesma mãe, sendo, portanto, [bilaterais] ou sejam *unilaterais*, isto é, irmãos por parte de pai, ou parte de mãe, *consanguíneos* ou *uterinos*.

Se concorrem à herança somente *irmãos* [*bilaterais*], herdam em partes iguais. [O texto revogado do Código Civil usava, também, a expressão "irmãos germanos" para denominar os irmãos bilaterais].

Concorrendo à sucessão *irmãos* [*bilaterais*] e *unilaterais*, o quinhão de cada irmão *consanguíneo*, ou *uterino*, ou de seus descendentes, será igual à *metade do quinhão de cada um dos irmãos bilaterais*. A regra está enunciada na lei nos seguintes termos: concorrendo à herança do falecido *irmãos bilaterais* com *irmãos unilaterais*, cada um destes herdará metade do que cada um daqueles herdar.[15] Vale dizer: os irmãos de duplo sangue herdam o dobro da quota-parte dos irmãos de pai, ou de mãe. Variam os métodos empregados para o cálculo do quinhão de cada qual. No concurso de *irmão unilateral* com *irmão bilateral* pode contar-se provisoriamente aquele como se [fosse bilateral] e conceder-lhe metade do quinhão assim calculado, dividindo-se a outra metade, em partes iguais, entre *irmãos bilaterais*. Aceita Itabaiana de Oliveira a fórmula de Milior

---

12 No Direito português, os irmãos e seus descendentes preferem ao cônjuge e os outros colaterais somente se chamam na falta deste.

13 Lei n. 1.839, de 31 de dezembro de 1907.

14 Decreto-Lei n. 9.461, de 15 de junho de 1946.

15 [Código Civil, art. 1.841].

Maderan, enunciando a seguinte regra: figure-se cada *irmão bilateral* representado pelo algarismo *2* e cada *irmão unilateral* representado pelo algarismo *1*; dividida a herança pela soma desses algarismos, o quociente encontrado, multiplicado pelos respectivos algarismos representativos dos bilaterais e unilaterais, será a quota hereditária de cada um.[16] Maior dificuldade apresenta o cálculo quando concorrem vários irmãos *unilaterais* e mais de um [bilateral]. Dá-se preferência, nesse caso, ao *sistema da repartição*, pelo qual se divide o acervo hereditário pelo número de *irmãos bilaterais* somado ao de *irmãos unilaterais*, acrescentada à soma o algarismo *1*.[17] Atente-se, porém, para a circunstância de que se trata de *quota juris*, sendo, pois, inconstante o quinhão, que cresce ou diminui conforme o número dos concorrentes.

Os *irmãos unilaterais* herdam em partes iguais, se não houver *irmãos bilaterais*, sem se distinguir se são *consanguíneos* ou *uterinos*.[18]

Sucedem os *sobrinhos por direito próprio*, em falta de irmãos. Se concorrerem, estando falecidos todos os irmãos do defunto, herdarão *por cabeça*.[19] A regra eliminou velha controvérsia. Sustentavam alguns tratadistas, com apoio em Accursi, que, ainda nessa hipótese de concorrerem sós, a partilha deveria fazer-se *por estirpe*. Prevaleceu, entretanto, a opinião contrária. Divide-se a herança, por conseguinte, em tantas partes iguais quantos os sobrinhos.

[Dentro da classe dos colaterais, estabeleceu o Código Civil uma ordem preferencial entre os herdeiros de 3º grau, pondo fim a uma acentuada divergência doutrinária]. Tios e sobrinhos estão no mesmo grau de parentesco. Deveriam ser chamados, portanto, juntamente, por ser igual a proximidade do parentesco; [entretanto, os sobrinhos precedem os tios quando com estes concorrem, abrindo-se uma exceção à regra em que estando todos os herdeiros no mesmo grau concorrem com direitos iguais (art. 1.843). A regra não se aplica quando concorrem sobrinho-neto e tio-avô, ante a inexistência de previsão legal para essa situação].

Não havendo sobrinhos de terceiro grau, chama a lei à sucessão: *a)* os tios que se acham no mesmo grau de parentesco; *b)* o *sobrinhoneto, o tio-avô* e o *primo-irmão* do *de cujus*, uma vez que estão todos no mesmo grau de parentesco, o quarto, partilhando-se a herança *por cabeça*, sempre.

53. Direito de Representação na Linha Colateral. Na linha colateral, o direito de representação somente se concede aos filhos de irmãos. Limita-se, pois, a certos parentes colaterais do terceiro grau. Só se dá, com efeito, em favor dos filhos de irmãos do falecido, quando com irmãos deste concorrem.[20]

---

16 **Tratado de direito das sucessões.** v. I, p. 198.
17 PLANIOL et RIPERT. **Traité pratique de droit civil français.** IV, n. 96. COLIN et CAPITANT, **Cours élémentaire de droit français.** III, p. 398.
18 [Código Civil, art. 1.842].
19 [Código Civil, art. 1.843].
20 [Código Civil, art. 1.853].

Em tal hipótese, partilha-se a herança *por estirpe*. Os filhos do irmão pre-morto herdam como se fosse ele próprio, recebendo o quinhão que lhe tocaria, se vivo fosse.

Concorrem, portanto, tios e sobrinhos. Os filhos do irmão representam o pai na sucessão do tio.

Se o herdeiro a quem representam era *irmão [bilateral]* do *de cujus*, rece-bem quota hereditária igual, como fração, à que recolhe cada um dos irmãos sobreviventes.

Se era *irmão unilateral*, aplica-se a regra da desigualdade de quinhões. Seus filhos herdarão, em conjunto, a metade do que couber a cada um dos tios, irmãos sobrevivos do autor da herança. Após o reconhecimento dessa quota hereditária, subdividem-na entre eles, em partes iguais. Não importa o número de *represen-tantes*, nem de *representados*.

Na sucessão do *tio-avô*, não tem lugar a representação. Herdam unicamente os *sobrinhos-netos* que estejam vivos no momento da abertura da sucessão.

Capítulo 7
SUCESSÃO DO CÔNJUGE E DO COMPANHEIRO

Sumário: 54. Pressupostos. **55.** Natureza do Direito do Cônjuge. **56.** Direito de Habitação. **57.** Proteção do Cônjuge Sobrevivente. [58. Sucessão dos Companheiros].

54. Pressupostos. O cônjuge sobrevivente encontra-se no terceiro lugar da ordem da vocação hereditária, [entretanto, concorre com os herdeiros descendentes na primeira classe e com os ascendentes na segunda classe]. Em falta de descendente e ascendente, a sucessão lhe é deferida.[1]

[Foi elevado à posição de herdeiro privilegiado, pois, além de ser considerado herdeiro necessário, foi contemplado com o direito real de habitação, evidenciando o propósito do legislador de especial proteção aos cônjuges].

Assim não era no Direito anterior. [A princípio], colocava-se em quarto lugar, logo após os parentes colaterais. Passou para o terceiro em lei confirmada pelo [texto] do Código Civil [revogado],[2] [alcançando atualmente] o vínculo matrimonial o mesmo plano do vínculo de sangue.[3]

O direito hereditário do cônjuge supérstite pressupõe:

a) casamento válido;

b) não estarem judicialmente separados [ou divorciados] os cônjuges no momento da abertura da sucessão;

[c] não estarem separados de fato há mais de dois anos;

d) ocorrendo a separação de fato, que a culpa da separação não seja do cônjuge sobrevivente.

Para excluir o cônjuge da sucessão é necessário que os herdeiros provem a existência da separação de fato por prazo superior a dois anos e, ainda, que a separação se deu por culpa do sobrevivente, como preceitua o art. 1.830. Essa prova deverá ser feita por meio de ação própria por dependência aos autos de inventário, pois se trata de ação de exclusão de herdeiro].

---

1 [Código Civil, art. 1.838].

2 Lei n. 1.839, de 31 de dezembro de 1907.

3 Lei n. 4.121, de 1962, denominada "estatuto da mulher casada".

O estado de separado [judicialmente ou divorciado] priva o cônjuge do direito de sucessão. [Não assim a simples separação de fato por lapso temporal inferior a dois anos]. A própria *separação de corpos* não tranca o direito sucessório, mas a separação [judicial] pendente de recurso já é suficiente para excluir o cônjuge sobrevivo da sucessão do outro.

O casamento nulo pode autorizar a sucessão do cônjuge, se *putativo*. Aquele que o tiver contraído de boa-fé tem direito à sucessão do outro.

[O cônjuge deixou de ser um herdeiro facultativo, ascendendo à categoria de herdeiro necessário juntamente com os descendentes e ascendentes, fazendo, por conseguinte, jus à legítima constituída pela metade dos bens da herança.

A proposta de Clóvis Beviláqua de inclusão do cônjuge entre os herdeiros reservatários finalmente vingou].

55. Natureza do Direito do Cônjuge. O direito atribuído ao cônjuge supérstite na sucessão do consorte varia conforme as condições em que se verifique.

Sucede em *propriedade* e *habitação*.

Adquire a herança, como *proprietário* dos bens, na sua totalidade, quando chamado em falta de descendentes e ascendentes [e, ainda, nos casos em que com estes concorrer.

Não havendo herdeiros das duas primeiras classes, atribui-se-lhe a totalidade da herança, seja qual for o regime matrimonial, comunitário, ou não, de separação pactuada, ou obrigatória, ou, ainda, da participação final nos aquestos].

Bem claro é que, tendo sido casado pelo regime da comunhão universal, recolhe hereditariamente metade do acervo comum, porquanto a outra metade já lhe pertence. E a *meação*, conservada indivisa até a abertura da sucessão.

[Concorrendo com descendentes ou ascendentes, recebe uma parte da herança.

Galgado à condição de herdeiro necessário, obrigatoriamente faz jus a uma parcela da herança, impedindo o consorte de dispor em vida ou em ato de última vontade de todo o seu patrimônio].

56. Direito de Habitação. [Trata-se de um direito atribuído ao cônjuge, qualquer que seja o regime de bens, alterando o dispositivo do texto revogado, que somente concedia esse direito quando o regime fosse da comunhão universal.

A condição que se impõe para sua atribuição é tratar-se de imóvel único destinado à residência da família, conforme estatui o art. 1.831].

O direito real de *habitação* recai em prédio residencial, contanto que seja o único imóvel inventariado. Basta que se destine à residência, [do que se segue que, se nele não está morando, o gravame não se institui]. Se a família reside em casa própria, mas o falecido era proprietário de outros bens imóveis, o direito real não se constitui.

Deve-se entender o requisito de exclusividade no sentido de inexistência de outros imóveis residenciais, a isso autorizando a finalidade da lei, que é, evidentemente, impedir que a passagem do bem em plena propriedade a um herdeiro possa determinar o deslocamento da família, ou simplesmente do outro cônjuge.

O *direito de habitação* grava o [imóvel] enquanto viver o cônjuge supérstite [não restringindo o legislador sua duração ao período de viuvez, como o fazia o texto revogado].

Atribui-se-lhe sem prejuízo da participação que porventura lhe caiba na sucessão do consorte. [Quando] recolhe a totalidade da herança, como sucessor legal, não pode nascer o direito de habitação, dada a impossibilidade de constituí--lo na *coisa própria*.

[O] cônjuge sobrevivo não se torna herdeiro pela atribuição do *direito real de habitação*, senão *legatário legítimo*, com as sequelas próprias de semelhante condição.

São manifestos os inconvenientes práticos da instituição, não obstante a generosidade da intenção do legislador.[4]

[O direito real de habitação anteriormente concedido ao filho deficiente físico, impossibilitado para o trabalho, foi omitido pelo novo texto do Código Civil, que, também, excluiu o usufruto vidual dos direitos deferidos ao cônjuge].

57. Proteção do Cônjuge Sobrevivente. Proteção especial dispensa a lei ao cônjuge brasileiro na sucessão do consorte, em dois diplomas.[5]

A *vocação* para suceder em bens de estrangeiro situado no país regula-se pelo Direito brasileiro, se brasileiro for o cônjuge supérstite, a menos que lhe seja mais favorável a lei do domicílio do extinto [(art. 10 da Lei de Introdução às Normas do Direito Brasileiro)].

Para aplicação da regra precisam reunir-se as seguintes condições: *a)* ser nacional o cônjuge sobrevivente, marido ou mulher; *b)* ser estrangeiro o cônjuge falecido; *c)* deixar o finado bens sitos no país; *d)* ter domicílio no estrangeiro; *e)* não ser mais benéfica a lei do país em que era domiciliado.

Exige-se, pois, a conjunção dos requisitos seguintes: *a)* ser nacional a mulher sobrevivente a marido estrangeiro; *b)* não ter sido casado pelo regime da comunhão universal de bens; *c)* não estar domiciliado no país, ao se finar, o marido.

Caso tenha domicílio no país, aplica-se a lei brasileira.

O usufruto atribuído à viúva de estrangeiro recai, obviamente, nos bens situados no país.

[Persiste a proteção aos cônjuges matrimoniados pelo regime da separação obrigatória consagrada na Súmula do Supremo Tribunal Federal n. 377, consistente na comunicação dos bens adquiridos a título oneroso na constância do casamento

---

4 Consultar, do autor, "Os direitos da mulher casada", separata da revista portuguesa **Scientia Juridica**.

5 Lei de Introdução às normas do Direito Brasileiro, art. 10; Lei de Proteção à Família – Decreto--Lei n. 3.200, de 19 de abril de 1941, art. 17, com a redação do Decreto-Lei n. 5.187, de 13 de janeiro de 1943.

pelo esforço comum do casal, impedindo, dessa forma, o enriquecimento ilícito de um dos cônjuges em detrimento de seu consorte, inobstante não ter o legislador reproduzido o texto do art. 259, que declarava prevalecerem no silêncio do contrato, quando o regime não fosse o da comunhão de bens, os princípios quanto à comunicação dos adquiridos na constância do matrimônio. Os aquestos, portanto, formam uma comunhão de bens no regime legal da separação, o que irá influir na sucessão hereditária, já que a metade de tal acervo não irá para os herdeiros do *de cujus* e ficará retida pelo cônjuge supérstite.

58. Sucessão dos Companheiros. A proteção aos companheiros em decorrência de união estável, que se iniciou como proteção excepcional a título de sociedade de fato entre concubinos, tornou-se objeto de norma legal de direito sucessório depois que a Constituição de 1988 colocou sob a proteção do Estado não apenas a família decorrente do casamento, mas igualmente a família extramatrimonial, como enuncia o § 3º do art. 226.

Regulamentando a regra constitucional, a Lei n. 8.971, de 29 de dezembro de 1994, concedeu ao companheiro sobrevivente o direito à herança dos bens deixados pelo consorte falecido. A existência da união estável colocou o companheiro, sob a égide da referida lei, na ordem de sucessão dos herdeiros antes dos colaterais, afastando-os da sucessão.

Além do direito à herança, foi criado em favor do companheiro, pela Lei n. 9.278, de 10 de maio de 1996, o direito real de habitação sobre o imóvel de residência da família, direito esse omitido pelo novo texto do Código Civil.

Após o advento da Lei n. 9.278/96, o entendimento que se revelou predominante, em termos de direito intertemporal, foi no sentido de que, para as uniões extintas antes de 10.05.1996, as regras a observar seriam as da Lei n. 8.971/94; e para as que se encerraram posteriormente terse-ia de fazer uma conjugação entre as disposições das duas legislações de regência da união estável, já que ambas continuaram em vigor sem que uma revogasse a outra por inteiro.

Portanto, só haverá revogação implícita de dispositivos da Lei n. 8.971/94 quando a sua matéria tiver sido tratada de forma diferente pela Lei n. 9.278/96.

O texto do Código Civil regulou a sucessão dos companheiros, estabelecendo a participação na sucessão do falecido nos bens adquiridos a título oneroso na constância da união estável, na forma disciplinada no art. 1.790, posteriormente declarado inconstitucional. Julgando o Recurso Extraordinário n. 878.694/MG, o Supremo Tribunal Federal, por maioria de votos, com repercussão geral, decidiu pela total inconstitucionalidade do art. 1.790 do Código Civil, determinando que o regime estabelecido no art. 1.829 deve ser aplicado, também, aos companheiros em igualdade com os cônjuges. Assim, não há mais que se falar em distinção de direitos sucessórios entre cônjuges e companheiros, aplicando-se aos companheiros a regra do art. 1.829 do Código Civil, no que diz respeito aos cônjuges.

No mesmo julgamento, a Corte, declarando a inconstitucionalidade do art. 1.790 do Código Civil, afirmou: "No sistema constitucional vigente, é inconstitucional a distinção de regimes sucessórios entre cônjuges e companheiros, (...)".

Apontou para que a igualdade prevaleça em todos os direitos. Entendemos que não havendo mais distinção de regimes sucessórios entre cônjuges e companheiros, foram estes erigidos à categoria de herdeiros necessários.

O companheiro concorrerá com os descendentes, salvo se o regime de bens da união estável for o da comunhão universal de bens, separação obrigatória ou, no regime da comunhão parcial, o *de cujus* não tiver deixado bens particulares.

A participação na herança se dá depois de apurada a meação a que faz jus o convivente, eis que, não havendo contrato regulando a divisão do patrimônio dos companheiros, este reger-se-á, segundo o art. 1.725, pelas regras atinentes ao regime da comunhão parcial de bens.

Para participar da sucessão do autor da herança é necessário que a companheira faça a prova da sua qualidade, por meio da ação própria no juízo competente, porém, não havendo contestação pelos herdeiros e sendo evidente a existência da união estável, somente nesses casos, o reconhecimento pode ser feito nos próprios autos de inventário].

Capítulo 8
SUCESSÃO DO ESTADO

Sumário: 59. Vocação do Estado. **60.** Natureza do Direito do Estado. **61.** Momento da Aquisição. **62.** Herança Jacente. **63.** Natureza da Herança Jacente. **64.** Arrecadação da Herança. **65.** Herança Vacante.

59. Vocação do Estado. Não sobrevivendo parente sucessível, ou tendo ele repudiado a herança, devolve-se esta ao Estado.[1]

[A] devolução se dá para pessoa jurídica [municipal], se o *de cujus* tiver sido domiciliado no respectivo [município, para o Distrito Federal] e, para a União, no caso de ter tido por domicílio o Distrito Federal ou os territórios da Federação.

O Estado também sucede quando, não obstante a existência de parente sucessível, deixa este transcorrer cinco anos da abertura da sucessão, sem se habilitar, passando os bens arrecadados, nesse caso, ao domínio da pessoa jurídica de direito público à qual cabe recolher a herança.[2]

O ente público não se investe na posse da herança no momento em que ocorre o óbito do seu autor, mas é preciso sentença que declare *vagos* os bens.

Importa, assim, que esteja esgotada a precedente classe de colaterais sucessíveis, não havendo, em consequência, possuidor dos bens hereditários. Contudo, a declaração de *vacância* não é suficiente para a transferência do domínio desses bens. Em prazo fixado na lei, pode aparecer o herdeiro e reclamar a herança, em ação intentada diretamente contra o ente público que a recolheu.

60. Natureza do Direito do Estado. O Estado [foi excluído] da ordem da vocação hereditária. [Trata-se de um sucessor] com a particularidade de não poder renunciar à herança devolvida, por determinação legal, ao seu patrimônio, [podendo, excepcionalmente, repudiar quando for beneficiário de disposição testamentária, principalmente quando houver encargos ou condições que contrariem o interesse público].

A *natureza* do seu *direito* ainda é objeto de controvérsia. Negam-lhe alguns a qualidade de direito sucessório, enquanto outros afirmam-na. Entendem os

---

1 [Código Civil, art. 1.844].
2 [Código Civil, art. 1.822].

primeiros que o Estado faz seus os bens vacantes com fundamento no *jus imperii.* Adquire-os mediante *ocupação.* Sustentam os segundos que se trata de genuíno direito de sucessão.

[O legislador excluiu o Estado do rol das *pessoas sucessíveis,* determinando que a herança a ele se devolva, se não houver cônjuge, companheiro ou qualquer parente sucessível]. Não permite que caia no domínio público, antes o indica para recolhê-la caso não haja parente sucessível. Tem ele, relativamente à herança, os mesmos direitos e encargos do herdeiro, mas seria levar muito longe a índole do direito do Estado o atribuir-lhe tal condição.

Quanto à obrigação de responder pelos encargos da herança, o problema somente tem alcance prático nos ordenamentos jurídicos que não prescrevem ser sempre *a benefício do inventário* a aceitação da herança. Nessas legislações, o Estado, independentemente da manifestação desse propósito, está isento do encargo das dívidas *ultra vires,* devendo ter-se como um sucessor sempre beneficiário do direito de não responder pelos débitos que ultrapassam as forças da herança.[3]

A doutrina moderna atribui ao Estado a qualidade de *sucessor a título universal,* por título privado, e não de adquirente originário – *jure occupationis* – em razão de sua soberania territorial. O fundamento do seu direito hereditário não é de direito público, mas de direito privado, até porque um bem imóvel não pode ser *res nullius,* e, portanto, adquirível mediante ocupação, quando é objeto de um *direito de apropriação* reservado a determinado sujeito.[4]

Não obstante, a *herança jacente* continua a ser, entre nós, a ponte para a passagem dos bens do defunto ao Estado.

Distinguem os escritores o *fundamento político* do *fundamento técnico-jurídico* da sucessão do Estado. A *ratio* política está no *jus imperii,* mas o meio técnico de aquisição é proporcionado pelo direito privado, conquanto sirva a tutelar um interesse patrimonial que privado não é.

61. Momento da Aquisição. A circunstância de convocar-se o Estado na falta de parentes sucessíveis não basta à aquisição da herança. Em relação a esse sucessor, não se opera *ipso jure.* Entre a abertura da sucessão e a aquisição pelo Estado dos bens do defunto medeia período em que a herança permanece *jacente,* isto é, sem titular atual.

Algumas legislações distinguem hipóteses para a determinação do *momento de aquisição* da herança pelo Estado, separando os casos em que o falecido não deixe sucessível por testamento ou por título familiar daqueles em que a delação vem a cair pela renúncia à herança ou pela prescrição do direito de aceitá-la.

Na primeira hipótese, o Estado adquiriria imediatamente a herança, no momento mesmo da abertura da sucessão. Na segunda, após a renúncia ou a prescrição.

---

3 RUGGIERO. **Instituições de direito civil**. v. III, p. 532.

4 PASSARELLI, Santoro *apud* MENGONI. **Sucessioni per causa di morte**. p. 224.

A devolução imediata ocorreria independentemente da circunstância de ser certa ou incerta a inexistência de sucessíveis preferenciais. Sendo certa, justificar-se-ia em face de regra, vigente nessas legislações, segundo a qual se excluem da vocação hereditária as pessoas desaparecidas ou ausentes. Sendo incerta, por se não saber se o finado deixou testamento ou parentes sucessíveis que não são notoriamente conhecidos, ainda assim a aquisição será imediata no entendimento de que a *jacência* da herança pressupõe sua delegação a quem possa adquiri-la com a aceitação.

Nos casos de renúncia ou prescrição, a aquisição seria sucessiva. Sendo incerta a existência de sucessíveis, a herança permaneceria jacente enquanto durasse a incerteza ou não prescrevesse o direito de aceitá-la.

No Direito pátrio, [em um único caso dá-se] a aquisição imediata da herança pelo Estado. [Ocorre somente quando todos os herdeiros chamados a suceder renunciarem à herança. Nesse caso, será a herança desde logo declarada vacante (art. 1.823)]. A *herança jacente* é ponto necessário à passagem dos bens do defunto ao Estado. Este somente adquire o domínio dos bens hereditários após a declaração de *vacância*, admissível um ano após [a expedição do primeiro edital quando já concluído o] *inventário*.[5]

62. Herança Jacente. A noção moderna de *herança jacente* distingue-se da romana por traços que não permitem qualquer confusão, se bem que a *jacência* tenha como causa a incerteza sobre a existência de herdeiros. Mas, no Direito Romano, a herança não se transmitia, desde logo, aos herdeiros do *de cujus*, como acontece atualmente. Dependia a transmissão da adição por meio da *ereptio* ou de um *pro herede gestio*, isto é, da aceitação pelo sucessível mediante declaração de vontade. Até que se desse, considerava-se *jacente*, existindo como um patrimônio autônomo que ficticiamente representava a pessoa do defunto.

No Direito atual, a herança é *jacente* quando:

a)   os herdeiros não são conhecidos;

b)   os herdeiros conhecidos repudiam-na.

A figura da *herança jacente* pode surgir tanto na *sucessão legal* como na *testamentária*. Na *sucessão legal*, se o *de cujus* não deixar [herdeiro legítimo] notoriamente conhecido[6] ou, se o deixando, renuncie este à herança, sendo o último sucessível. Na *sucessão testamentária*, se o falecido não deixar cônjuge, descendente, ou ascendente, se o herdeiro instituído não existir ou não aceitar a herança e não houver parente colateral sucessível conhecido [ou companheiro].[7]

---

5   [Código Civil, art. 1.820].

6   [Código Civil, art. 1.819].

7   [Código Civil, art. 1.823].

Em todas essas hipóteses, a guarda, conservação e administração do acervo hereditário passam a um *curador*, até serem entregues aos herdeiros ou sucessores devidamente habilitados, ou declarados *vagos* os bens que o compõem [(art. 1.819)].

A situação de *jacência da herança* é eminentemente *transitória*. Ou aparecem os herdeiros, ou não aparecem, e, neste caso, converte-se em *herança vacante*, recolhendo-a ao Estado [(Município, Distrito Federal e União)].

Como, de regra, ocorre a declaração de *vacância*, e a *jacência* é condição preliminar dessa declaração, o estudo da *herança jacente* pode situar-se, sem prejuízo metodológico, no capítulo da sucessão do Estado.

63. Natureza da Herança Jacente. A natureza da herança jacente não é definida pacificamente. Trata-se de um patrimônio sem titular atual, que deve ser administrado para devolver-se ao herdeiro que apareça, ou ao Estado. Tal singularidade determinou distintas construções dogmáticas, dentre as quais sobrelevam as seguintes: *a)* é uma *pessoa jurídica*; *b)* é um *patrimônio autônomo*.

A teoria da *pessoa jurídica* é inaceitável. Em nosso Direito, a personalidade jurídica não se adquire senão quando legalmente admitida. Dado que a lei não a admitiu, provavelmente por não julgar necessária a personalização da herança jacente, pessoa jurídica não é, nem pode ser.

A outra construção descreve a situação nascida da falta de herdeiro como a de um patrimônio que a lei mantém unido, sob administração alheia, provisoriamente, para conservar a continuidade das relações.[8] Um patrimônio sem dono atual, representado por um *curador*.

A *herança jacente* constitui, realmente, distinta massa de bens que formam uma unidade, para fim certo. A esse acervo faltam os pressupostos indispensáveis à personificação. Os interesses compreendidos na sua unificação podem ser atendidos mediante outros processos técnicos, que não o da personalidade jurídica. A nomeação de um *curador* é suficiente. É a *herança jacente*, em suma, um *núcleo unitário*, como a massa falida, no sentido em que L. Ferrara emprega a locução.[9]

Diz-se redundantemente que o curador a representa. Outra não poderia ser sua função, mas, tecnicamente, essa representação legal pressupõe um sujeito de direito, e a herança não o é. Os direitos que exerce não têm titular atual, mas, seguramente, terão; pois, se não aparecerem herdeiros, o Estado neles se investirá necessariamente, aproveitando-lhe as vantagens que porventura traga esse exercício.

64. Arrecadação da Herança. A herança jacente deve ser arrecadada e submetida à guarda, conservação e administração de um *curador*.

---

8 RUGGIERO. Ob. cit., p. 457.
9 **Introducción al derecho civil**. Consultar, do autor, **Introdução ao direito civil**.

O processamento da herança jacente está regulado no Código de Processo, nos Processo (arts. [738 a 743, e no Código Civil, no art. 1.820]).

Ocorrida uma das hipóteses de *jacência* da herança, o juiz da comarca onde foi domiciliado o finado procederá à *arrecadação* dos bens deixados, nomeando o *Curador* que terá a incumbência de guardá-los, conservá-los e administrá-los.

[O Juiz ordenará que um Oficial de Justiça], acompanhado [do] Curador e do escrivão, [vá] à residência ou ao escritório do autor da herança e [mande] arrolar e descrever os bens em *auto* circunstanciado. A essa diligência também devem estar presentes, [se puderem, o Juiz], o órgão do Ministério Público e o representante da Fazenda Pública.

A *arrecadação* consiste nesse arrolamento, no exame, pelo juiz, de papéis, cartas e livros de notas do falecido, e, afinal, na entrega dos bens ao Curador. Ultimada, o juiz manda expedir [editais] para que, no prazo de seis meses, [contados da primeira publicação], venham a se habilitar possíveis sucessores. Se a habilitação ocorre antes, suspende-se a arrecadação. Se for reconhecida a existência de herdeiro, de cônjuge [ou companheiro] no julgamento da habilitação, a *arrecadação* converte-se em *inventário*, visto que a herança deixa de ser *jacente*.

Se não se apresentarem herdeiros, cônjuge [ou companheiro] no prazo de um ano, contado da primeira publicação do *edital*, a herança é, por sentença, declarada *vacante*.

65. Herança Vacante. A declaração judicial de vacância defere a propriedade dos bens arrecadados ao ente público designado na lei, mas ainda não em caráter definitivo.

Passam definitivamente ao domínio do Estado após o decurso de cinco anos contados da abertura da sucessão.[10] Trata-se, portanto, de *propriedade resolúvel*, uma vez que a declaração de vacância não impede que o herdeiro sucessível peça a herança, a menos que seja colateral [e não se tenha habilitado até a declaração de vacância].[11]

A *petição de herança* tem de ser dirigida, em ação direta, contra o ente público ao qual se atribuíram os *bens vagos*.

Conquanto somente se torne definitiva a aquisição depois de decorrido o prazo de cinco anos da abertura da sucessão, o momento em que o Estado adquire a herança é o do trânsito em julgado da sentença declaratória de vacância. O efeito dessa sentença, que converte a herança jacente em herança vacante, é a passagem dos bens para o domínio, ainda que resolúvel, do Estado. O Curador é obrigado a entregá-los, quando se complete um ano da conclusão do inventário, mas o prazo de aquisição definitiva não se conta desse fato, senão da abertura da sucessão.

---

10 [Código Civil, art. 1.822].
11 [Código Civil, art. 1.822, parágrafo único].

Os *bens vagos* incorporam-se ao domínio [do Município, do Distrito Federal ou da União], conforme o caso.[12]

O prazo para reclamação dos *bens vagos* é o estabelecido para a incorporação definitiva dos bens à Fazenda Pública, e não o de [dez] anos, hoje lapso prescricional comum, visto que onde há regra especial não tem aplicação a norma geral.

---

12 Decreto-Lei n. 8.207, de 22 de novembro de 1945.

Capítulo 9
PROTEÇÃO DA LEGÍTIMA

Sumário: 66. Localização da Matéria. **67.** Liberalidades Inoficiosas. **68.** Redução. **69.** Ordem de Redução.

66. Localização da Matéria. A proteção da *legítima* costuma ser tratada na parte concernente ao estudo da *sucessão testamentária*, encarada unicamente sob o aspecto de *limitação ao poder de dispor*, por ato de última vontade, de quem tenha herdeiros legitimários.

Não se justifica essa orientação. Tem a matéria, inquestionavelmente, outro relevo sistemático e mais vasta compreensão. Tutela-se a *legítima* não somente contra excessivas liberalidades testamentárias, mas, igualmente, contra as liberalidades excedentes que se efetuam por negócio *inter vivos*, a doação direta, a indireta, a simulada e o *negotio mixtum cum donatione*.

Ademais, importa menos considerar essa proteção ao legitimário como uma restrição ao *poder de dispor* a título gratuito do que como *situação lesiva* da legítima, até porque a doutrina moderna[1] reconhece que a legítima não constitui para o *de cujus* uma limitação ao seu poder de dispor, visto que, se deste fosse efetivamente privado, os atos lesivos seriam nulos e não *redutíveis*, como são.

[Perfilhando o pensamento do autor, o legislador tratou da matéria no título atinente à sucessão legítima, excluindo-a da sucessão testamentária. Em vez de conceituar parte disponível, o legislador esclareceu como se dá o cálculo da legítima].

Acrescente-se que a indisponibilidade é a regra, e a disponibilidade, a exceção, por ter o legislador prescrito a proibição ao testador que tiver descendente, ascendente ou [cônjuge] sucessível.[2]

Nem uma disposição testamentária pode reduzir, inclusive no valor, a legítima, seja qual for a forma da diminuição. Atingida que seja, a cláusula será ineficaz, tendo-se por inexistentes as limitações. Pode, no entanto, o testador determinar os bens que devem constituí-la ou devem encher o quinhão do herdeiro necessário, direito lhe assistindo de impor *sanções* ao herdeiro que impugne a partilha

---

1 CICU, A. **Le successioni per cause di morte**. p. 226; PINO, A. **La tutela del legittimario**. p. 42.

2 [Código Civil, art. 1.846].

66 | SUCESSÕES – *Orlando Gomes*

feita pelo testador, [estabelecendo uma cláusula penal]. A pena consiste mais comumente em privá-lo do que lhe caberia na *parte disponível*. Na proibição de diminuir a parte indisponível incluem-se o ônus do *usufruto e* o legado da *nua propriedade* em bens da *reserva*.

O Código Civil dispõe somente sobre a *redução das disposições testamentárias* que excederem à *metade disponível*.[3] Sujeitas, porém, à mesma *redução* estão as *doações inoficiosas*.[4] Com efeito, declara nula a doação quanto à parte que excede à de que o doador, no momento da liberalidade, poderia dispor em testamento. Reduzem-se, portanto, todos os atos gratuitos lesivos da legítima, sendo iguais a natureza e os efeitos da *redução* nos dois casos. Um e outro são *ineficazes* na parte excedente, variando apenas o momento em que se apura. Na *doação*, quando se efetua; no *testamento*, quando da abertura de sucessão.

É admissível, em nosso Direito, a *cautela sociniana* segundo a qual o herdeiro legitimário pode respeitar a liberalidade inoficiosa do testador ou receber a legítima integral, hipótese esta em que toda a parte disponível fica, sem qualquer limitação, para o que for contemplado por doação ou testamento, com a liberalidade.

67. Liberalidades Inoficiosas. Para entender o sistema de proteção à *legítima*, deve-se partir da noção de *liberalidade inoficiosa*. Tal é o ato gratuito de atribuição patrimonial, *inter vivos* ou *mortis causa*, que ofende a legítima dos herdeiros necessários.

A identificação da ofensa pressupõe exata conceituação da *metade disponível* e da *legítima*.

Nos termos da lei, [calculam-se as *legítimas* sobre o valor] dos bens existentes [na abertura da sucessão, abatidas as dívidas e despesas de funeral, adicionando-se em seguida o valor dos bens sujeitos à colação].[5]

Para ser *inoficiosa* a liberalidade testamentária, necessário se torna que lese a parte a que tem direito, conforme esse cálculo, o herdeiro legitimário.

Se a liberalidade ocorreu em vida do testador, [o] excesso tem de ser apreciado no momento da doação, como se o doador falecesse nesse mesmo dia.[6] Levam-se em conta, tão somente, as doações a estranhos ou a descendentes que não as recebam como *adiantamento de legítima*, porque, neste caso, são obrigados a *conferir* os bens.[7]

Reporta-se o cálculo da parte disponível ao *momento da liberalidade*, seja qual for este, inexistindo, em nosso Direito, limite temporal.

---

3 [Arts. 1.967 e 1.968].
4 [Art. 549].
5 [Código Civil, art. 1.847].
6 BEVILÁQUA, Clóvis. **Comentários ao Código Civil**. v. IV, p. 341.
7 [Código Civil, art. 2.005].

Conquanto se refira a lei a esse momento, no pressuposto de doação única, não se pode aplicar a regra isoladamente no caso de *sucessivas doações*, sob pena de se tornar irrisória a proteção da legítima. Para os efeitos da *redução* devem levar-se em conta todas as liberalidades, somando-se seus valores para verificação do excesso em relação ao conjunto dos bens deixados, conforme opinião digna de apoio.[8] Desse modo, se o doador já tiver feito outra doação, devem esses bens doados se reunir também à massa dos existentes para o efeito de calcular-se a *metade disponível*, porque, evidentemente, influem na apuração da parte que o doador poderia, no momento da liberalidade, dispor em testamento.[9]

Se o testador distribuir a legítima entre os próprios herdeiros necessários, dando-lhes o que lhes não pode tirar, a sucessão não deixa de ser legitimária, inútil sendo a repetição. O herdeiro não passa a ser, neste caso, testamentário.

68. Redução. As *liberalidades inoficiosas* são redutíveis na medida necessária ao enchimento da *legítima*.

Destina-se, pois, a *redução* a modificar uma situação jurídica préconstituída que impede o herdeiro legitimário de obter a quota que lhe reserva a lei.[10]

Tal situação se configura em duas hipóteses:

1ª – quando, aberta a sucessão, os bens não bastam à constituição da legítima que, de pleno direito, pertence ao herdeiro;

2ª – quando, se bem que suficientes, foram objeto de disposições testamentárias inoficiosas.

Verifica-se a primeira situação quando o autor da herança doou bens além do valor permitido. A segunda, quando pretere o legitimário, instituindo herdeiro universal pessoa estranha, ou esgotando os bens do seu patrimônio em legado, com sacrifício da legítima.

Para eliminar os efeitos das liberalidades lesivas, concede a lei aos herdeiros legitimários, ou a seus sucessores, *ação de redução*, mediante a qual obtêm a reintegração de suas legítimas.

Pressuposto precípuo dessa *ação* é a *ofensa à legítima*. Não se trata de lesão de preexistente direito subjetivo, visto que o direito do legitimário não existe antes de aberta a sucessão. Irrelevante se torna, em consequência, a averiguação do propósito de prejudicar.

Apura-se objetivamente, bastando que se verifique o *excesso*, ou, por outras palavras, que a relação de valor entre o objeto da liberalidade e o monte não esteja respeitada.

---

8 CAVALCANTI, José Paulo. A respeito do cálculo da parte disponível, separata da Revista **Symposium**; CARVALHO SANTOS. **Código Civil brasileiro interpretado**. v. XVI, p. 406.

9 CARVALHO SANTOS. Ob. cit. art. 1.176.

10 PINO, A. Ob. cit., p. 21.

Sujeitos *ativamente legitimados* para a *ação de redução*, além do herdeiro necessário prejudicado, são as pessoas chamadas à sucessão *por direito* de representação, ou *por direito de transmissão*. Entre aqueles, não apenas os que sofrem desfalque em suas legítimas, senão, também, os preteridos.

São *passivamente legitimados* todos os beneficiados com liberalidades inoficiosas, em atos *inter vivos* ou em *disposições testamentárias*, a título universal ou particular.

Observe-se, com Köhler, que, para a configuração da ofensa à legítima, importa o *resultado* econômico do ato, não sua forma jurídica.

O *interesse de agir* está *in re ipso*, somente se satisfazendo, como direito, com a sentença judicial.

Objeto da ação é desfazer a ofensa à legítima e obter sua integração. Apresenta--se, portanto, como ação mista, que compreende o reconhecimento da ofensa e a condenação à restituição do bem, ou do seu valor. Sustentam, porém, alguns escritores a autonomia da ação de redução, distinguindo-a da *ação de restituição*. Em se tratando de *herdeiro preterido*, deve ser cumulada à de *petição* de herança.

Obtida a *redução*, a consequência lógica é a *restituição* do bem integrante da disposição ofensiva. A obrigação de restituir é correlata ao direito do legitimário. Divergem os autores na determinação da *natureza* desse direito. Seria, para alguns, de *propriedade*, mas, se fosse, a restitutória seria reivindicatória, não se explicando como o legitimário pode reivindicar, *como seus*, os bens alienados em vida pelo *de cujus*. Seria, para outros, simples *direito pessoal* contra o donatário, mas semelhante construção não permitiria se alcançasse o fim tutelar da *redução*. O direito do legitimário a obter os bens é, enfim, segundo o entendimento mais razoável, de natureza sucessória, porquanto, como pondera Messineo, tornada ineficaz a ofensa à legítima, os bens *reduzidos* se consideram reintegrados no patrimônio do falecido, operando-se a vocação.[11] Confirma-se esse entendimento na redução das disposições testamentárias.

Indaga-se quem deve sofrer as consequências do *inadimplemento* da obrigação de restituir. Cumpre distinguir três hipóteses: 1 – o perecimento dos bens doados; 2 – sua alienação; 3 – a insolvência do responsável. Nos dois primeiros casos, a justa solução é responsabilizar o donatário, ou os seus sucessores, pela integração da legítima em dinheiro, até o valor dos bens.[12] Sendo insolvente quem deva suportar o encargo da redução, a responsabilidade não passa aos que se acham colocados em seguida, conforme a ordem estabelecida. Tais regras são superiores à que manda deduzir, da massa hereditária, o valor da doação.[13]

A restituição não se estende aos *frutos* e *benfeitorias*, considerandose o donatário *possuidor de boa-fé* até o dia em que for citado para responder aos termos da ação de redução.

---

11 **Manuale di diritto civile e commerciale**. v. III, p. 241.

12 É a solução do novo Código Civil de Portugal, art. 2.175.

13 Código Civil da Itália, art. 562.

O herdeiro necessário pode pleitear a revogação das doações na parte em que prejudiquem a sua *legítima*, mas somente depois da morte do doador.

69. Ordem de Redução. Não tendo disciplinado senão a redução das *disposições testamentárias*, o Código Civil deixou de estabelecer preferência para tais disposições sobre as liberalidades feitas em vida.

Determinou, porém, *ordem de redução* nas liberalidades testamentárias, traçando as seguintes regras:

1ª – reduzem-se proporcionalmente, em primeiro lugar, as quotas do herdeiro ou herdeiros instituídos;

2ª – não bastando, a redução far-se-á proporcionalmente nos legados, em função do seu valor;

3ª – se o testador dispuser que se inteirem de preferência certos herdeiros e legatários, a redução se fará conforme as regras antecedentes, nas outras ou nos legados.

A redução efetua-se nos seguintes termos:

a) se o legado redutível consistir em prédio divisível, a redução far-se-á dividindo-o proporcionalmente;

b) se consistir em prédio indivisível, as soluções diferem conforme a relação entre o excesso e o valor do bem:

1 – se o excesso monta a mais de um quarto do valor do prédio, pertencerá este integralmente ao herdeiro legitimário e o legatário haverá o resto em dinheiro, imputando-se esse valor na metade disponível;

2 – se o excesso não for de mais de um quarto do valor do prédio, ficará o legatário com o bem, pagando, em dinheiro, ao herdeiro legitimário, a importância da redução.

c) se o legatário também for herdeiro legitimário, poderá inteirar sua legítima, preferencialmente no mesmo prédio, sempre que lhe absorverem o valor a sua quota e a parte subsistente do legado.

Em duas hipóteses, por conseguinte, conserva o herdeiro necessário o prédio legado: nesta última, qualquer que seja a fração redutível, e quando a importância da redução exceda a um quarto do valor do imóvel.

Não há disposições legais atinentes à *ordem de redução* das liberalidades consubstanciais em *doação*. Aplicam-se-lhes, por analogia, as regras relativas à redução das disposições testamentárias.

Há, entretanto, norma peculiar, ressaltada pela doutrina: começa-se a *redução* pela última liberalidade; se não bastar, passa-se à imediata, e assim sucessivamente.[14] Se feitas as doações na mesma data, a redução faz-se mediante rateio.

Não se reduzem as *doações remuneratórias* porque não constituem pura liberalidade.

Da regra de que se começa a redução das doações pela mais recente, infere-se que, havendo *legados* bastantes, não é necessário recorrer àquelas liberalidades.

---

14 OLIVEIRA, Itabaiana de. Ob. cit., p. 239.

Capítulo 10
SUCESSÃO TESTAMENTÁRIA

Sumário: 70. Generalidades. **71.** Antecedentes Históricos. **72.** Conceito. **73.** Lei Reguladora. **74.** Pressupostos. **75.** Capacidade Ativa. **76.** Indisponibilidade Relativa. **77.** Capacidade Passiva. **78.** Testamento. **79.** Codicilo.

70. Generalidades. A sucessão testamentária é um dos mais complexos institutos jurídicos, influenciado, como se acha, pelo estatuto da família e pelo regime da propriedade de cada povo no curso de sua evolução.

Tecnicamente, pode ser tratado como parte do Direito Hereditário ou como aspecto do regime legal das liberalidades. Compreenderia este regime as doações entre vivos e os testamentos sistematizados na categoria dos *negócios gratuitos* de intento liberal, que têm eficácia, respectivamente, em vida dos seus participantes ou depois da morte do agente.

Preferível, no entanto, atribuir maior relevo ao aspecto da devolução do patrimônio de uma pessoa falecida a pessoas vivas conforme a vontade de quem o deixa. Não se consentindo, entre nós, a transmissão de um patrimônio enquanto estiver vivo seu titular, a liberalidade consubstanciada em testamento cobra importância superior como uma das formas de realização de sucessão *mortis causa*. Situa-se melhor, por conseguinte, no Direito das Sucessões.

O estudo da *sucessão testamentária* deve seguir-se ao da *sucessão legal*. Razões não há para que o preceda, mas, durante algum tempo, sustentou-se a conveniência de observar essa ordem sob a influência de ideias que perderam sua razão de ser.

Verdadeiramente, a *sucessão legítima* deixou de ser supletiva, tantas tendo sido as limitações à *liberdade de testar*. A tal ponto que a *sucessão testamentária* passou a ser excepcional. De regra, realmente, as pessoas falecem intestadas. Nem é imprescindível seu conhecimento para a compreensão da *sucessão legítima*, como parece a alguns.[1] Sua precedência não se justifica, assim, por motivos metódicos ou lógicos.

Pela *sucessão testamentária* instituem-se *herdeiros* ou *legatários*, isto é, sucessores a título universal ou particular. Concede a lei ao testador o direito de chamar à sua sucessão, na totalidade ou em parte da alíquota do seu patrimônio,

---

1 VITALI. **Delle successioni legittime e testamentaria**. v. I, p. 47.

quem institua na condição de *herdeiro*. Outras legislações, como a francesa, não admitem tal condição senão nos sucessores legítimos. As pessoas que recebem em virtude de testamento designam-se, sempre, nesses ordenamentos legais *legatários: universais*, quando recolhem toda a herança ou uma quota-parte; *particulares*, se contemplados com um ou vários bens determinados. O Direito pátrio acompanhou, porém, o sistema romano, admitindo que o *herdeiro* tanto pode ser *legal* como *instituído*, uma vez que a instituição resulte de *testamento*.

A interferência da vontade do homem em sua *sucessão* pode verificarse por dois modos: mediante *testamento* ou *pacto sucessório*.

Na *sucessão testamentária*, o testador regula, em ato unilateral, a distribuição dos seus bens, conforme sua própria vontade. Na *sucessão pactícia*, modifica, por ato bilateral, as regras legais relativas à sua sucessão.

Conquanto autorizados em outras legislações,[2] são proibidos, entre nós, os *pactos sucessórios*.[3] Não pode ser objeto de contrato a herança de pessoa viva. É nulo, portanto, o ato bilateral pelo qual dispõe alguém de sua própria sucessão, ou dos direitos que lhe possam vir a caber em sucessão ainda não aberta. A proibição é absoluta, apanhando todo e qualquer negócio bilateral, inclusive os pactos antenupciais. A razão principal da proibição reside no interesse de evitar que a pessoa se prive do direito de regular livremente a própria sucessão, ainda autolimitando a vontade, porque deve esta estar livre até o momento da morte.[4]

A *partilha em vida – divisio parentum inter liberos* –, feita por ascendente, não é pacto sucessório, conquanto se realize mediante o contrato de doação, produzindo imediatamente seus efeitos.

71. Antecedentes Históricos. Em Roma, a *sucessão testamentária* teve importância memorável devido ao fator religioso. A devolução sucessória destinava-se precipuamente a manter o culto dos ancestrais, notadamente o dos *mones*. O principal fim do testamento era a *instituição de herdeiro*, precisamente para que prosseguisse ele nesse culto privado. Apesar das modificações introduzidas a partir do fim da República, conservou a sucessão testamentária considerável relevância, orientando-se, porém, por ideias novas inspiradas na transformação da família e na filosofia helênica.

No Direito clássico o testamento era um ato solene, de última vontade, para valer depois da morte do testador – *post mortem nostram valeat*. Deveria conter, necessariamente, instituição de herdeiro. Já a esse tempo tinha finalidade econômica, destinando-se, também, à distribuição dos bens do testador, ao lado do propósito de assegurar a continuidade do culto familiar. Seu conteúdo ampliou-se com a permissão de encerrar disposições a título particular. O herdeiro era instituído a título universal, para sempre – *semel heres, semper heres*. Primitivamente irrevogável, tornou-se revogável. Impuseram-se restrições à liberdade de testar

---

2 Código Civil alemão, arts. 2.274 e 2.302; Código Civil suíço, arts. 494 e 636.

3 [Art. 426].

4 BARREIRA, Dolor. **Sucessão legítima**. p. 37.

quando havia descendentes, facilitando-se, porém, a *deserdação*. Firmou-se afinal o princípio de que o herdeiro testamentário continua a pessoa do defunto, no todo, se único, na quota hereditária, se concorre com outros.[5]

Sendo o continuador da pessoa do falecido, sucede em todos os direitos e obrigações, confundindo-se os patrimônios. O *fideicomisso* passa a ser instituto autônomo, favorecendo pessoas que não podiam ser herdeiros ou legatários.

Na época de Justiniano, a transmissão da sucessão testamentária podia se dar de dois modos: pela *instituição de herdeiro* e pelo *fideicomisso*, então já encarado como *legado universal*.

Conheceram os romanos várias e sucessivas *formas de testamento*. Antes da Lei das XII Tábuas: o testamento *in calatis comitis*, feito em tempo de paz, perante as cúrias reunidas, e o testamento *in procinctu*, feito em tempo de guerra, no campo de batalha. Tais formas foram substituídas na lei referida pelo testamento *per aes et libram*, que consistia em venda fictícia da sucessão, perante testemunhas. Importando *mancipatio*, o testamento, assim feito, era irrevogável. O pretor simplificou essa forma de testamento, substituindo a participação do *libripens* e do *familiae emptor* por mais duas testemunhas. Concedia-se a sucessão *bonorum possessivo*. No Baixo Império, o *testamento pretoriano* foi substituído por uma forma compreensiva das anteriores e denominada *tripertitum* por Justiniano. Do testamento *in calatis comitis*, tomou a rogação de testemunhas; do testamento *per aes et libram*, a presença das *antestata*; e do *testamento pretoriano*, a assinatura de *septem testibus*.

O testamento foi desconhecido no *Direito germânico*, não se lhe podendo assemelhá-lo à *affatomia*, da *lei sálica*.

Antes do Código Civil, conheciam-se, no regime das Ordenações, o testamento *aberto*, o *cerrado*, o *particular* e o *per palavra*, permitindo-se, outrossim, o *testamento conjuntivo* ou *de mão comum*.

Formas testamentárias admitidas pelo Código foram: o testamento *público*, o *cerrado*, o *particular*, o *nuncupativo* e os *testamentos especiais*.

72. Conceito. Testamentária é a sucessão cuja devolução se regula, no todo ou em parte, conforme a vontade de defunto expressa num ato jurídico, que se denomina testamento.

Opõe-se à sucessão legítima ou *ab intestato*, regida a devolução, nesta modalidade, por disposições legais.

O *título* pelo qual se sucede testamentariamente é o ato de última vontade idôneo a determinar a devolução, mas seu fundamento se encontra indiscutivelmente na lei. Não é correto dizer-se que a *sucessão testamentária* opera por efeito da expressa vontade do homem. Sua viabilidade decorre de permissão do direito positivo. É a lei que põe à disposição das pessoas capazes um *meio técnico* de regulação da própria sucessão, assegurando-lhes o direito de dispor dos seus bens para depois da

---

5 GIRARD. **Manuel élémentaire de droit romain**. 8. ed. p. 865.

morte, observadas certas exigências. A vontade humana não é a causa da sucessão. Sua intervenção ocorre apenas para regrar a devolução sucessória.

Pela sucessão testamentária recebem os bens deixados tanto os *herdeiros instituídos* como os *legatários nomeados*, mas a possibilidade de instituí-los, ou nomeá-los, só existe se o interessado emprega o *instrumento* próprio que lhe oferece a lei, em caráter de exclusividade, para alcançar esse fim.

A existência de testamento válido não exclui a sucessão legal. Havendo bens não compreendidos nas disposições de última vontade, aplicam-se à sua transmissão as regras da devolução aos sucessores legítimos.

A *sucessão codicilar* não se confunde com a *sucessão ex testamenti*. Mediante *codicilo* não se pode instituir herdeiro, só se permitindo o legado de esmolas de pouca monta, de objetos pessoais não mui valiosos ou a substituição de testamenteiro.

A sucessão testamentária exige, do seu instrumento, a observância de formalidades, que desempenham tríplice função: *preventiva, precatória* e *executiva*. Os elementos formais do testamento têm por fim assegurar a livre e consciente manifestação da vontade do testador, atestar a veracidade das disposições de última vontade e fornecer aos interessados um título eficaz para obter o reconhecimento dos seus direitos.[6]

73. Lei Reguladora. A sucessão testamentária rege-se diferentemente conforme o momento que se considere. Cumpre distinguir, com efeito, o *momento da feitura do testamento* do da *abertura da sucessão*; o *testamenti factio activa* do *testamenti factio passiva*.

A lei vigente na data do testamento regula:

a) a capacidade do testador;

b) a forma extrínseca do testamento.

Nestas condições, a incapacidade superveniente não o invalida, nem o testamento do incapaz se valida com a superveniência da capacidade.[7]

Quanto ao *instrumento* em que o testador expressa sua vontade, aplica-se o princípio *tempus regit actum*. Se for abolida, por exemplo, a forma testamentária particular, valem os testamentos particulares feitos antes da revogação da lei que os admite.

A lei vigente ao tempo da abertura da sucessão regula:

a) a capacidade para suceder testamentariamente;

b) a eficácia jurídica das disposições testamentárias.

---

6 TAVARES, J. **Sucessões e direito sucessório**. v. I, p. 117.
7 [Código Civil, art. 1.861].

Cap. 10 · SUCESSÃO TESTAMENTÁRIA | 75

Preceito legal que viesse proibir a sucessão testamentária dos médicos do testador aplicar-se-ia imediatamente, atingindo os contemplados em testamento anterior. Disposição que viesse a permitir o legado *per relationem* validaria a *deixa* desse teor constante de testamento anteriormente feito.

Em se tratando, porém, de disposição testamentária que subordine o direito do herdeiro instituído a uma *condição suspensiva*, aplica-se a lei vigente ao tempo em que se verifica o evento, uma vez que a condição suspende a aquisição do direito, o qual somente se transmite com o seu implemento.

74. Pressupostos. Para haver sucessão testamentária, é preciso:

a) pessoa capaz de dispor dos seus bens para depois da morte;

b) pessoa capaz de recebê-los;

c) declaração de vontade na forma peculiar exigida em lei;

d) observância dos limites ao poder de dispor.

O *título* da sucessão testamentária é um *negócio jurídico* que, como todo ato desta natureza, demanda *agente capaz*, com o *poder de dispor* dos bens próprios para depois do falecimento.

A *capacidade de fato* do agente para exercer esse *poder de disposição* pelo negócio jurídico adequado denomina-se *capacidade ativa* ou capacidade para testar: *testamenti factio activa*. Supõe, obviamente, a capacidade natural de entender a natureza do ato testamentário e de aceitá-lo espontaneamente como sua última vontade.[8]

A causa desse negócio jurídico é, fundamentalmente, beneficiar uma ou várias pessoas. Os favorecidos devem ter, por conseguinte, capacidade para receber os bens com os quais sejam contemplados. A esta capacidade designa-se com o qualificativo de *passiva*: *testamenti factio passiva*.

Observadas as *condições subjetivas*, potencialmente existentes em todas as pessoas não declaradas incapazes, necessário se torna que o propósito de regular a própria *devolução sucessória* se consubstancie em *negócio jurídico típico*, chamado *testamento*.

Não se consente a sucessão testamentária por outro instrumento jurídico. Tal *negócio* há de se realizar, ademais, por uma das *formas* exclusivas autorizadas na lei.

Cumpre, finalmente, que o *agente* respeite as restrições estabelecidas na lei ao seu *poder de dispor*, contendo-se nos seus limites, pois, do contrário, a ultrapassagem é considerada ineficaz, prevalecendo os preceitos legais restritivos. O limite geral provém da disposição de lei que prescreve e protege a *legítima* dos *herdeiros*. Esta condição não constitui propriamente um *pressuposto*

---

8 VITALI. **Delle successioni legittime e testamentaria**. v. I, p. 493.

76 SUCESSÕES – *Orlando Gomes*

da sucessão testamentária. Melhor se qualificaria como simples *requisitos de eficácia.*

75. Capacidade Ativa. Por *testamento* podem dispor todos os indivíduos que a lei não declare incapazes de testar.

A regra é a *capacidade,* do que se segue a inadmissibilidade de outras incapacidades além das expressamente enunciadas.

Determinam a incapacidade: *a)* a *idade; b)* a *loucura; c)* a *circunstância de não estar o testador em seu perfeito juízo; d)* a *surdo-mudez.* São, assim, *incapazes de testar:*

a) os *menores de dezesseis anos;*

b) [os *incapazes;*

c) os *que não tiverem pleno discernimento no momento do ato*].[9]

O testamento é um dos atos jurídicos que o *menor relativamente incapaz* pode praticar, independentemente da assistência do seu representante legal. Por outras palavras, tem capacidade em relação à prática desse ato. Cessa a incapacidade absoluta, entre nós, aos dezesseis anos completos. Embora sob [poder familiar], ou tutela, o menor pode testar livremente, no pressuposto de que, a essa idade, já tem suficiente compreensão da significação do ato testamentário.

O sexo não influi. Tanto o homem como a mulher podem testar ao completarem essa idade.

Quanto às condições mentais, [estão impossibilitados de testar os que, por enfermidade ou deficiência mental, não tiverem o necessário discernimento para a prática do ato].

[A enfermidade] pode ser permanente ou circunstancial, conduzindo, ou não, à interdição. Nas [enfermidades ou deficiências] mais graves, certificadas em processo de interdição, nenhuma dúvida se levanta a respeito da incapacidade do paciente. Mas pode o indivíduo sofrer de *enfermidade mental* não verificada judicialmente. Não se exigindo a *interdição* como causa determinante da *incapacidade,* também é incapaz para testar quem padeça dessas doenças.

Comprovada a enfermidade, deve ser declarada a incapacidade, não se admitindo a alegação de que o testamento foi feito num *intervalo lúcido.* Igualmente irrelevante a declaração certificada pelo tabelião de que o testador se achava em seu perfeito juízo e entendimento, por lhe falecer competência para a afirmação.

A *incapacidade acidental* não decorre sempre de anomalia psíquica. Perturbação passageira do uso da razão pode determiná-la, se ocorre no momento em que o testamento é feito. Necessário é que, ao testar, esteja o indivíduo em seu

---

9 [Código Civil, art. 1.860].

perfeito juízo. Não determinam a incapacidade temporária a senectude, a enfermidade física, as paixões.

Deve-se provar o estado de insanidade passageira referindo-o ao exato momento em que o testamento é feito, admitindo-se todos os *meios de prova*, mas a documentação prevalece sobre a testemunhal.

O defeito de alguns sentidos determina relativamente a incapacidade para testar. Não subsiste a regra *surdus et mutus testamentum facere non possunt*. A surdo-mudez somente é causa de incapacidade quando impossibilita a manifestação da vontade. Se o surdo-mudo sabe ler e escrever, pode testar, mas apenas mediante *testamento cerrado* do próprio punho escrito e assinado. Quanto ao *cego*, não há proibição, salvo para a forma testamentária que exige a leitura do texto escrito por outrem, ou perante as testemunhas. [Ao cego só se permite o testamento público].

A *testamenti factio activa* é a prerrogativa das pessoas físicas. Não há cogitar de capacidade testamentária ativa das *pessoas jurídicas*; porquanto, em relação a elas, é estranho, sob esse aspecto, o fenômeno sucessório.

O testamento feito por *incapaz é nulo*. A nulidade não se convalida pela cessação da causa de incapacidade. [Ressalte-se que o novo texto, no art. 3º, excluiu o ausente do rol das pessoas absolutamente incapazes].

Com a *incapacidade de testar* nada têm a ver as causas que viciam a vontade, o erro, o dolo e a coação.[10]

Distinguem-se, também, os casos de *indisponibilidade relativa*.

76. Indisponibilidade Relativa. Distinguia-se, sem precisão técnica, a *incapacidade absoluta* da *relativa*, também chamada *especial*. Nesta expressão compreendiam-se certas limitações de dispor em favor de determinadas pessoas, que, por sua vez, não podiam receber testamentariamente.[11]

Considerava-se, aliás, que as regras restritivas se dirigiam, antes, à *capacidade passiva*.

Não se trata, porém, de incapacidade propriamente dita. O testador, nesses casos, não é incapaz de testar, nem o herdeiro, ou legatário, de receber. Encarada a restrição do lado ativo, está apenas *impedido*, permanente ou passageiramente, de testar em favor de certas pessoas. Do lado passivo, essas pessoas não estão *legitimadas* a receber daquele testador. Tal como no Direito Matrimonial, pode-se falar em *impedimento*. Do mesmo modo que certas pessoas, capazes para contrair matrimônio, não podem contraí-lo com outras pessoas determinadas, não pode o testador determinar a devolução da herança, no todo ou em parte, para certas pessoas.

O que há, pois, é uma *indisponibilidade relativa*, circunscrita à determinada relação de natureza pessoal, caso ou circunstância.

---

10 RUGGIERO. **Instituições de direito civil**. v. III, p. 536.
11 VITALI. Ob. cit., p. 495.

Os casos de relativa indisponibilidade relativa variam nas legislações. Apontam-se: *a)* a disposição do pupilo em favor do tutor; *b)* do menor em favor da pessoa a cuja guarda esteja entregue; *c)* do testador adúltero em favor da concubina; *d)* do testador em favor de intervenientes no testamento; *e)* do testador, durante a doença, a favor do médico ou enfermeiro que estiver a tratá-lo.

Entre nós, o testador não pode dispor a favor:

a) da pessoa que, a rogo, escreveu o testamento, nem do seu cônjuge [ou companheiro] ou dos seus ascendentes, descendentes ou irmãos;

b) das testemunhas instrumentárias;

c) da concubina, se casado, [salvo se, sem culpa sua, estiver separado de fato do cônjuge há mais de cinco anos;

d) do tabelião, civil ou militar, comandante ou escrivão] que fizer ou aprovar o testamento.[12]

77. Capacidade Passiva. A capacidade para adquirir por testamento – *testamenti factio passiva* – é declarada em lei sem observância de precisão técnica.

Toda incapacidade é um termo relativo, que pressupõe a existência de sujeitos aos quais se negam as condições e qualidades para ter ou exercer direitos.[13] Entretanto, a lei considera *incapazes*, absolutamente, *pessoas inexistentes*, recorrendo à desnecessária *ficção* e obrigando o intérprete a admitir a existência de uma *incapacidade imprópria* ao lado da *própria*.

Por outro lado, inclui entre os *incapazes* pessoas que apenas não estão *legitimadas* a receber do testador.

No sistema legal, são absolutamente incapazes de adquirir por testamento:

a) [os filhos não concebidos de pessoa pelo testador indicada, que não esteja viva no momento de sua morte];[14]

b) os entes coletivos sem existência legal.

O *nascituro* pode ser nomeado herdeiro, ou legatário, porque, mediante ficção, é tido como se já existisse, mas, em verdade, sua incapacidade imprópria se manifestará, se não nascer com vida.

À regra geral de que unicamente podem adquirir por testamento as *pessoas existentes* ao tempo do óbito do testador abre-se exceção a favor da *prole eventual* de pessoas por ele designadas e existentes ao abrir-se a sucessão.[15] Uma vez que não se admite a existência de direitos sem sujeito, o testador somente pode

---

12 [Código Civil, art. 1.801].

13 VITALI. Ob. cit., p. 494.

14 [Código Civil, art. 1.799].

15 [Código Civil, art. 1.799].

Cap. 10 · SUCESSÃO TESTAMENTÁRIA | **79**

atingir esse propósito pelo mecanismo da *substituição fideicomissária*, nomeado *fiduciário* para guardar os bens, a título de proprietário resolúvel.

Os *entes coletivos* sem existência legal não podem receber por testamento. São, também, pessoas inexistentes, quer os que ainda não adquiriram personalidade jurídica, quer os que a perderam.

Como, entretanto, "o rigor dos princípios deve ceder às exigências sociais", consente-se que alguém disponha, em testamento, a favor de ente que, por esse modo, deseje criar. Tal é o caso das *fundações*. Permite a lei sua criação por testamento, podendo o testador, por conseguinte, instituí-la mediante dotação especial de bens livres, especificando o fim a que se destina.

Válida se deve ter, outrossim, a disposição em favor de entidade existente *de fato*, com possibilidade de adquirir existência jurídica, dependendo de reconhecimento.[16] Obtido este, pode recolher a deixa.

Não são propriamente incapazes para suceder as pessoas em relação às quais impede a lei que o testador beneficie.[17] Como visto, falta-lhes *legitimação*, pois não podem ser nomeadas herdeiras ou legatárias, pelo testador impedido.

O Código Civil [declara que se encontram legitimadas a suceder as pessoas já concebidas no momento do óbito do autor da herança e] ressalvou a hipótese de [se contemplar os *concepturus*], em disposição expressa, [que beneficie] a *prole eventual* de pessoas designadas pelo testador e existentes ao abrir-se a sucessão [e, ainda, as nomeadas por meio de fideicomisso].

[A disposição em favor de prole eventual trata-se] de permissão excrescente num Código que admite a *substituição fideicomissária*. Foi inserta em legislação que a proibia,[18] precisamente porque era defesa, mas onde se permite não tem cabimento, a menos que consignada para o fim de impedir a alegação de incompatibilidade entre o preceito que exige a existência da pessoa para receber por testamento e o que autoriza o *fideicomisso* sem se referir à *prole eventual* do fiduciário ou de terceiro.

Outra exegese é inadmissível. A disposição excepcional contraria os princípios de direito e econômicos, pois, ainda que se considerasse justo o desejo do testador, o interesse social, para o qual é o direito organizado, desaconselharia sua tutela, porque todo direito exige um titular atual e é inconveniente tamanha limitação à circulação dos bens.[19]

[Em] nosso Direito está admitida a contemplação direta, em testamento, da prole eventual de pessoa designada, valendo a deixa se a eventualidade permanece ao se abrir a sucessão. Os bens deixados, [até que os designados apareçam, são administrados pela pessoa cujos filhos o testador espera ter por herdei-

---

16 RUGGIERO. Ob. cit., p. 539.

17 [Código Civil, art. 1.801].

18 Código Civil italiano, de 1965.

19 MAZZONI, Pacifici. **Il Codice Italiano commentato**. v. VI; **Tratatto delle successioni**. v. II, p. 175.

ros, salvo disposição testamentária em contrário. É o que preceitua o § 1º do art. 1.800].

A disposição testamentária teria de referir-se aos filhos de determinada pessoa, nunca aos seus ulteriores descendentes, não importando que sejam todos, alguns ou somente um deles, legítimos ou não.

Deveria a prole eventual provir de *pessoa determinada*, isto é, qualificada por indicações que permitam sua identificação, sem perplexidade.

Os *efeitos* da disposição testamentária revelam a inconveniência da interpretação ao pé da letra do preceito que a autorizaria. [O legislador estabeleceu, corretamente, o prazo de dois anos para que ocorresse a concepção, evitando que perdurasse aquela situação indefinida indeterminadamente. Esse prazo diz respeito ao primeiro filho para que se concretize a disposição testamentária].

Nascida, a prole [adquire] a herança retroativamente – desde o momento da abertura da sucessão. Se o testador não indica limitativamente os herdeiros eventuais, surgem dificuldades, pois ao primogênito não cabe recolher toda a herança, em vista da possibilidade de lhe nascerem irmãos.[20] Rejeita-se, nesse caso, a solução que se lhe transmita todo o acervo hereditário sob a condição resolutiva do nascimento de outros designados, porque a vocação é uma, pura e simples, não podendo ser cindida.[21] Defronta-se o intérprete com um impasse, que Pacifici Mazzoni procura contornar, invocando passagem de Paulo, referente a outra hipótese, para concluir que o juiz, considerando todas as circunstâncias atinentes, determine, a seu arbítrio, o número de filhos que poderão nascer e sobre esse número divida o acervo hereditário, atribuindo ao primogênito a respectiva quota.[22]

Interpretação sistemática do Código não autoriza esse alcance da ressalva, devendo-se repelir o entendimento de que visou a atribuir capacidade testamentária passiva à prole eventual, sem ser pelo *fideicomisso*.

78. Testamento. *Testamento* é o negócio jurídico pelo qual uma pessoa dispõe sobre a própria sucessão. Torna-se perfeito e acabado no momento em que o testador declara sua vontade pela *forma* autorizada na lei.[23]

Ordinariamente, contém disposições de caráter patrimonial, destinando-se à instituição de herdeiros e nomeação de legatários. Dispõe o testador da totalidade ou de parte dos seus bens, regulando, por seu intermédio, a devolução sucessória.

Permite a lei, no entanto, a inserção de disposições de caráter *não patrimonial*, como, por exemplo, o reconhecimento de filho ilegítimo ou a nomeação de tutor.

---

20 MAZZONI, Pacifici. Ob. cit., p. 185.

21 Idem, ibidem.

22 Ob. cit., p. 188-189.

23 O testamento não é *negotio imperfecta*, que se invalidaria se sobreviesse a incapacidade do testador, como sustentou Koppen.

Não é essencial que acompanhem as disposições de cunho patrimonial. Valem, ainda exclusivas, se figurarem em ato revestido de forma testamentária.

O testamento é negócio *pessoal, unilateral, gratuito, formal, de última vontade,* e eminentemente *revogável.*

Diz-se que é *ato pessoal* no sentido de que não pode ser feito por meio de representante.

Negócio unilateral, porque sua eficácia não depende do concurso de outra pessoa.

Consubstancia-se pela vontade única do testador, declarada conforme a lei. Dá-lhe vida suficiente essa declaração. A aceitação do herdeiro não o integra, por ser, também, ato unilateral independente. Perfeito e acabado se acha tão logo exprima o testador a sua vontade no instrumento idôneo.

Pertence à categoria dos *negócios gratuitos,* incluindo-se entre as *liberalidades.* A disposição dos bens é feita sem contrapartida, representando, para os contemplados, enriquecimento sem ônus correspondente, sem compensação patrimonial. Pode faltar, porém, o ânimo liberal ou estar a herança onerada de tal modo que não seja lucrativa, mas, ainda assim, não será negócio oneroso.

O testamento é negócio jurídico essencialmente *formal.* A *forma escrita* participa de sua substância e, em cada uma das formas autorizadas, exigem-se solenidades, de estrita observância, sob pena de nulidade. Não se dispensam, por mais insignificantes que sejam, nem podem ser substituídas por outras, ainda que mais seguras. Não se deve, entretanto, levar o formalismo dos testamentos ao extremo, apesar de serem *Jus cogens* as formas testamentárias. Uma interpretação literal não se justifica.

O testamento pode ser do próprio punho do testador ou escrito por outrem, conforme o modelo preferido, mas há de ter sempre a forma escrita, salvo o *nuncupativo,* que se faz oralmente. Justifica-se o *formalismo* pela necessidade de dar maior segurança a uma declaração de vontade que somente se torna eficaz após a morte do declarante.

Como negócio *mortis causa* que é, destina-se o testamento a produzir os seus efeitos após a morte do testador, seja qual tenha sido o tempo de sua feitura. Antes do óbito, é ato válido, mas *ineficaz,* nenhum efeito patrimonial, ou não, se produzindo no intervalo.

Do mesmo passo, é ato de *última vontade,* significando-se, com essa expressão, que representa a derradeira deliberação sobre o assunto, qualquer que seja o momento em que reveste a forma própria. Nada impede, entretanto, que o testador a modifique em outro testamento. Não tem importância, por outro lado, que se tornem inaplicáveis algumas de suas disposições ou deixem de existir bens a que se refira, inclusive se os aliena o próprio testador.

A vontade humana, sendo mutável *usque ad vitae supremum exitum,* somente se torna irrevogável com a morte. Assim, posto seja o testamento ato de última vontade, é eminentemente *revogável,* a todo tempo. Se falece, pois, com diversos testamentos sucessivos, vale o último, a menos que se destine a completar o anterior,

82 | SUCESSÕES – *Orlando Gomes*

concorrendo para constituir a vontade do testador. De regra, porém, consideram-se revogados os que precederam o derradeiro. De resto, acontecimentos posteriores podem gerar a presunção, admitida em lei, da mudança de vontade do testador. A revogação de um testamento não demanda, enfim, sua substituição. O poder de revogar testamento, no todo ou em parte, é irrenunciável.

O testamento, finalmente, não pode conter declaração de vontade de mais de uma pessoa. Nem mesmo sendo cônjuges podem juntamente testar, quer reciprocamente, quer a favor de terceiros. São defesos o *testamento recíproco* e o *conjuntivo*, no pressuposto de que a vontade do testador deve estar isenta de qualquer influência.

79. Codicilo. O *codicilo* era um pequeno testamento, que se tornou obsoleto. Manteve-o o Código Civil, sob forma *hológrafa* e conteúdo restrito.[24] Não é necessário que o *de cujus* tenha deixado testamento.

Destina-se atualmente o *codicilo* à prescrição de disposições concernentes ao enterro, à esmola de [pouco valor] a pessoas certas e determinadas, aos pobres de certo lugar, e às que compreendam *legados* de móveis, roupas, ou joias, não mui valiosas de uso pessoal de seu autor. Permite-se, ainda, a nomeação, ou substituição, de *testamenteiros*.

Revogam-se por atos iguais e se consideram revogados, se havendo testamento posterior este não os confirmar. Do mesmo modo, se modificá-los.

Tendo perdido sua função primitiva, tornaram-se raros, carecendo de maior importância na atualidade.

O *codicilo* não é meio idôneo à instituição de herdeiro, nem para alterar ou revogar testamento.

Faz-se por *escrito particular*, datado e assinado, sem estar sujeito, pela insignificância do seu conteúdo, às solenidades do testamento, mas, se estiver fechado, abre-se do mesmo modo que o *testamento cerrado*.[25] Ignorando esse mandamento, prescreveu o Código de Processo Civil[26] que sua execução deve obedecer às regras prescritas para a confirmação do testamento particular. Necessário passou a ser, em consequência, o requerimento para publicação em juízo do *codicilo* e a inquisição de testemunhas, [se houver], para a confirmação. Esse tratamento dado ao codicilo é inspirado no equívoco de supor que ainda é aquele pequeno testamento quando até o Código Civil, há mais de sessenta anos, já abandonara tal figuração.

---

24 [Código Civil, art. 1.881].
25 [Código Civil, art. 1.885].
26 Art. 1.134.

Capítulo 11
FORMAS DE TESTAMENTO

Sumário: 80. Proteção da Vontade de Testar. **81.** Formas de Testamento. **82.** Testamento de Mão Comum. **83.** Testamento Nuncupativo. **84.** Reconstituição do Testamento.

80. Proteção da Vontade de Testar. Para garantia da vontade do testador, exige a lei que a expresse em determinadas formas, sob pena de nulidade do ato.

Distingue-se cada *forma de testamento* por um conjunto de *solenidades* indispensáveis e insubstituíveis. Não é permitida a *conversão*, pela qual testamento feito sob certa forma não inteiramente observada seria aproveitado como de outro tipo. Vale o ato, porém, se lhe falta a designação legal, mas possui o correspondente contexto.

O testamento é negócio jurídico que requer *forma escrita* para sua validade. A sua *escrituração* pode ser feita com qualquer meio e sobre qualquer material, desde que indelével a grafia.

[Pode] ser escrito do próprio punho do testador [ou por meios mecânicos].

Pode o testamento ser redigido em língua estrangeira, viva ou morta, salvo na sua forma pública, seja o testador nacional ou alienígena. [O legislador não reproduziu, no art. 1.864, o inciso que estabelecia na forma pública a obrigatoriedade de as declarações do testador serem feitas na língua nacional, em face dos termos do § 3º do art. 134]. Importa que a conheça bem, de modo a saber o que está a dispor. Em determinada forma testamentária, também as testemunhas devem entendê-la.

O lançamento da *data* do testamento é exigência de valor discutível. Negam-lhe alguns importância essencial sustentando, consequentemente, que a sua falta não determina a nulidade do ato, provenha do próprio testador ou do oficial. Entendem que a simples omissão não inutiliza o testamento, mas, juntamente a outras circunstâncias, pode induzir a sua falsidade.[1] Outros acham, ao contrário, que é essencial, não em si mesma, senão como *termo de referência* de eventual relação.[2] Necessária se torna, realmente, para decidir as

---

1 PONTES DE MIRANDA. **Tratado dos testamentos**. v. I, p. 244.
2 BARBERO. Ob. cit., p. 1.207.

questões que se apresentem com relação ao tempo do testamento, como, por exemplo, a de sua prioridade.

Cumpre distinguir a falta de data da que é *incompleta*, *falsa* ou *errônea*. Devendo a data ser expressa em dia, mês e ano, a omissão de um desses dados produz o mesmo efeito da omissão, por não se poder precisar se, ao testar, era o testador capaz. A diferença entre *data falsa* e *data errônea* é considerada irrelevante, mas a alteração intencional pode induzir a propósito fraudulento. A *data errônea* admite *correção* contemporânea.

Como quer que seja, é de suma importância a determinação do exato momento em que o testamento se aperfeiçoa. Atente-se à *data* para exame de sua validade, de sua eficácia e permanência e tantos outros aspectos e situações para as quais serve, como dito, de termo de referência.

A *designação do lugar* do testamento não tem a mesma relevância. Importa, no entanto, para se saber a lei que o rege, mas não é essencial. Interessa apenas nas *formas especiais* e em uma das formas ordinárias. Nas outras, a intervenção do oficial indica necessariamente o lugar.

Outra exigência é a *assinatura* do testador. Tão necessária que, se falta, o testamento não existe.

Não se requer o nome completo, nem mesmo o do registro do nascimento. Assim, é válida a assinatura com *pseudônimo* e até a subscrição com a simples indicação do parentesco. Exige-se, apenas, que esteja individuada, sem qualquer dúvida, a pessoa do testador, de modo que se possa inequivocamente identificá--lo. A circunstância de ser ilegível também não infirma o testamento, contanto que seja o modo de assinar do testador.

A assinatura deve concluir o ato.

81. Formas de Testamento. A lei admite duas categorias de testamento:

a) *Comuns*;

b) *especiais*.

Testamentos comuns são os que todas as pessoas capazes podem fazer, em qualquer circunstância.

Testamentos especiais, os que somente se permitem em circunstâncias extraordinárias e se caracterizam pela dispensa de formalidades exigidas para a validade dos ordinários.

O *testamento especial* tem cabimento apenas quando, ainda nas circunstâncias extraordinárias, não haja efetiva possibilidade de fazer o testamento comum.

São *formas de testamento comum*:

a) o *testamento público*;

b) o *testamento cerrado*;

c) o *testamento particular*.

Na categoria dos *testamentos especiais*, compreendem-se:

a) o *testamento marítimo*;
b) [o *testamento aeronáutico*;]
c) o *testamento militar*.

[O legislador inovou admitindo, na categoria dos testamentos especiais, o aeronáutico], permitido a quem se encontre em viagem a bordo de aeronave.

Distinguem-se ainda: as *formas comuns* das *especiais* pelo *prazo de eficácia*. Os *testamentos ordinários* conservam seu potencial de eficácia até a abertura da sucessão, a menos que tenham sido revogados ou declarados caducos.[3] Os *testamentos especiais* ficam sem efeito após o decurso de certo prazo, contado de sua realização. O *marítimo* caduca se o testador não morrer na viagem, nem nos [noventa dias] seguintes ao desembarque em terra, onde possa fazer, na forma ordinária, outro testamento.[4] O *militar*, no mesmo prazo, desde que o testador esteja [noventa dias] seguidos em lugar onde possa testar na forma comum.[5]

O Direito nacional não admite o testamento *per relationem*.

O problema tem conexão com a *forma do testamento*, porquanto as disposições desse teor constituem modo de declaração de vontade testamentária.

No *testamento per relationem*, o testador instrui outrem acerca da devolução de sua sucessão ou se reporta a documentos estranhos ao ato. Desse modo, sua vontade não se expressa diretamente no instrumento do testamento, mas resulta *indiretamente* da referência a outros escritos, anteriores ou contemporâneos.

Doutrinariamente, o *testamento per relationem* é admitido, se respeitados os princípios de *substância* e *forma*, isto é, quando a referência não deixa substancial indeterminação da vontade e não transpõe as barreiras da forma.[6]

82. Testamento de Mão Comum. Não permite a lei o testamento de mão comum, seja *simultâneo, recíproco* ou *correspectivo*.

Duas ou mais pessoas não podem, por conseguinte, testar no mesmo ato, ainda em favor de terceiro.

Não o proibia o Direito anterior [ao texto revogado do Código Civil]. Marido e mulher testavam conjuntamente no mesmo instrumento, entendendo-se que não era livre a revogação nos testamentos recíprocos e correspectivos.

O *testamento de mão comum* pode assumir três formas, todas proibidas:

a) simultâneo;

---

3 BARBERO. Ob. cit., p. 1.022.
4 [Código Civil, art. 1.891].
5 [Código Civil, art. 1.895].
6 BARBERO. Ob. cit., p. 1.023.

b) recíproco;

c) correspectivo.

No *testamento simultâneo*, os testadores falam na primeira pessoa do plural, dizendo a mesma coisa.

No *testamento recíproco*, cada testador institui o outro seu herdeiro, um devendo receber do outro.

No *testamento correspectivo*, a reciprocidade é declaradamente resultante da interdependência das disposições, dizendo um que deixa para o outro porque este também o institui herdeiro, ou nomeia legatário.

A proibição legal não atinge unicamente o testamento plural no mesmo ato. Não é permitido testar em conjunto *especialmente, temporalmente, intencionalmente*.[7]

Testamentos de datas diferentes, aparentemente independentes, podem ser *correspectivos*, incidindo na mesma proibição. Não assim se forem *recíprocos*, dado que, nestes, não se declara a causa da reciprocidade.

Podem os cônjuges, em instrumentos distintos da mesma data, instituir herdeiros as mesmas pessoas. Nada impede que alguém, em outro ato, teste em favor de pessoa que o instituiu herdeiro, ou fez legatário. Admite-se, até, que faça o testamento com o propósito de retribuir favores recebidos, não se consentindo unicamente que a causa da retribuição seja o testamento de quem os fez.

A proibição em termos tão radicais como os do nosso Direito se justifica, admitindo outras legislações, fundadamente, certas formas de *testamento conjuntivo*.

83. Testamento Nuncupativo. O *testamento nuncupativo* foi abolido, como forma comum, pelo Código Civil.

Trata-se de *testamento oral*, mantido, entretanto, como espécie excepcional do *testamento militar*.[8]

É feito de viva voz pelo militar empenhado em combate, ou ferido, perante duas testemunhas às quais confie o testador a sua última vontade.

O ferimento, a que se reporta a lei, tem de ocorrer no campo de batalha ou em circunstâncias que não permitam o uso da forma normal do testamento especial.

Não está regulado o procedimento das pessoas que recebem a declaração de última vontade do militar nestas circunstâncias excepcionais. Admite-se que devam reduzi-la a escrito, tão logo seja possível, e apresentado o documento ao auditor.

Se o testador morre, reduz-se à pública-forma o testamento perante o juiz competente, que tomará o depoimento das testemunhas e mandará citar os interessados.[9]

---

7 PONTES DE MIRANDA. Ob. cit., p. 303.

8 [Código Civil, art. 1.896].

9 OLIVEIRA, Itabaiana de. Ob. cit., p. 80.

Se não morrer, perderá sua eficácia.[10]

84. Reconstituição do Testamento. Controverte-se a respeito da possibilidade de *reconstituição* do testamento extraviado ou destruído. Variam as soluções, desde a que nega, em qualquer hipótese, a admissibilidade da prova da perda até a que a afirma sem qualquer distinção. Preponderam, entretanto, as que admitem a reconstituição em certos casos. Algumas, provando-se culpa ou caso fortuito. Outras, na hipótese de força maior, se o herdeiro não deu causa ocasional à perda, e, no de culpa, se de terceiro. Ainda se preconiza a possibilidade da reconstituição sempre que não houver propósito de destruir no herdeiro ou no legatário.

Não é fácil justificar, em face dos princípios gerais, a reconstituição de um testamento. Sua *forma escrita* é da *substância* do ato. Não se exige apenas para a prova.

Consequentemente, admitir que possa ser reconstituído mediante prova testemunhal implica negar a essencialidade da forma escrita. Replica-se, porém, que atos de igual natureza, como os registros civis, se reconstituem.[11] Ademais, a ocorrência, em situações excepcionais, da destruição, ou do extravio de testamentos, sugere a aceitação confirmada em algumas legislações[12] do ponto de vista dominante na doutrina favorável à admissibilidade da prova.

O Direito pátrio é omisso. Contém apenas referência à laceração do testamento cerrado, para tê-lo, nesse caso, como revogado.[13]

Orienta-se a doutrina, diante da lacuna, no sentido de admitir, por analogia jurídica, a *reconstituição*, tendo em vista que se reconstituem contratos e assentos de forma escrita obrigatória.[14]

Nem todas as formas testamentárias admitem reconstituição. Está excluído, obviamente, o testamento secreto.

Reconstituído o testamento, têm os herdeiros ação contra o responsável pela destruição, ou extravio, para ressarcimento dos danos.

Com base na reconstituição, podem, igualmente, pedir a herança.

---

10 [Código Civil, art. 1.896, parágrafo único].

11 PONTES DE MIRANDA. Ob. cit., p. 254.

12 Código Civil suíço, art. 510, alínea II.

13 [Art. 1.972].

14 PONTES DE MIRANDA. Ob. cit., p. 256.

Capítulo 12
TESTAMENTO PÚBLICO

Sumário: 85. Variedade de Formas Testamentárias. **86.** Testamentos Comuns. **87.** Testamento Público. **88.** Formalidades Essenciais. **89.** Como se Faz o Testamento Público. **90.** Testemunhas Instrumentárias. **91.** Testamento do Analfabeto. **92.** Testamento do Surdo. **93.** Testamento do Mudo. **94.** Testamento do Cego.

85. Variedade de Formas Testamentárias. Razões diversas justificam a orientação legislativa de permitir o *testamento comum* em várias *formas*, todas inflexivelmente configuradas. Deixando-as à escolha de quem se dispõe a testar, atende a lei, de um lado, a respeitáveis conveniências pessoais, e, do outro, a contingências que privariam algumas pessoas do exercício desse poder, se desatendidas. O receio de desaparecimento do escrito induz, não raro, à preferência por forma testamentária que o afasta. O desejo de que permaneçam desconhecidas até a morte as disposições de última vontade satisfazem-se no testamento secreto. A impossibilidade de ler, escrever ou ouvir a declaração de vontade determina, por sua vez, a exigência de determinada forma. A situação extraordinária em que se encontre uma pessoa possibilita um testamento simplificado, e assim por diante.

De regra, toda pessoa capaz tem *liberdade de escolha*. A algumas só se permite, porém, o *testamento público*, como, por exemplo, ao *cego*. Outras não podem adotar forma testamentária que exige escrita do próprio punho, por serem analfabetas. Alternativa não tem o militar ferido em combate.

Não obstante a *variedade de formas*, umas de maior complexidade e outras mais simples, revestem-se todas de *formalidades extrínsecas* adequadas à segurança do ato e resguardo da vontade declarada, cuja eficácia deve ser protegida a fim de que se produza o resultado jurídico querido pelo testador.

As formalidades exigidas para a validade de cada qual das espécies de testamento representam as cautelas consideradas indispensáveis a garantir a plenitude do ato nos seus efeitos, não passando de exigências vinculadas a esse fim. São, em síntese, meios para fins de segurança jurídica.[1]

---

1 PONTES DE MIRANDA. **Tratado dos testamentos**. v. II, p. XII.

86. Testamentos Comuns. As *formas comuns* de testamentos podem agrupar-se conforme demandem, ou não, a intervenção de oficial público. Requerem-na o *testamento público* e o *cerrado*. Dispensam-na o *testamento particular*.

Distinguem-se as *formas públicas*, dentre outros traços, pelo modo da referida intervenção notarial.

No *testamento público*, é o próprio [tabelião ou seu substituto legal] quem o escreve, no seu livro de notas.

No *testamento cerrado*, limita-se a aprová-lo. Escreve-o, pelo próprio punho, o testador, ou, a seu rogo, outra pessoa.

O *testamento público é aberto*, significando-se, com essa sinonímia, que seu conteúdo é levado ao conhecimento dos participantes do ato, o que não se verifica no *testamento cerrado*. Desta circunstância não se deveria inferir que qualquer pessoa pode conhecê-lo, obtendo a respectiva certidão, tanto mais quanto se admite o reconhecimento de filho havido fora do matrimônio, cuja revelação imediata é, não raro, inconveniente; teria inteiro cabimento disposição legal proibitiva do fornecimento dessa certidão salvo ao próprio testador.

Já o *testamento particular* se caracteriza pela simplicidade, independente, como é, de participação da autoridade pública, não o exigindo, sequer, seu depósito ou arquivamento em cartório.

Variam as formalidades nos *testamentos comuns*, constituindo cada qual figura jurídica irredutível a outra espécie. Têm todas a natureza de requisitos essenciais. Valendo ainda para uma das *formas testamentárias*, carecem de validade, se escolhida outra.

As *formalidades* devem ser cumpridas de tal modo que a sua observância possa verificar-se à simples inspeção do testamento, não se acolhendo outra prova senão a que resulta desse exame.[2] Não se admite prova testemunhal do cumprimento dos requisitos de validade, tais como o ditado ou a leitura.[3]

Na disciplina legal das *formas testamentárias* referem-se apenas os *elementos extrínsecos*, atinentes ao modo como o testador deve declarar a sua vontade e ao número, rogação e idoneidade das testemunhas instrumentárias. A chamada *forma interna*, relativa às condições para testar, é objeto de outras disposições.

87. Testamento Público. É público o testamento constante do livro de notas de um tabelião ou quem exerce função notarial.

A preferência por esta forma testamentária justifica-se por ser a que oferece maior segurança.

[Não reproduziu o legislador o dispositivo que determinava, na forma pública, a obrigatoriedade de serem as declarações prestadas de viva voz pelo testador. O princípio da oralidade preconizado no art. 1.635 do texto revogado não foi repetido

---

2 SOLON. **Théorie sur la nullité des actes et des conventions**. t. I, p. 363.

3 Id. loc. cit.

no texto atual, propiciando dessa forma que o mudo e o surdo-mudo testem na forma pública, por meio de minutas, notas ou apontamentos].[4]

O que é apenas surdo, [também], não está proibido de fazer testamento público. [O] cego somente pode testar por essa forma.[5]

O *testamento público* tem de ser lavrado por [tabelião *ou seu substituto legal*], isto é, pessoa habilitada a exará-lo em livro de nota. É escrito ordinariamente por *tabelião*, mas têm a mesma atribuição as autoridades consulares, e os escrivães com função notarial, bem como os de paz. Exige-se que seja o [tabelião] competente para a lavratura, apurando-se a competência, não somente em razão da investidura em cargo a que corresponde a função, mas também *ratione loci*. Tem relevância o lugar onde se realiza o ato. O testamento lavrado por [tabelião] *público* fora dos limites de sua competência territorial é nulo de pleno direito.[6] A omissão não determina, porém, nulidade, provado que era territorialmente competente.

Não se exige que o testamento público se faça indeclinavelmente em cartório.

Permite-se que o tabelião se desloque, com seu livro de notas, para o lugar onde se encontre o testador, ainda acidentalmente: em casa, no escritório, em hotel, num hospital, de dia ou de noite, em dia útil ou em domingo, feriado ou dia santificado.

O testamento público é ato [do tabelião ou de seu substituto legal]. Não podem lavrá-lo os *escreventes juramentados* dos tabeliães. Do começo ao fim, tem de ser escrito pelo próprio [tabelião ou seu substituto legal], sem interrupção. Contudo, se o estado de saúde do testador requer pausas, nem por isso se invalidará o ato, qualquer que seja a duração dos intervalos, uma vez que não se [ausente o tabelião. As testemunhas não necessitam estar presentes na lavratura do ato, porém é requisito essencial que assistam à leitura de todo o testamento, que deverá ser feita a um só tempo].

Não prejudica a validade do testamento a omissão quanto à data. Igualmente, a inexatidão intencional ou por equívoco. Sendo falsa por dolo, o vício contamina o ato.[7]

A *unidade do ato* no *testamento público* interpreta-se no sentido de *contexto único*, que implica presença simultânea dos participantes e prática dos atos sem solução de continuidade. Não se parte a cédula, nem se permite revezamento das testemunhas.

Morto o testador, o testamento público é apresentado ao juiz, que mandará processá-lo, ouvindo o órgão do Ministério Público e determinando, em seguida, seu registro, inscrição e cumprimento.[8] Inscrito e registrado, intima-se o *testamenteiro* para assinar o termo de testamentaria, procedendo-se, seguidamente,

---

4 [Código Civil, art. 1.864, inc. I].
5 [Código Civil, art. 1.867].
6 MAXIMILIANO, Carlos. **Direito das sucessões**. 4. ed. v. I, p. 402.
7 PONTES DE MIRANDA. Ob. cit., p. 31.
8 Código de Processo Civil, art. [1.128].

92 | SUCESSÕES – *Orlando Gomes*

ao *inventário*.[9] O cumprimento do testamento público pode ser requerido por qualquer interessado, desde que instruído com sua certidão. Processa-se como em relação ao testamento cerrado, aplicando-se as disposições processuais cabíveis (registro, arquivamento, remessa de cópia à repartição fiscal).

88. Formalidades Essenciais. O testamento público é ato formalíssimo, precauções sendo tomadas para que seja, como dizia Modestino, "*voluntates nostrae, justa sententia de eo quod quis post mortem sua fiei velit*". As disposições legais que prescrevem as formalidades testamentárias devem ser interpretadas conforme o fim particular que o legislador teve em mira ao regular a forma de cada testamento, segundo Aubry e Rau. Assim, quanto às formalidades essenciais do testamento público, que são:

1 – ser escrito pelo [tabelião ou por seu substituto legal] em seu livro de notas, na conformidade das declarações, em vernáculo, do testador;

2 – ser lido, em seguida, a um só tempo, pelo [tabelião], às testemunhas e ao testador, facultado a este fazê-lo pessoalmente;

3 – ser, a final, assinado pelo testador, pelas testemunhas e pelo oficial.

As declarações do testador podem ser *ditadas*, nenhuma proibição havendo quanto ao uso de *minuta*, [*notas*] ou *apontamentos*. Na prática, a leitura é dispensada, limitando-se o tabelião a copiar a minuta entregue pelo testador, geralmente esboçada por profissional.

Importa que as declarações se façam na língua nacional, não se permitindo a tradução por intérpretes. Alterações que não sacrifiquem o pensamento do testador, introduzidas pelo [tabelião] para torná-lo tecnicamente correto, admitem-se, sendo preferível, no entanto, reproduza fielmente as declarações.

[Não há necessidade de ser o testamento escrito na presença das testemunhas]. Devem, [entretanto], permanecer juntas ao tabelião e ao testador [durante a leitura].

É indispensável a presença de, no mínimo, [*duas*] *testemunhas*[, nada impedindo que se apresentem em número maior].

Depois de lavrado, deve o testamento ser lido pelo [tabelião] em voz alta. Faculta-se ao testador, porém, igual procedimento. Destina-se a leitura à conferência, verificando os participantes do ato se realmente o testamento corresponde às declarações emitidas pelo testador. Há de ser lido a um só tempo. Por conseguinte, não pode ser lido separada e sucessivamente ao testador e às testemunhas, ou a grupos de participantes. Exige-se, em suma, simultaneidade.

Torna-se finalmente perfeito o testamento público com a *assinatura* do testador, das testemunhas e do [tabelião], nessa ordem. Faltando uma delas, como,

---

9 Código de Processo Civil, art. [1.126].

por exemplo, no caso de súbito falecimento de qualquer participante do ato, este não se completa.

[O legislador não determinou que o tabelião especifique no testamento cada uma das formalidades, portando por fé sua observância, como exigia o texto anterior].

89. Como se Faz o Testamento Público. Na escritura, nomeando o ato, lança o oficial público, iniciando-a, o ano, mês e dia, bem como o lugar em que a escreve, para assinalar, em seguida, a presença, o nome, a identidade e a nacionalidade do testador e das cinco testemunhas. Declara, imediatamente após, que, rogado para lavrar a escritura de testamento da pessoa qualificada como testador, vai reduzir a escrito suas declarações, assinalando depois terem sido as que ouviu e lhe foram ditadas. Concluída a escritura, passa a lê-la, em voz alta, ao testador e às testemunhas, afirmando, em seguida, que acharam conforme. Seguem-se as assinaturas. Primeiro, a do testador; depois, a das testemunhas e, enfim, a do tabelião.

90. Testemunhas Instrumentárias. Para segurança, exige a lei [a presença de duas testemunhas para lavratura do ato. Reduziu o legislador a presença de cinco testemunhas, anteriormente obrigatória, para somente duas. Tendo em vista as peculiaridades do testamento particular, exigiu o legislador para sua validade a presença de no mínimo três testemunhas].[10]

Faz-se a exigência *ad solemnitatem*. Assim, o número mínimo é requisito essencial.

Em qualquer circunstância, não admite redução. Entretanto, pode ser aumentado.

As testemunhas devem saber assinar o próprio nome, visto que sua assinatura constitui formalidade essencial à validade do testamento. Se impossibilitadas momentaneamente de apô-la, impedidas se acham de participar do ato.

Não se exige, porém, que saibam ler. Precisam entender, no entanto, a língua nacional, não se proibindo que sejam estrangeiros, desde que estejam em condições de compreender as declarações do testador e possam conferi-las no momento da leitura do testamento.

Se o testador não sabe, ou não pode, assinar e, a seu rogo, deve fazê-lo uma das testemunhas, ainda assim não se requer que saiba ler. A essa conclusão chega-se por interpretação restritivamente correta da lei.

[O legislador não reproduziu no Código Civil o teor do art. 1.650 do Código Civil de 1916, que indicava as pessoas impedidas de servir como testemunhas testamentárias].

91. Testamento do Analfabeto. Pode o *analfabeto* testar publicamente. Necessária, entretanto, a declaração do oficial de que não sabe o testador assinar

---

10 [Código Civil, art. 1.876, § 1º].

94 | SUCESSÕES – *Orlando Gomes*

o seu nome, e que, por ele, assine, *a rogo*, uma das testemunhas instrumentárias.[11]

A testemunha assina o próprio nome, declarando que o faz a rogo do testador. Não se justificaria escrevesse, como assinatura, o nome deste, podendo repetir a própria, ou, simplesmente, assinalar que assina por si e pelo testador.

Não se exige, como no testamento do surdo, o *octavus subscripto*. Quem assina a rogo do testador é uma das *testemunhas instrumentárias*. Contudo, a assinatura de *testemunha suplementar* não invalida o testamento, contanto que esse participante extranumerário haja assistido a [toda leitura] do ato.

A disposição legal estende-se a quem sabe e *não pode* assinar. A impossibilidade momentânea deve ser declarada pelo [tabelião], com indicação de sua causa, mas a omissão do seu registro na escritura não a infirma visceralmente.[12] Se, entretanto, se vem a averiguar que o testador alegou não poder assinar sem razão alguma, mas, apenas, porque não queria chancelar o instrumento com a sua assinatura, nulo será por ter sido subscrito por outrem, sem cabimento.

92. Testamento do Surdo. Se a lei facultasse ao testador a leitura do instrumento lacrado pelo tabelião e exigisse este a procedência, não poderia o indivíduo inteiramente surdo testar pela forma pública. Permitindo, admite que ele próprio leia, na presença das testemunhas, como de resto se consente a quem não é totalmente privado da audição.

Pode acontecer, no entanto, que o surdo não saiba ler. Nesse caso, a lei manda aumentar, de mais uma, as testemunhas, cometendo-lhe a tarefa de ler o testamento em lugar do testador.

Varia, portanto, a formalidade, conforme o inteiramente surdo saiba ler, ou não. Na primeira hipótese, o tabelião é substituído obrigatoriamente na leitura do instrumento pelo próprio testador; na segunda, pela pessoa que designar para que leia, substituindo-o.

Não declara a lei que este substituto é *testemunha* instrumentária, acrescida ao número mínimo que exige. Entende-se, porém, que outra não é sua condição, não somente porque deve ter a mesma capacidade, senão também porque não poderá cumprir sua missão seriamente se não estiver presente ao ato. Trata-se, em verdade, de *testemunha suplementar*, considerada, necessariamente, o [quinto] participante do ato. É figura obrigatória. Inadmissível a opinião dos que aceitam a leitura por uma das testemunhas comuns. Se a lei não quisesse a intervenção de mais uma pessoa, teria prescrito, como no testamento do cego, que deveria ser lido por uma das testemunhas, designada, embora, pelo testador. Os antecedentes legislativos justificam a interpretação de que outrem deve ser o ledor.

Deve o surdo assinar o testamento, bem como quem o leu em seu lugar. Se não sabe assinar o próprio nome, assina, a rogo, uma das testemunhas ordinárias, não a suplementar.

---

11 [Código Civil, art. 1.865].
12 MAXIMILIANO, Carlos. Ob. cit., p. 424.

Cumpre ao oficial público mencionar na própria escritura do testamento a ocorrência de ter sido o testamento lido pelo [quinto] figurante.

93. Testamento do Mudo. [O Código Civil não adotou o princípio da oralidade prescrito no art. 1.635 do Código de 1916, que considerava habilitados a testar somente os que pudessem fazer suas declarações de viva voz. Inexistindo obrigatoriedade de manifestar sua vontade de viva voz e podendo o testador servir-se de minutas para declarar suas disposições de última vontade, permitiu aos mudos que pudessem testar pela forma pública.

O autor já perfilhava esse entendimento ao se referir à exigência da declaração de viva voz pelo testador, assinalando que "nada justifica tal exigência. Poderia o mudo substituir o ditado pela entrega de minuta, sem maior risco"].

94. Testamento do Cego. Ao cego só se consente o testamento público. Tem capacidade de testar, mas está privado da liberdade de escolher a forma testamentária.

A própria *forma* permitida é cercada de maiores cautelas. A leitura do testamento tem de ser feita duas vezes, uma pelo oficial e a outra por uma das testemunhas, por ele, testador, designada.[13] Com esta providência, assegura-se a exatidão das declarações. Sabe o oficial que outrem lerá a escritura, atuando como uma espécie de fiscal.

A exigência é de que a segunda leitura compete a uma das testemunhas, designada pelo testador. Dado lhe não é, por conseguinte, designar outra pessoa para desincumbir-se do encargo.

Se o cego sabe e pode assinar, não há inconveniente em que o faça, uma vez que também assine a testemunha designada para ler o testamento. Caso não possa, assinará, a rogo, essa testemunha.

Da leitura dupla deve o oficial fazer menção na escritura, por ser requisito especial, de natureza essencial.

A proibição de testar por outra forma não alcança o *testamento militar*. Quem cegou em combate não está privado do direito de testar por esse modo privilegiado.

---

13 [Código Civil, art. 1.867].

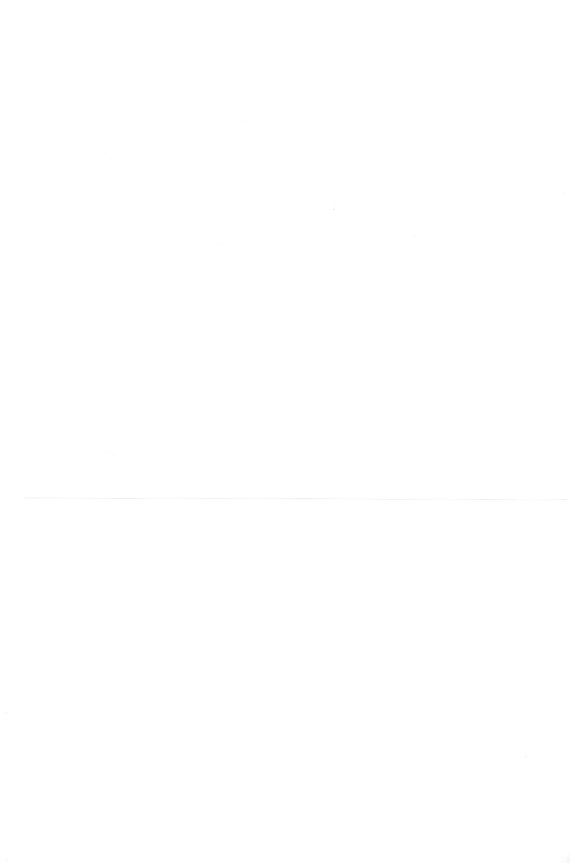

Capítulo 13
TESTAMENTO CERRADO

Sumário: 95. Noção e Formalidades. **96.** Cédula Testamentária. **97.** Formalidades da Cédula. **98.** Auto de Aprovação. **99.** Cerramento. **100.** Abertura. **101.** Incolumidade do Testamento Cerrado. **102.** Diferença entre Testamento Cerrado e Particular.

95. Noção e Formalidades. Denomina-se *cerrado*, ou *secreto*, o testamento sujeito à aprovação do [tabelião], mas escrito pelo testador ou por outra pessoa, a seu rogo.

Sua vantagem principal é permitir que as disposições testamentárias permaneçam ignoradas até sua abertura. Tanto as pessoas estranhas, como o próprio tabelião, desconhecem-lhe o conteúdo, absolutamente sigiloso. Por outro lado, assegura-se-lhe a autenticidade mediante formalidades que culminam na indispensável aprovação pelo [tabelião ou seu substituto legal]. Tem, entretanto, o inconveniente de poder ser facilmente extraviado, ou inutilizado, que poderia ser obviado, porém com a instituição de um *arquivo testamentário*. A intervenção por este modo do notário, ou de quem lhe exerça as funções, retira-lhe o caráter de testamento particular, inserindo-o entre as formas testamentárias públicas ou *notariais*. Não se lavra, todavia, no livro de notas, tal como o testamento público, intervindo o tabelião unicamente para lhe dar autenticidade exterior. As disposições, escreve-as o testador, ou terceiro, a seu pedido.

Tais particularidades determinam o *desdobramento* das *formalidades* necessárias à sua validade. Distinguem-se, com efeito, as concernentes à sua feitura, que o apanham na sua fase particular, e as que dizem respeito à ingerência [do tabelião]. Referem-se, por conseguinte, à *cédula testamentária* e ao *auto de aprovação*. As primeiras colhem os atos pertinentes à elaboração do testamento, compreendidas as condições subjetivas para seu emprego e o modo de fazê-lo. Alcançam as segundas a fase constitutiva complementar, caracterizada pela participação do [tabelião]. São atos, ou operações, de natureza diversa, que, entretanto, se completam, formando incindível unidade. Podem, não obstante, ser tratadas separadamente.

96. Cédula Testamentária. A *cédula testamentária* pode ser escrita:

a) pelo próprio testador e por ele assinada;

b) por outra pessoa, [inclusive o tabelião], e assinada pelo testador;

Em qualquer das hipóteses, [o testamento pode ser escrito de próprio punho ou por meio mecânico].

Pode fazer *testamento cerrado* somente quem *saiba* e *possa* ler. Não basta saber. É preciso poder. Se o testador que lê se vê impossibilitado de fazê-lo porque não mais enxerga suficientemente, faltará um dos requisitos, impedido estando de testar por essa forma. A simples dificuldade não inibe o interessado de empregá-la.

Não se exige, entretanto, que saiba *ou* possa *escrever*. No testamento cerrado, a escrituração pode ser cometida a outrem a que se permite, inclusive, assinar a rogo.

Não podem fazer testamento cerrado:

a) os *analfabetos*;

b) os *cegos*.

É o *timor falsitatis* a razão fundamental das limitações legais à capacidade de testar do cego. Daí por que não bastam deficiências visuais, mesmo graves, se o testador estiver em condições de reconhecer, como seu, o testamento que mandou escrever. Só a impossibilidade absoluta de ler tranca a possibilidade do testamento cerrado. O enfraquecimento da vista, normal nos [idosos], não impede que adotem esta forma testamentária, mormente se declaram ter lido o testamento e o assinam, bem como o auto de aprovação. Entende-se, em suma, que é válido o testamento de quem pouco enxerga se o testador pode apurar a sinceridade de quem o escreveu (Furgole, Aubry e Rau, Pacifici Mazzoni).

Já os *mudos*, os *surdos* e os *surdos-mudos* não estão privados de testar por essa forma, uma vez que saibam ler e possam substituir, por escrito, a declaração oral a ser feita ao oficial público.

O *estrangeiro* pode escrever seu testamento secreto na língua original. De resto, não se exige que a *cédula testamentária* seja escrita em vernáculo.

A garantia do *testamento cerrado* não está na escritura da *cédula*, senão na declaração do testador, perante o tabelião e as testemunhas, de que ela é o seu *testamento*.[1]

97. Formalidades da Cédula. A *cédula testamentária* tem de ser escrita pelo próprio testador ou por outra pessoa, a seu rogo. Cumpre-lhe, ademais, assiná--la e entregá-la ao [tabelião] público, em presença, quando menos, de [duas] testemunhas.

---

1   BAUDRY, LACANTINERIE *et* COLIN. **Donazioni fra vivi.** v. II, n. 2.123.

[Em qualquer hipótese a cédula deverá sempre ser assinada pelo testador. Trata-se de um requisito essencial. Não permitiu o legislador que outrem assinasse o testamento, nem mesmo a pessoa que a rogo o escreveu].

Grafada e assinada a cédula, deve o testador entregá-la ao tabelião. Outra pessoa, ainda quem a escreveu, não pode fazer a entrega. É ato pessoal e intransferível, que requer, ademais, a declaração, espontânea ou provocada, de que o documento passado às mãos do oficial é seu testamento, que quer seja aprovado e, segundo a praxe, o tem por bom, firme e valioso. Tem esse ato a natureza de *nuncupação*,[2] encerrando-se, com a sua realização, a primeira fase, para se iniciar, logo em seguida, a que incumbe ao tabelião.

[Se escrito mecanicamente, é imprescindível que o testador numere e autentique com a sua assinatura todas as páginas. Trata-se de requisito essencial para validade do testamento].

O *ato de entrega* tem de cumprir-se em presença das *testemunhas*. [Duas] no mínimo.

Não são, todavia, testemunhas instrumentárias, dado que ignoram o conteúdo do testamento. O testemunho se dá a respeito da *apresentação*, pelo testador, da *cédula testamentária*. Conquanto não sejam testemunhas acidentais, representam papel diferente do atribuído às testemunhas em outras formas testamentárias, limitada sua participação no ato a presenciá-lo a partir do momento em que o testador inicia a operação de entrega da cédula, quando ficam obrigadas a assistir, ininterruptamente, a aprovação.

Quem escreveu a cédula a rogo do testador não precisa ser testemunha da aprovação. Nada, porém, impede que o seja, a menos, evidentemente, que tenha sido escrita pelo próprio oficial que deve aprová-la, como se consente, ou por pessoa impedida ou proibida de testemunhar.

A *data* não é essencial. A lei a exige somente no *auto da aprovação*, quando se torna necessária para indicar o momento jurídico da testação.[3]

98. Auto de Aprovação. As formalidades a se observarem na segunda e última fase iniciam-se logo em seguida ao recebimento da cédula testamentária pelo tabelião. Cumpre-lhe exarar o *auto de aprovação*.[4]

Esse instrumento continua, sem solução, a cédula, imediatamente após sua última palavra.[5] Não sendo possível principiá-lo nesse ponto, por falta absoluta de espaço na última folha escrita, deve o [tabelião] apor seu sinal público, e registrar a razão do seu proceder,[6] colando outra folha.

As minuciosas cautelas prescritas na lei a propósito do modo de elaborar o instrumento de aprovação do testamento cerrado destinam-se a prevenir sua

---

2 PONTES DE MIRANDA. **Tratado dos testamentos**. v. II, p. 133.

3 BEVILÁQUA, Clóvis. **Comentários ao Código Civil**. v. VI, art. 1.618.

4 [Código Civil, art. 1.868, inciso III].

5 [Código Civil, art. 1.869].

6 [Código Civil, art. 1.869, parágrafo único].

modificação pela inserção de outras disposições posteriormente à entrega da carta testamentária.

No *auto de aprovação*, especifica o tabelião, iniciando-o, o lugar e a data do instrumento e, em seguida, *qualifica* o testador e as testemunhas. Relata, em continuação, as ocorrências, referindo-se à entrega da cédula pelo testador, à sua declaração de que se trata do próprio testamento e o tem por bom, firme e valioso, a circunstância de ter sido escrito do próprio punho ou por outrem, a seu rogo, em língua nacional ou estrangeira, o número de laudas, e, até, se aberto, a inexistência de borrões, entrelinhas, rasuras ou emendas.

Certificada a presença das testemunhas e atestadas sua identidade e idoneidade, passa o tabelião a ler o auto para estas e o testador. É obrigado a proceder à leitura e declarar que leu, porquanto essa formalidade constitui requisito essencial. Concluída, passa-se às assinaturas. A primeira deve ser a do [tabelião], por se tratar de instrumento público. A última, do testador, [visto que o testamento obrigatoriamente terá de ser por ele assinado].

Assinado o instrumento pelo [tabelião], testemunhas e testador, segue-se à operação que tipifica essa forma testamentária, assegurando, em definitivo, o sigilo absoluto das disposições de última vontade.

Em suma: o *auto de aprovação* deve conter três partes: 1 – a *introdução*; 2 – a *confirmação*; 3 – o *encerramento*.

Na *introdução*, devem constar: a declaração do ano, mês e dia, bem como do local onde se realiza o ato; o reconhecimento da identidade do testador e das testemunhas, com o registro de suas presenças.

Na *confirmação*, a declaração de entrega da cédula testamentária pelo próprio testador, feita na presença das [duas] testemunhas, e de seu recebimento, assinalando o tabelião, [sob sua fé], que o próprio testador lhe comunicou ser a referida cédula seu testamento e o tem por bom, firme e valioso; a declaração do tabelião de que o aprova.

No *encerramento*, leitura do auto perante o testador e as testemunhas; subscrição do tabelião e assinatura do mesmo [tabelião] em público e raso; assinatura do testador e das testemunhas.

O fechamento procede-se, de regra, depois de dobrado o instrumento, cosendo-o o tabelião e pondo pingos de lacre sobre a linha ou cordão. Em seguida, é rotulado.

Depois de aprovado e cerrado, o testamento é entregue ao testador. Não está terminada, contudo, a cerimônia. Exige a lei[7] a *nota da aprovação*, determinando ao [tabelião] seu lançamento no livro próprio. Refere-se a nota ao lugar, dia, mês e ano em que o testamento foi aprovado e entregue. A exigência tem a finalidade de prevenir fraudes e tornar conhecido o fato de haver o *de cujus* deixado testamento. A *omissão da nota* não produz nulidade do testamento, mas sujeita o tabelião a sanções.

---

7 [Código Civil, art. 1.874].

Cap. 13 • TESTAMENTO CERRADO | **101**

99. Cerramento. Concluído o auto de aprovação, deve o oficial cerrar ou coser o testamento.[8]

É o cerramento a operação final. A lei comete-a ao tabelião. Cumpre distinguir, porém, a cédula testamentária do testamento. Este a compreende com o instrumento de aprovação, somente podendo cerrá-lo e cosê-lo o oficial. Dessa exigência legal não se deve inferir que o testador é obrigado a entregar aberta a cédula. Necessário, tão somente, que o faça de forma a permitir que o tabelião principie o auto no lugar indicado na lei. Se, pela circunstância de estar fechado, não pode começá-lo depois da última palavra da carta testamentária, mencionará o fato, inclusive declarando que após o seu sinal público, e exarará o auto em folha à parte. Nesse caso, o autor envolverá a cédula pelo testador. Tal será uma das hipóteses em que o sinal público do tabelião constitui requisito essencial.

Desdobra-se a operação em dois atos, posto seja o meio de cerrar o testamento a costura, e não outro. Mas antes de coser é preciso fechar, dobrando-se as folhas, como de praxe. Costuma-se, também, derramar lacre sobre os nós da linha usada para cosê-lo.

Cerrado e cosido, deve o testamento ser entregue ao testador. Não prescreve a lei sua destinação. O autor do testamento pode guardá-lo consigo ou confiá-lo a terceiro, inclusive o próprio tabelião. Tal prática de não tê-lo sob custódia é aconselhável para prevenir inutilizações criminosas, ocultação ou deterioração.

A entrega do testamento é precedida do lançamento no livro do tabelião do nome do testador, dia, mês e ano em que o testamento foi aprovado, e do nome e qualificação das testemunhas. Esse registro não constitui, entretanto, formalidade essencial.[9]

100. Abertura. O *testamento cerrado* é aberto pelo juiz.

Ao recebê-lo, examina-o a fim de verificar se está intacto, se algum *vício extrínseco* o torna suspeito de *nulidade* ou *falsidade*.

Não o encontrando, o abre e manda que o escrivão o leia na presença do apresentante.

Lavra-se auto, em seguida, de abertura, rubricado pelo juiz e assinado pela pessoa que o apresentou.[10] O auto deve mencionar a data e o lugar onde o testamento foi aberto, o nome do apresentante e o modo como obteve a cédula testamentária, a data e o lugar do óbito do testador, e, finalmente, qualquer anormalidade na cédula ou no texto do testamento.

O registro e inscrição procedem-se após a lavratura desse auto e depois de ouvido o órgão do Ministério Público, determinando o juiz, no mesmo despacho, o cumprimento do testamento.

---

8 [Código Civil, art. 1.869].
9 [Código Civil, art. 1.874].
10 Código de Processo Civil, art. 1.125, parágrafo único.

102 | SUCESSÕES – *Orlando Gomes*

Permanece o original em cartório, entregando-se ao apresentante traslado ou certidão e remetendo-se cópia à repartição fiscal.

A solenização da abertura tem a finalidade de apuração do estado material do instrumento, não havendo prazo para sua apresentação. Mas, pelo retardamento danoso, responde quem lhe der causa.

A abertura é provocada pela pessoa a cuja guarda foi confiado o testamento ou por aquele que o tenha encontrado.

Se a cédula testamentária tiver sido escrita em língua estrangeira, deve o juiz mandar traduzi-la antes de ordenar o registro e cumprimento.

Abre o testamento o juiz, do lugar em que se achar. Se não for o do inventário, a este será remetido, depois de aberto e registrado.

As solenidades da *abertura* estão reguladas no *Código de Processo Civil*, em complemento à disposição do *Código Civil*.[11]

Feito o registro, intima-se o testamenteiro, nomeado ou dativo, para assinar o termo de testamentaria, só então se extraindo cópia autêntica do testamento, para o inventário.

101. Incolumidade do Testamento Cerrado. O testamento cerrado tem de ser conservado tal como entregue ao testador, não devendo apresentar sinal de violação.

Ao ser apresentado ao juiz, para que o abra e determine seu cumprimento, precisa estar incólume. Se a autoridade judiciária achar *vício externo* que o torne suspeito de *nulidade*, ou *falsidade*, mandará consignar no respectivo auto o estado em que encontrou o instrumento. Trata-se de providência que deve ser tomada, ainda que não seja determinada expressamente na lei.

Há de estar intacto. Vício extrínseco pode torná-lo suspeito, não apenas de falsidade, mas, igualmente, de nulidade, [prevê o art. 1.972].

Cabendo ao juiz, e somente a ele, abri-lo, evidente se torna que, se lhe for apresentado testamento já aberto, deve de logo decretar sua nulidade, denegando a ordem de cumprimento, não sob o entendimento, meramente conjectural, de que foi inutilizado pelo testador com o propósito de inutilizá-lo, mas porque, quebrado o sigilo, não subsiste o testamento, a menos que se prove ter sido intencionalmente violado por pessoa interessada em dar causa à nulidade.

Também não deve mandar cumprir testamento que, por *vício extrínseco*, lhe pareça *falso*. Neste caso, porém, a autenticidade poderá ser comprovada pelos interessados, por se tratar de simples suspeita. Incumbe-lhes demonstrar, mediante *justificação*, que a *impressão* do juiz não é verdadeira.

Da decisão denegatória do *cumpra-se* cabe recurso de *apelação*, por ser definitiva, convindo, entretanto, em virtude da dúvida reinante, interpô-lo no prazo de agravo.

---

11 [Art. 1.875]. As disposições processuais vão do art. 1.125 ao art. 1.129.

Da decisão que ordena o cumprimento recurso não cabe. Para destruíla, tem o interessado *ação especial*, que propõe para obter a decretação da nulidade do testamento, visto que o despacho não a previne por ser proferido sob o fundamento de não ter notado vício externo que tornasse o testamento suspeito de nulidade.

Se o instrumento está dilacerado, ou queimado, a ponto de não se poder apreender seu conteúdo, seria absurda a ordem de cumprimento.

102. Diferença entre Testamento Cerrado e Particular. O *testamento cerrado* tanto pode ser escrito pelo testador como por outrem, a seu rogo. No *testamento particular*, somente o próprio testador.

O *testamento cerrado* não requer conhecimento, pelas testemunhas, da língua em que é escrito, nem mesmo de quem, a pedido, o escreve. No *testamento particular*, precisam compreendê-lo, porquanto lhes deve ser lido.

O *testamento cerrado* completa-se com o *auto de aprovação*, demandando, portanto, ingerência do oficial público. O *testamento particular* basta-se com a cédula.

Não vale, entretanto, o primeiro como se fosse o outro, ainda que pudesse ser, como tal, aproveitado. Em verdade se trataria de *conversão*, somente *permitida* mediante expressa autorização legal, inexistente em nosso Direito. Nem outra coisa é a conversão do que a superposição, a um ato nulo, de outro, que vale exatamente por não exigir a formalidade naquele preterida. Pela sua rigidez, as formas testamentárias não podem ser associadas, nem convertidas. Assim, se o testamento cerrado observa, quanto à cédula, todas as exigências do particular, se bem que se desvirtuando, e não se cumprem requisitos essenciais à sua aprovação, não vale sob a primeira forma. É, ao contrário, testamento nulo. A intenção do testador teria sido frustrada, se valesse, presumido que a preferência por uma das formas se manifesta em função das vantagens e garantias que oferece. Não obstante, algumas legislações autorizam a *conservação*, sustentando muitos doutores que deve ser admitida, por entenderem que não mais se justifica o formalismo rígido do direito testamentário.

Capítulo 14
TESTAMENTO PARTICULAR

Sumário: 103. Generalidades. **104.** Requisitos Essenciais de Validade. **105.** Formalidades não Essenciais. **106.** Requisitos de Eficácia. **107.** Ineficácia. [**108.** Testamento sem Testemunhas.]

103. Generalidades. Diz-se *particular* o testamento escrito pelo testador [de próprio punho ou por processo mecânico] lido a [três] testemunhas, e por todos assinado.[1]

É também conhecido pela denominação de *testamento hológrafo, aberto,* ou privado, posto se empreste significação especial ao primeiro vocábulo.

Nenhuma *forma testamentária* é mais simples do que a *particular.* As *formalidades* requeridas para a sua validade, na formação do ato, limitam-se a poucas e singelas exigências, que, por sua simplicidade, demandam estrita e rigorosa observância, sujeita à *comprovação.*

Tem ele, sobre os *testamentos públicos,* as seguintes virtudes: *presteza, comodidade, modicidade* do custo.[2] Porque dispensa a intervenção do oficial público, faz-se com maior rapidez, sem necessidade do deslocamento desse auxiliar da justiça ou do próprio testador, e sem pagamento de custas.

Apresenta, entretanto, grave inconveniente. Sua *eficácia* condiciona-se à sobrevivência de certo número de testemunhas instrumentárias. Melhor fora ter adotado, para eliminar essa desvantagem, a forma *hológrafa* propriamente dita, que dispensa a leitura às testemunhas, mantendo o sigilo sobre as disposições testamentárias e exigindo, para a sua autenticidade, apenas o reconhecimento das firmas. Apontam-se-lhe, todavia, diversos estorvos.[3]

No exame das *formalidades* do *testamento particular,* impõe-se a distinção metodológica entre os *requisitos de validade* e os de *eficácia.* Demandam-se em

---

1 [Código Civil, art. 1.876].
2 PONTES DE MIRANDA. **Tratado dos testamentos**. v. II, p. 189.
3 MAXIMILIANO, Carlos. **Direito das sucessões**. 4. ed. v. I, p. 498.

momentos diversos. Os *requisitos de validade* apuram-se na *formação* do ato. Os requisitos de eficácia, em sua *execução*.

104. Requisitos Essenciais de Validade. São *requisitos essenciais de validade*:

a) a *autografia* da cédula;
b) sua leitura às testemunhas;
c) as assinaturas do testador e das testemunhas.

Significa a primeira exigência que a *cédula* tem de ser totalmente escrita do próprio punho do testador [ou por processo mecânico] e por ele assinada.

[No primeiro caso, deve ser lido e assinado pelo testador e pelas testemunhas. Feito por meio de processo mecânico, não poderá conter rasuras ou espaços em branco, devendo, também, ser assinado pelo testador e pelas testemunhas, após a leitura na presença das mesmas].

Desta exigência resulta que não podem fazer testamento particular o *cego*, o *analfabeto* e as pessoas incapacitadas eventualmente de escrever, ainda quando sobrevenha a incapacidade depois de haver o testador começado a redigi-lo.

A *autografia* é requisito absoluto. Intervindo outrem na escrituração da cédula, até em trechos irrelevantes, não vale o testamento. Entretanto, prestigiosa corrente doutrinária entende aplicável a regra *utile per inutile non vitiatur*.

O testamento particular pode ser escrito em língua estrangeira. Importa, porém, que as testemunhas a compreendam, não porque tenham de depor a respeito de suas disposições, das quais evidentemente não podem se lembrar, as mais das vezes, mas porque exige a lei que seja lido às testemunhas e a exigência não estaria observada se elas não entendem o idioma.

A escritura não demanda estilo especial e pode ser feita sobre qualquer material, mediante instrumento idôneo à apuração de que [foi o próprio testador quem o escreveu].

Não o infirmam emendas, rasuras, borrões ou entrelinhas, se ressalvadas, e feitas pelo próprio testador, [exceto se redigido por meio mecânico].

Devem intervir, quando menos, [*três*] *testemunhas*. A lei prescreve sua presença a fim de que, ouvindo a leitura da cédula, conheçam seu texto.

O requisito essencial cumpre-se, afinal de contas, sempre que as testemunhas, presentes ao ato, ouçam a leitura do instrumento que, com a sua assinatura, se tornará o testamento de quem as convocou para a necessária atestação.

A *presença ao ato* não significa sejam obrigados a assistir à sua escrituração. Presentes devem estar à leitura.

O terceiro requisito essencial é a *assinatura*, assim do testador como das testemunhas.

A do testador, aposta a final, não precisa ser completa, dado que, devendo essa forma testamentária ser escrita do próprio punho, abundam elementos para a perquirição de sua autenticidade. Admite-se o prenome e, até, as iniciais, se acompanhados da indicação do título, ou cargo, que identifique quem assinou por esse modo.[4]

Quanto à *assinatura das testemunhas*, deve ser do próprio punho, lançada na presença do testador e das outras, convindo se qualifiquem, para facilitar a convocação, quando o testamento tenha de ser executado.

105. Formalidades Não Essenciais. À luz do Direito Comparado, o *testamento hológrafo*, apesar de simplificado, requer algumas formalidades não exigidas no Direito pátrio, mas que deveriam ser observadas com finalidade cautelar.

Dentre exigências feitas em algumas legislações, salienta-se a de *datá-lo*. A *data* deve ser escrita do próprio punho do testador, indicando o dia, o mês e o ano em que é feito o testamento. Destina-se tal carência não somente à verificação da capacidade do testador, como, igualmente, à apuração da persistência do testamento apresentado, no caso de existir outro. Sem estarem datados, torna-se difícil averiguar qual dos dois é posterior e, portanto, se está revogado o que se publicou. Podem ser contraditórios e não valerem, por se não saber qual deles sucedeu ao outro. É possível que se imponha o *rompimento* pelo nascimento de filho depois de sua feitura, sem que, entretanto, deva ser reconhecida a caducidade pela imprecisão do momento em que se fez.

Contra o ponto de vista de que a data deveria ser *formalidade essencial*, argui-se a inconveniência de suscitar inúmeras questões e questiúnculas, que podem ensejar a nulidade do testamento, frustrando, sem maior razão, a vontade do testador.[5] Seriam, entretanto, inoperantes, se a jurisprudência observasse regras estabelecidas pela doutrina, como as de que o engano ou a inexatidão não devem causar nulidade do testamento, bem como a de que não produza esse efeito sem o concurso de outras circunstâncias confirmatórias de sua falsidade, como *v.g.*, a pós-datação *in fraudem legis*.

Entre nós não constitui, porém, requisito essencial.

Não o é, também, o *lugar*. Nenhuma influência sobre a validade do testamento exerce sua omissão. Não se exige, outrossim, que seja escrito onde se procedem as outras formalidades.

É dispensável, também, o *reconhecimento* da letra e firma do testador. Conquanto esse ato do tabelião não atribua fé pública ao testamento, constitui cautela adicional para a prevenção de futuras impugnações levianas.

Em nosso Direito, não se requer o *depósito oficial* do testamento particular. Nada impede que o testador tome essa providência, temeroso de que se perca, ou desapareça, depois do seu falecimento. Verdade é que pode se prevenir contra esses riscos *multiplicando os exemplares*. São permitidas várias *vias*, evidentemente

---

4 OLIVEIRA, Itabaiana de. **Tratado de direito das sucessões**. v. II, p. 73.

5 MAXIMILIANO, Carlos. Ob. cit., p. 509.

de igual teor, que se entregam, para segurança, a diversas pessoas, com o cuidado de numerá-las.

106. Requisitos de Eficácia. A força executória dos testamentos tem causa impulsiva num *ato judicial*. Cabe à autoridade judiciária ordenar que se cumpram. Variam, porém, os pressupostos legais dessa ordem, conforme a forma testamentária adotada pelo *de cujus*. Estão previstos, obviamente, no *Código de Processo*.[6] Contudo, a exigência da execução dos testamentos à confirmação do juiz encontra-se em disposição de *direito material*. Em relação ao *testamento particular*, traça o Código Civil, mas minudentemente, normas para a sua plena *eficácia*. Para ser ordenada sua execução, necessária se torna a observância das seguintes formalidades:

a) publicação em juízo, requerida pelo herdeiro, pelo legatário ou ele, testamenteiro;

b) intimação dos herdeiros, legatários, testamenteiro, que não tiverem requerido a publicação do Ministério Público e das pessoas a quem caberia a sucessão legítima, sem serem obviamente os herdeiros legitimários;

c) inquirição das testemunhas;

d) confirmação do testamento pelo juiz.

A *formalidade da publicação* acha-se regulada na lei processual. Morto o testador, o testamento é apresentado pelo herdeiro instituído, pelo legatário, ou pelo testamenteiro, ao juiz, que o abre, se for o caso, e manda publicá-lo, processar o requerimento intimando os *herdeiros legítimos* para virem assistir à inquirição das testemunhas instrumentárias.[7]

Posto assim, prescreva a lei processual a finalidade da citação, bem é de ver que qualquer dos eventuais sucessores *ab intestato*, tomando conhecimento da existência do testamento, pode, desde logo, *impugná-lo*. Entendem alguns escritores que, ocorrendo *impugnação*, as partes devem ser remetidas *às vias ordinárias*. Outros pensam que o incidente deve ser imediatamente resolvido, se a contestação versa falsidade do instrumento, arguindo o impugnante não serem do *de cujus* a letra e a assinatura. Não se confunde, nesse caso, com a ação de nulidade, nenhuma razão havendo para que não se apure, de logo, pericialmente, a veracidade da alegação.

As testemunhas instrumentárias são ouvidas, mediante intimação para confirmarem a autenticidade do testamento. No caso afirmativo, será confirmado pelo juiz, que mandará cumpri-lo, ordenando seu registro e inscrição.

As novas disposições relativas à *confirmação* do testamento particular atribuem-na ao juiz. Incumbe-lhe confirmá-lo, [se ao menos uma testemunha de-

---

6 Arts. 1.130 a 1.132.

7 [Código Civil, art. 1.877].

Cap. 14 · TESTAMENTO PARTICULAR | 109

puser afirmando sua autenticidade, convencendo-o de sua veracidade] e não a impugnar fundadamente o Ministério Público. Na verdade, o juiz não confirma o testemunho, pois se limita a reconhecer que é autêntico, pelas informações colhidas, o que lhe foi apresentado.[8]

Reconhecida e proclamada a autenticidade, manda registrá-lo e cumpri-lo, observadas as exigências previstas na seção do Código de Processo para o testamento cerrado.

Da decisão que homologa o testamento, ou lhe recusa eficácia, o recurso cabível é o de *apelação*.

As formalidades prescritas para o cumprimento do testamento particular, principalmente a *confirmação*, dificultam sua eficácia. A lei o cercou de tamanhas cautelas, ameaçando-o de vida tão precária, que, em verdade, quase o proibiu. Com estas expressões, condena-se a política do legislador em relação a essa forma testamentária.[9]

[Inobstante ter o legislador reduzido as formalidades anteriormente exigidas, perdeu a oportunidade de simplificar a execução do testamento particular] com a dispensa da confirmação que poderia [ter sido] substituída pela obrigatoriedade do reconhecimento da letra e firma do testador e da assinatura das testemunhas, assim como pela exigência de que, ao reconhecê-las, anotasse o tabelião, em livro próprio, o dia, mês e ano em que o testamento foi feito, registrando o nome das pessoas que o assinaram.

107. Ineficácia. O testamento particular somente adquire eficácia com a confirmação judicial.

A lei impõe às testemunhas o dever de informar ao juiz se é autêntico também o testamento, se ouviram sua leitura. Devem reconhecer as próprias assinaturas e a do testador.[10] Confirma-se se [as três testemunhas] forem contestes.

Não é necessário o *depoimento* de todas as testemunhas. Se somente [uma puder ser inquirida], o testamento pode ser confirmado, [a critério do Juiz, havendo prova suficiente de sua veracidade].[11] A redução justifica-se quando a falta das restantes se dá em razão de premoriência ou ignorância do lugar em que se encontram convocadas por edital.

A exigência de *confirmação* suscita diversas questões e traduz a grande desvantagem do testamento particular. Se as três testemunhas falecem antes do testador, o testamento não pode ser confirmado. A rigor, a prova é insuprível, mas invocam-se princípios que justificariam interpretação adversa. Entretanto, descaberia sua aplicação sempre que se provasse o conhecimento, da parte do testador, de que o testamento não pode ser confirmado por terem falecido tes-

---

8 [Código Civil, art. 1.878, parágrafo único].
9 PONTES DE MIRANDA. Ob. cit., p. 187.
10 [Código Civil, art. 1.877].
11 [Código Civil, art. 1.878, parágrafo único].

temunhas em número que impossibilita a prova de autenticidade. Nesse caso, desaparece a justificativa de que o testador teria morrido na suposição de que deixara testamento eficaz, já que, conhecendo o obstáculo, deveria ter feito outro testamento. Se o desconhecia, admite-se que outros meios probatórios se utilizem para comprovação da autenticidade do instrumento.[12]

Pela disposição legal, as testemunhas devem ser contestes sobre o fato da disposição, ou, ao menos, sobre a sua leitura perante elas. Uma negativa seria bastante para tornar ineficaz o testamento. Entende-se, contudo, que, se o depoimento é falso, o testamento deve ser cumprido.

O rigor de interpretação dos preceitos relativos à confirmação do testamento particular não se justifica. Cumpre ao intérprete atentar para a finalidade da exigência legal, admitindo a eficácia do ato toda vez que sua autenticidade possa confirmar-se por outros meios probatórios e não seja estorvada por outro princípio de direito.

[**108. Testamento sem Testemunhas.** Admitiu o legislador no art. 1.879 o testamento particular sem a participação de qualquer testemunha.

São requisitos para sua validade:

a) que seja elaborado na forma particular;
b) que seja feito de próprio punho pelo testador;
c) que ocorra uma circunstância excepcional;
d) que essa circunstância seja declarada na cédula;
e) que seja confirmado pelo juiz.

O testamento sem testemunhas somente produzirá efeitos se o magistrado que o examinar entender que a circunstância apresentada pelo testador, no momento de sua feitura, era excepcional. Tratando-se de matéria subjetiva, a circunstância pode ser considerada excepcional para o testador, mas não para o julgador, caso em que o magistrado não mandará cumprir o ato de última vontade, por faltar-lhe um requisito essencial de validade.

Se o testador não vier a falecer incontinente, de modo a poder testar por uma das formas ordinárias, o testamento feito em circunstâncias excepcionais perderá sua validade. Devem ser aplicados princípios semelhantes aos que regem os testamentos especiais.]

---

12 PONTES DE MIRANDA. Ob. cit., p. 229.

Capítulo 15
TESTAMENTOS ESPECIAIS

Sumário: 109. Classificação. **110.** Testamento Marítimo. [**111.** Testamento Aeronáutico]. **112.** Caducidade. **113.** Testamento Militar. **114.** Testamento Nuncupativo.

109. Classificação. Ao lado dos testamentos comuns, a lei disciplina *formas especiais*, autorizadas em determinadas circunstâncias, que se distinguem pela maior simplicidade.

No Direito contemporâneo, foram abolidas as modalidades que não se justificam, pela dificuldade em que se encontre excepcionalmente quem deseje, em certo momento, testar.

Sobreviveram, nessa linha de pensamento, o *testamento marítimo*, o *militar* e o que se permite em caso de calamidade pública. Acrescentou-se o *testamento aeronáutico*.

O Direito pátrio [conhecia] tão só o *testamento marítimo* e o *militar*. Realmente, há motivos de calamidade pública que inibem o indivíduo de valer-se de uma das formas comuns de testamento. Assemelha-se a situação à de quem esteja em praça sitiada, não se compreendendo por que, nessa hipótese, se concede o uso de *forma especial*, e, na outra, se negue, por omissão da lei.

Outra *forma* admitida é a do *testamento aeronáutico*. Assim como se consente o *testamento marítimo*, [autoriza-se] o que pode ser feito a bordo de aeronave.

As *formas especiais* do testamento têm traços comuns. Estão sujeitas a *prazo de eficácia* e ao cumprimento de *formalidades complementares*. Distinguem-se, no entanto, pelas particularidades provenientes das circunstâncias em que se fazem.

À execução dos testamentos especiais aplicam-se as regras dirigidas ao testamento particular, qualquer que seja a forma usada (Código de Processo Civil, art. 1.134).

110. Testamento Marítimo. Diz-se *marítimo* o testamento feito a bordo de navio de guerra, ou mercante, em viagem, com as formalidades prescritas para sua validade.

O *testamento marítimo* desdobra-se em duas modalidades:

112 | SUCESSÕES – *Orlando Gomes*

a) público;

b) secreto.

É *público* se lavrado pelo comandante, ou pelo escrivão de bordo;[1] *secreto*, se escrito pelo testador.[2] Variam as *formalidades*, conforme a espécie preferida.

Na *forma pública*, são requisitos essenciais:

a) lavratura pelo comandante ou pelo escrivão de bordo;

b) presença, quando menos, de duas testemunhas a todo o ato;

c) assinatura pelo testador e pelas testemunhas.

As testemunhas instrumentárias devem ser escolhidas, de preferência, entre os passageiros. Nada obsta, portanto, que sejam tripulantes da embarcação.

Na *forma secreta*, são requisitos essenciais:

a) escrituração pelo próprio testador;

b) entrega ao comandante, ou ao escrivão de bordo, perante duas testemunhas;

c) recebimento e seu registro na própria cédula;

d) assinatura do comandante, do testador e das testemunhas.

[O novo texto do Código Civil não reproduziu o parágrafo único do art. 1.656, que autorizava a assinatura por uma das testemunhas, a rogo do testador, se o mesmo não pudesse escrever, concluindo-se que o testamento tem de ser assinado pelo testador].

A *holografia* permite-se, unicamente, quando o testador *não sabe* ou *não pode* escrever.

São *legitimados* a fazer *testamento marítimo*, em qualquer de suas formas, os que se achem em viagem.

Importa, no entanto, que esteja a navegar, [não sendo necessário que se encontre em alto-mar]. Se ancorado em porto onde o testador possa desembarcar, e testar na forma comum, não cabe o testamento especial.[3] Feito que seja, não valerá. Não basta a possibilidade do desembarque. Preciso é que, desembarcando, possa testar por um dos modos ordinários.

[**111. Testamento Aeronáutico.** Aeronáutico é o testamento feito por quem estiver em viagem a bordo de aeronave militar ou comercial perante pessoa designada pelo comandante ou pelo próprio.

---

1 [Código Civil, art. 1.888].
2 [Código Civil, art. 1.888].
3 [Código Civil, art. 1.892].

Ao testamento aeronáutico se aplicam as disposições atinentes ao testamento marítimo.

Em virtude das condições que cercam sua feitura, o testamento aeronáutico será, certamente, um ato de pouca utilização. Caso a aeronave encontre-se em pane, com certeza o comandante e os passageiros estarão impossibilitados de participar do ato.

Por outro lado, se o testador for acometido de um mal súbito, os tripulantes e os passageiros estarão mais preocupados com seu estado de saúde, sendo o testamento colocado em segundo plano.

A brevidade das viagens aéreas e a possibilidade de as aeronaves pousarem na maioria dos aeroportos tornam o testamento aeronáutico um ato de quase nenhuma utilidade].

112. Caducidade. O testamento marítimo [e o aeronáutico] como, de resto, qualquer testamento especial, [possuem] eficácia temporária.

As circunstâncias especiais que o justificam legitimam a regra impositiva da *perda de eficácia*, se o testador não morrer na viagem nem nos [noventa dias] subsequentes ao desembarque.[4] Entende-se que, nesse prazo, pode fazer, na forma ordinária, outro testamento, não se justificando a permanência do que fez em condições excepcionais. Cessada a causa que impedia o testamento por uma das formas comuns, é compreensível que se torne sem efeito, após o decurso de certo prazo, o testamento especial. Esse prazo só se interrompe se o testador for colocado de novo nas circunstâncias impeditivas do testamento ordinário. Não corre, entretanto, contra o testador que, embora desembarcado, está impossibilitado de fazer outro testamento e vem a falecer, por exemplo, após seu decurso, sem ter podido testar ordinariamente.

Extinto o *prazo*, caduca o testamento. Implica a *caducidade* inexistência, valendo, porém, as disposições aproveitáveis, como, por exemplo, o reconhecimento de filho.

Não dispõe a lei a respeito de *formalidades complementares* dos *testamentos marítimo* [e *aeronáutico*. Seu] registro, [conforme determina o parágrafo único do art. 1.888, será feito] no livro de bordo. [O testamento lavrado ficará sob a guarda do comandante que o entregará à autoridade administrativa do primeiro porto ou aeroporto nacional contrarrecibo no Diário de Bordo, o mesmo sucedendo caso o testador faleça na viagem, quando a autoridade deverá encaminhá-lo] ao juiz competente para a sua execução. [Caso o testador não faleça durante a viagem, o testamento lhe deverá ser entregue pela autoridade do porto ou do aeroporto].

113. Testamento Militar. No conceito legal, *militar* não é apenas o testamento feito em tempo de guerra, nem por pessoa integrante das Forças Armadas do país.

---

4 [Código Civil, art. 1.891].

Podem fazer esse testamento especial não somente as pessoas que se encontrem em campanha, dentro ou fora do território nacional, como as que, em consequência de eventos bélicos, estejam em lugar de comunicações interrompidas.

Admitem-se três *formas de testamento militar*:

a) *pública*;
b) *particular*;
c) *nuncupativa*.

A *forma pública* requer escrituração pela *autoridade militar*, seja o *comandante*, seja o *oficial de saúde*, ou o diretor do hospital, conforme as circunstâncias, perante duas testemunhas, e a assinatura destas e do testador.[5]

Na *forma particular*, o testamento militar deve ser escrito, datado e assinado pelo testador e apresentado, aberto ou fechado, ao *auditor* ou ao oficial que lhe faça as vezes nesse mister, perante duas testemunhas. A *autoridade militar*, a quem seja apresentado o testamento, anotará o lugar, dia, mês e ano do recebimento, assinado esse registro com as testemunhas.[6]

O *testamento nuncupativo* é autorizado em circunstâncias excepcionais, caracterizando-se por ser feito de viva voz.[7]

Do mesmo modo que o testamento marítimo e [o aeronáutico], *caduca o testamento militar* se o testador passar [noventa dias] seguidos em lugar onde possa testar pela forma ordinária. O *prazo de eficácia* é igual. Conta-se do dia em que houver chegado à localidade que possibilite o emprego de modalidade testamentária comum. Se o testador morre em combate, nenhuma dúvida quanto à eficácia do testamento.

O *testamento militar* deixa de ter *eficácia temporária* quando feito pela forma *cerrada*, observadas as solenidades exigidas para a sua validade.[8] Tal particularidade é injustificável.

Não exige a lei o cumprimento de *formalidades complementares*. Deveria prescrever, [como o fez com os testamentos marítimo e aeronáutico], a obrigação do comandante de remeter o testamento à autoridade competente para presidir sua execução, no caso de vir a falecer o testador.

114. Testamento Nuncupativo. O *testamento nuncupativo* admite-se quando o militar, ou pessoa assemelhada, estiver em combate ou for ferido em ação, e confie a duas testemunhas, verbalmente, as suas declarações de última vontade.

Outras circunstâncias não autorizam testar por essa *forma*.

---

5 [Código Civil, art. 1.893].
6 [Código Civil, art. 1.894].
7 [Código Civil, art. 1.896].
8 [Código Civil, art. 1.894, parágrafo único].

A lei não prescreve o modo de proceder das pessoas que denomina *testemunhas*.

Devem, porém, intuitivamente, reduzir a escrito as declarações que lhes foram confiadas, apresentando o documento, logo possam redigi-lo, a auditor.[9]

O *testamento nuncupativo* só se torna *eficaz* se o testador morrer no combate, ou não convalescer do ferimento. Caso contrário, *caduca*, ainda já tendo sido reduzido a escrito.

Posto a *nuncupação* signifique designação oral de herdeiros, deveria ser equiparada ao testamento especialíssimo, permitindo por essa *forma* a entrega, nas mesmas circunstâncias excepcionais, de documento assinado, do qual constem disposições testamentárias.

A não ser nessa hipótese, o testamento verbal não se admite mais.

---

9 OLIVEIRA, Itabaiana de. Ob. cit., p. 80.

Capítulo 16
INVALIDADE DOS TESTAMENTOS

Sumário: 115. Formalismo. **116.** Distinções Necessárias. **117.** Nulidade do Testamento. **118.** Nulidade das Disposições Testamentárias. **119.** Anulabilidade do Testamento. **120.** Anulabilidade das Disposições Testamentárias. **121.** Ineficácia Legal.

115. Formalismo. O *formalismo* subsiste no Direito das Sucessões, conquanto despido do seu primitivo caráter. Simplificaram-se os ritos, aboliram-se as palavras sacramentais, mas o negócio jurídico mediante o qual se consubstanciam as declarações de última vontade continua a celebrar-se em *forma própria*, composta de solenidades a serem estritamente observadas, sob pena de não valer. O *testamento*, em qualquer de suas modalidades, é, realmente, *ato solene*. As exigências formais não mais se fazem sob o influxo do simbolismo, senão para sua segurança e proteção do testador contra a sua própria irreflexão, e defesa contra o abuso de influência alheia. [Persistem as] *formalidades*, [embora reduzidas pelo legislador no novo texto do Código Civil], com vistas à garantia indispensável de sua autenticidade e à tutela da independência da vontade do testador, a fim de assegurar plenamente o resultado jurídico por ele pretendido. Tais solenidades são indeclináveis. Instituídas imperativamente, não pode o testador prescindi-las, ainda que as circunstâncias dificultem rigorosa observância. Contudo, a doutrina moderna [já condenava] a exageração do respeito às mínimas exigências de cunho formal, não mais subsistindo a orientação de se interpretá-las literalmente.

Porque *ato formal*, de eficácia *post mortem*, é o testamento um dos negócios jurídicos mais expostos à *invalidação*. Faltam, todavia, regras sistemáticas. Aplicam-se-lhe, sem dúvida, os princípios gerais regentes da invalidade dos atos jurídicos, mas sofrem algumas alterações. Esse *particularismo* determina a existência, no livro das sucessões, de várias disposições concernentes às nulidades e à ineficácia, que, entretanto, não se acham sistematizadas. Impõe-se ordená-las, estabelecendo, ademais, as distinções e classificações necessárias.

A invalidação do testamento por *vício de forma* justifica-se diante da política legislativa que imprime cunho substancial às *formalidades*, no entendimento de que são necessárias as prescrições formais com tríplice finalidade: 1ª) estabelecer univocamente a autenticidade de testamento em relação a terceiros e definir e assegurar as declarações de última vontade em texto compreensível; 2ª) distinguir, por meio de sinais exteriormente reconhecíveis, a verdadeira vontade do *de cujus* (*animus testandi*), dos simples desejos, projetos, ou intenções de dispor; 3ª) proteger o *de cujus* contra decisões precipitadas e induzi-lo a refletir, obrigando-o à observância da *forma*.[1]

Sustenta-se, entretanto, que a inobservância de um requisito formal se torna irrelevante quando a exigência levada em conta pelo legislador para impô-lo encontra igual satisfação, se bem que por outro modo. Não é pacífico, no entanto, esse entendimento.

Controvérsias persistem, do mesmo modo, na justificação do *formalismo testamentário*. Destinar-se-ia, segundo alguns escritores, a tutelar o interesse individual do testador,[2] enquanto, para outros, o que conta é o interesse dos herdeiros legítimos de conservar, no âmbito da família, o patrimônio do autor da herança.[3] A prevalecer este ponto de vista, um testamento inválido por defeito de forma pode ser eficaz, se os herdeiros legítimos, conscientes da invalidade, consentem em lhe dar execução. Não se deve chegar, porém, ao extremo de se aplicar ao testamento o *princípio da conservação* dos contratos, nem admitir a recuperabilidade de um testamento formalmente defeituoso pela existência de ato psicologicamente equivalente. Do contrário, permitidas estariam duas formas de fazer testamento: a prescrita na lei e a confirmação ou execução voluntária.[4]

Cumpre não esquecer, finalmente, que o formalismo é imposto também para que se conserve a exata representação da vontade declarada pelo *de cujus*, e consubstanciada sob forma de regulamento. Os elementos formais do testamento desempenham tríplice função: *preventiva, provativa e executiva*.[5]

116. Distinções Necessárias. Cumpre, de começo, distinguir os *testamentos nulos* dos *anuláveis*.

Afastada a noção de *inexistência*, não admitida na lei, a *invalidade* do testamento comporta apenas dois graus, a *nulidade* e a *anulabilidade*. A distinção não se particulariza no Direito das Sucessões. Faz-se, igualmente, pelas *causas* e pelos *efeitos*. Testamento *nulo* é o que carece de um dos pressupostos ou requisitos essenciais à sua validade. Testamento *anulável*, aquele em que foi viciada a declaração de vontade do testador. Em qualquer das hipóteses, torna-se necessária uma *sentença judicial* que declare inválido o testamento. O ato é insubsistente, do mesmo modo tanto em consequência da decretação de nulidade, como de

---

1 FIRSCHING, *apud* LISSERRE, A. **Formalismo negoziale e testamento**. p. 103.

2 MENGONI. **Successione per Causa di Morte**. p. 10.

3 MESSINEO. **Manuale di diritto civile e commerciale**. v. VI, p. 112; STOLFI. **Teoria del negozio giuridico**. p. 68.

4 Cf. ALLARA. **Il testamento**. p. 262.

5 TAVARES, J. **Sucessões e direito sucessório**. v. I, p. 117. Têm função preventiva porque visam às captações, fraudes, coações; provativa, porque atestam externamente a vontade interna do testador; e executiva, porque fornecem um documento eficaz para a realização prática de sua causa.

anulação. A *nulidade* pode ser invocada por qualquer interessado, enquanto a anulação há de ser pedida pela pessoa a quem interessa a invalidação do testamento. Em suma, as consequências diversas do ato nulo, ou anulável, também ocorrem no testamento.

Interessa distinguir, em seguida, a invalidade do testamento da *nulidade de disposições testamentárias*. No primeiro caso, todo o ato é inutilizado. No segundo, uma parte, sobrevivendo o testamento na que nula não for. As *disposições testamentárias* também podem ser *nulas* ou *anuláveis*. Se esgotam o testamento disposições testamentárias proibidas, a nulidade é total, atingindo o ato em si.

Outra distinção que cabe fazer do ângulo mais largo da *ineficácia*, entendida como gênero que compreende as nulidades, impõe-se entre *invalidade, revogação* e *caducidade*. Em todos esses casos, o testamento, ou a disposição testamentária, não produz efeito. Na *invalidade*, porque, defeituoso, é nenhum ou possa vir a sê-lo. Na *revogação*, porque, embora válida originariamente, se torna ineficaz pela própria vontade do testador. Na *caducidade*, pela superveniência de eventos que o esvaziam, ou determinam a perda de eficácia por ter revestido forma especial. Somente a *nulidade* do testamento enseja, toda vez, a sucessão legal. Nos outros casos, pode o testamento subsistir parcialmente, salvo os de *rompimento, revogação total* e *caducidade de testamento especial*.

117. Nulidade do Testamento. As *causas* de *nulidade* do testamento são *intrínsecas* ou *extrínsecas*.

As *causas intrínsecas* prendem-se à vontade do testador, que tem de ser declarada por pessoa capaz. Nulo é, assim, o testamento do *incapaz de testar*. No Direito pátrio, não podem testar:

a) os menores de dezesseis anos;

b) os insanos mentais;

c) os incapazes de manifestar a vontade, por defeito físico.[6]

Acrescentem-se casos de incapacidade acidental, [assim considerando-se aqueles que não tiverem pleno discernimento no momento do ato]. Quem não está em condições de entender o sentido do que declara, ou não tem, por qualquer causa, o livre exercício da vontade, incapacitado se acha, ainda que circunstancialmente, de testar, por estar privado, ao testar, da faculdade de entender e querer. A causa impeditiva pode originar-se de embriaguez, sugestão hipnótica, ímpeto de ira, ou de dor aguda. A *incapacidade acidental* deve ser provada, cumprindo a quem a alega demonstrar a coincidência com a factura do testamento.

As *causas extrínsecas* dizem respeito à *forma* do ato, integrada, como se acha, em sua substância.

---

6 [Código Civil, art. 1.860].

120 | SUCESSÕES – *Orlando Gomes*

Quem quiser testar há de se valer de uma das configurações legais do testamento. À sua escolha acham-se diversas *formas testamentárias*. Algumas têm, no entanto, de ser obrigatoriamente usadas em certos casos. Outras só se justificam em circunstâncias extraordinárias. De regra, porém, as pessoas fisicamente normais tanto podem preferir o testamento público, como o cerrado, ou o particular. Não têm, porém, outra alternativa. Nulo é, por conseguinte, o ato de última vontade que não tome, em circunstâncias normais, uma dessas formas testamentárias.

Cada modalidade de testamento configura-se por determinado conjunto de solenidades. A unidade formal tem de ser íntegra. Desse modo, preterida alguma das solenidades prescritas, nulo será o testamento.

Pode a nulidade resultar, ainda, de outras causas não intrínsecas ou extrínsecas, *stricto sensu*, conquanto referíveis, em última análise, à *forma* do testamento. Assim, são nulos: *o testamento conjuntivo, o testamento especial* em circunstâncias que não o admitem e o testamento perante *testemunhas incapazes*. O *testamento conjuntivo*, por ser *forma* taxativamente defesa. O *especial*, por não ter cabimento senão nos casos excepcionais que o autorizam. Quanto à nulidade por incapacidade de qualquer das testemunhas instrumentárias, abranda-se o rigor dos princípios ao se admitir que erro escusável, de fato ou de direito, cometido pelo testador, equipara a *capacidade putativa* à real, não acarretando a nulidade do testamento. Já em relação a outros figurantes, como o leitor ou o subscritor da cédula testamentária, esses temperamentos são inadmissíveis.

Todas as nulidades do testamento são *absolutas*. Deve o juiz pronunciá-las *ex officio*, ao conhecer do ato, dos seus efeitos. Não lhe é dado supri-las. [O direito de impugnar a validade do ato de última vontade extingue-se em cinco anos, contados a partir da data de seu registro, que deve ser feito no livro próprio existente no juízo orfanológico, por ocasião do processo de cumprimento (art. 1.859)].

118. Nulidade das Disposições Testamentárias. Há *disposições testamentárias* proibidas. A nulidade resultante da transgressão atinge apenas a verba defesa. Não contamina as outras disposições válidas, nem torna írrito o testamento. Aplica-se ao caso o princípio segundo o qual as nulidades separáveis não prejudicam a parte válida do ato.[7]

É inválida a disposição que:

a) institua herdeiro, ou legatário, sob a condição captatória de que este disponha, também por testamento, em benefício do testador, ou de terceiro;

b) se refere à pessoa incerta, cuja identidade não se possa verificar, ou deva ser determinada por terceiro;

c) deixe ao arbítrio do herdeiro, ou de outrem, fixar o valor do legado;[8]

---

7 [Código Civil, art. 184].

8 [Código Civil, art. 1.900].

d) favoreça a quem lavrou o testamento público; [aprovou o cerrado; ou a rogo escreveu o testamento, seu cônjuge, companheiro, ascendentes ou irmãos; e, ainda,] às testemunhas instrumentárias [(incisos I e II do art. 1.800)];

e) contemple pessoa com a qual o testador casado tenha vivido em concubinato, [salvo se, sem culpa sua, estiver separado de fato há mais de cinco anos (inciso III, art. 1.800)].

119. Anulabilidade do Testamento. Tal como em todo negócio jurídico, a vontade do testador é válida e eficaz se isenta de *erro, dolo* ou *coação*.

Tais vícios nodoam, comumente, *disposições testamentárias*, mas também podem manchar o próprio testamento. Bem pode ocorrer que alguém teste sob *coação* ou *dolo*.

Provado o vício da vontade, deve ser anulado o testamento a requerimento do interessado.

O *erro obstáculo* e a *violência física* determinam a nulidade, e não a simples anulabilidade do testamento, visto que determinam a falta de vontade, não sendo, rigorosamente, vícios do consentimento.

Certas formas testamentárias excluem a possibilidade de ocorrência de alguns vícios da vontade.

120. Anulabilidade das Disposições Testamentárias. Cláusulas de um testamento, inquinadas de *erro, dolo* ou *coação*, são *anuláveis*, [*extinguindo-se o direito de invalidá-las em quatro anos, a contar do momento em que o interessado tiver conhecimento do vício, conforme estabelece o parágrafo único do art. 1.909*].

Pode ainda viciá-las a *simulação*.

A anulação por tais causas obedece a regras particulares.

O *erro* determina a anulabilidade quando se dá:

a) nos motivos;

b) na designação da pessoa;

c) na indicação dos bens.

Na primeira hipótese, o erro só é causa de anulação se expresso sob a forma de condição, de tal sorte que a disposição não se faria se o testador conhecesse a falsidade do motivo. Não basta ter sido a causa da declaração. Necessário é que a *causa errônea* seja determinada no testamento. No entanto, em outras legislações,[9] vicia a disposição quando resulta do testamento que o testador errou sobre sua causa. Entre nós, precisa ser denunciado *sob forma de condição*. Se a *causa impulsiva* da disposição testamentária não for declarada sob essa forma,

---

9 Código Civil português, art. 2.202.

o *erro* não determinará sua anulação. Não pode ser, portanto, inferida. A forma *expressa* da declaração é designada por uma locução ambígua, mas evidentemente o vocábulo *condição* não foi empregado na sua acepção técnica de elemento acidental do negócio jurídico que subordina sua eficácia a acontecimento futuro e incerto. Significa *suposto, circunstância hipotética*.[10]

O erro na *designação da pessoa – error in personam –* cobra relevo especial no direito sucessório, porque a consideração da pessoa do herdeiro, ou do legatário, é a razão determinante das disposições testamentárias. Não obstante, a lei não o tratou com rigor, permitindo que o equívoco na designação seja desfeito sempre que se puder identificar a pessoa a que o testador queria se referir.[11] A identificação pode resultar de fatos inequívocos, do próprio contexto do testamento, ou de outros documentos. Refere-se o preceito legal ao *erro de identidade*, visto que, se recai nas qualidades essenciais do beneficiado, passa a ser erro nos motivos. Provado o erro, e não se conseguindo identificar a pessoa a que o testador quis se referir, anula-se a disposição.

O erro na *indicação dos bens* sujeita-se às mesmas regras. Tal como o *error in personam*, é retificável toda vez que se possa identificar a coisa referida na verba testamentária. Esse erro só é possível, obviamente, em relação aos legados.

O *dolo* pode determinar a anulação de certa disposição testamentária se feita sob seu império, isto é, de modo que sem ele não se faria. De ordinário, toma a forma *captatória* ou de *sugestão*.

Captação, no caso, é a conquista fraudulenta da benquerença do testador com o intuito de induzi-lo a instituir herdeiro, ou legatário, o próprio captante, ou terceiro. O que a caracteriza como comportamento doloso é o emprego de artifícios para despertar simpatia e suscitar afeição com o propósito de influir na vontade do testador para que disponha como interessa a quem os usa. Em si, a *captação* não constitui causa especial de anulabilidade das disposições testamentárias, sendo insuficiente, para configurá-la, a simulação de estima.

Ocorre, tão somente, quando a insinuação do captante é maliciosa, resultando das circunstâncias que o testador não teria declarado sua última vontade pela disposição impugnada se houvesse descoberto a intenção de quem o enganou. O abuso de influência, ou de autoridade, configura *captação*, havendo legislações que o presumem em certas pessoas, como o médico que tratar o testador, ou o sacerdote que lhe prestar assistência espiritual, se o testamento for feito durante a doença e o seu autor vier a falecer dela.[12]

A *captação* maliciosa deve ser cumpridamente provada, mas veementes presunções podem evidenciá-la. Importa, porém, que tenha sido a causa impulsiva da disposição testamentária.

---

10 LANDIM, Jayme. **Vícios da vontade**. p. 266.
11 [Código Civil, art. 1.903].
12 Código Civil de Portugal, art. 2.194.

Cap. 16 · INVALIDADE DOS TESTAMENTOS | **123**

O testamento é também anulável quando provada a violência exercida sobre a vontade do testador. A menor severidade no exame da prova de sua intensidade não justifica tratamento diverso. Sendo o testamento um ato eminentemente revogável, os efeitos da *coação* podem ser facilmente anulados, se esta não durar até a morte do testador. Se cessam e o testamento não é revogado, descabe a anulação. A apreciação desse vício da vontade deve ser mais rigorosa porque a anulação é requerida por outros interessados, *qui certant de lucro captando.*

A *coação* pode provir do próprio herdeiro ou de terceiro. Quando exercida por *herdeiro necessário*, este será excluído da herança, privado da legítima. Se praticada por alguém para se tornar herdeiro, ou legatário, anula-se a disposição que o favorece.

É, finalmente, anulável a disposição feita aparentemente a favor de pessoa designada no testamento, mas destinada, na realidade, a beneficiar outra. Usa-se desse expediente para favorecer quem está proibido de suceder a outrem. A *interposição* com essa finalidade é proibida. Disposição em benefício de quem não pode ser favorecido é anulável, se feita em nome de *pessoa interposta*. Tal a consequência dessa fraude. Presumem-se interpostas pessoas, salvo prova em contrário, os parentes em linha reta e os irmãos, não se devendo incluir nessa presunção os filhos da concubina que também o sejam do testador.

A *simulação* pressupõe acordo entre o testador e a pessoa designada no testamento.

121. Ineficácia Legal. Tem-se por não escrita a disposição que designe o tempo do início ou da cessação do direito de herdeiro.[13] A esta regra fazem exceção as *disposições fideicomissárias*.

Proíbe a lei, em suma, a nomeação de *herdeiro a termo*.

A violação do preceito legal determinaria normalmente a nulidade da cláusula, mas a inconveniência dessa solução levou o legislador a usar técnica diferente, consistente em recusar eficácia à disposição defesa. Considerou inexistente a aposição do termo, valendo a verba como *disposição pura*. Quando designa o testador o tempo em que deve começar o direito do herdeiro, nasce este, portanto, com a devolução hereditária, não se tomando conhecimento da subordinação da eficácia da cláusula ao advento do *dies certus*. Do mesmo modo, ignora-se a determinação para que cesse, em certo dia, o direito do herdeiro, salvo se for fiduciário, em fideicomisso.

Trata-se, assim, de *ineficácia legal* da declaração de vontade do testador em relação à modalidade acessória não permitida, de nada adiantando, consequentemente, emiti-la.

---

13 [Código Civil, art. 1.898].

Capítulo 17
DISPOSIÇÕES TESTAMENTÁRIAS

Sumário: 122. Conteúdo e Interpretação do Testamento. **123.** Disposições à Pessoa Incerta. **124.** Classificação das Disposições Testamentárias. **125.** Disposições Puras e Simples. **126.** Disposições Condicionais. **127.** Disposições a Termo. **128.** Disposições Modais. **129.** Cláusula Cominatória. **130.** Disposições Motivadas e Restritivas.

122. Conteúdo e Interpretação do Testamento. O testamento deve conter disposições de última vontade destinadas a regular a devolução dos bens hereditários, mas pode compreender outras declarações, como o reconhecimento de filhos, a nomeação de tutores, a designação de testamenteiros, a revogação de outro testamento. É o único instrumento idôneo para a instituição de herdeiro.

O testador pode dispor de todo o patrimônio, de uma fração deste ou de coisas determinadas. As disposições referentes à totalidade dos bens ou a uma quota-parte dizem-se *a título universal*, denominando-se *herdeiros* as pessoas que contemplam; as que compreendem um ou mais bens individualizados fazem-se *a título singular* ou *particular*, chamandose *legatários* os destinatários.

Podem ser instituídos diversos herdeiros. Nessa hipótese, as disposições testamentárias assumem várias modalidades. De ordinário, o testador designa as *quotas* de todos os herdeiros instituídos, mas lhe é consentido deixar de fazê-lo em relação a todos ou a alguns. Se instituir dois ou mais herdeiros sem determinar a parte de cada qual, a herança se partilhará, *por igual*, entre todos.[1] Se nomear alguns *individualmente* e outros *em grupo, será dividida* em tantas quotas quantos indivíduos e grupos.[2]

Ocorre, não raro, que, depois de determinar as quotas de cada herdeiro, deixa o *remanescente* para um deles, ou silencia. No primeiro caso, o herdeiro designado recolhe a parte não absorvida pela distribuição; no segundo, caberá aos *herdeiros legítimos*.

Na hipótese de determinar os quinhões de certos herdeiros e não designar os de outros, a parte que remanescer à distribuição das quotas determinadas

---

1 [Código Civil, art. 1.904].
2 [Código Civil, art. 1.905].

será partilhada, *por igual*, entre os instituídos *sem porção hereditária definida*. Os herdeiros *com quota* não podem ser desfalcados, de sorte que, se nada restar, nada herdam os herdeiros *sem quota*.[3]

Interpretam-se as disposições testamentárias levando-se em conta a *intenção do testador*.[4]

Não se trata de critério lógico sugerido ao intérprete, mas de verdadeira *norma*, que não pode ser desobedecida. Determina a lei, com efeito, que quando a cláusula testamentária for suscetível de interpretações diferentes prevalecerá a que melhor assegure a observância da vontade do testador.[5] A regra é, no fundo, aplicação particular do princípio de que nas declarações de vontade se deve atender mais à sua intenção que ao sentido literal da linguagem. Não se deve inferir, contudo, que as normas de interpretação dos contratos se estendem ao testamento. Um e outro têm a mesma índole, pois são negócios jurídicos, consistindo, portanto, em declarações de vontade, mas a identidade de natureza não impede que se distingam por traços que desaconselham aplicar-se ao testamento as regras de interpretação editadas para os contratos. Os contratos destinam-se a conciliar interesses divergentes, pressupondo declarações de vontade coincidentes, que precisam ter significado comum. No testamento, ao contrário, a vontade é única, não tendo de amoldar-se a qualquer interesse oposto. Quem se dispõe a testar não é solicitado por interesse somente realizável mediante o concurso da vontade de outra pessoa. De sua livre e soberana vontade depende a decisão de testar ou morrer intestado, de sorte que livre também é de estabelecer, como lhe parece, o conteúdo do ato, sendo lógico que o sentido de sua declaração se determine unicamente por sua vontade.[6] Sendo assim, as expressões empregadas pelo testador devem interpretar-se *naturaliter*, e não *civiliter*, isto é, não no significado técnico-jurídico, mas naquele que presumivelmente as palavras escolhidas tinham em sua mente.[7] Por outras palavras, os contratos exigem *interpretação típica;* e o testamento, *interpretação pessoal*,[8] determinando-se a intenção do testador por seu próprio comportamento, ainda posterior ao ato, "suas convicções, afetos e, até, preconceitos", enfim, todos os elementos que possam concorrer para esclarecer sua vontade real sem consideração às expectativas ou desejos de quem quer que seja. Em suma, a *voluntas testatoris* deve ser interpretada *plenus*.

---

3   OLIVEIRA, Itabaiana de. **Tratado de direito das sucessões**. v. II, p. 93.

4   Algumas regras são sempre invocadas: 1 – *In testamentis plenius voluntates testantium interpretamur*; 2 – *In conditionibus trestamentorum voluntatem potius, quam verba vonsiderari oporteat*; 3 – *Cum in verbis nulla ambiguitas est, non debet admitti voluntatis quaestio*; 4 – *Quoties res stipu lationibus ambigua oratio est, commodissimum est in accipi, quo res, qua de agitur in tuto sit*; 5 – *Ubi pugnatia inter se in testamento inveniuntur, neutrum ratum est*; 6 – *Minime sunt mutanda, quae interpretationem certam semper habuerunt*, transcritos de OLIVEIRA, Itabaiana de. Ob. cit., p. 135-139.

5   [Código Civil, art. 1.899].

6   STOLFI. **Teoria del negozio giuridico**. p. 231.

7   TRABUCCHI. **Istituzioni di diritto civile**. p. 890.

8   STOLFI. Ob. cit., p. 232.

Não se consente, contudo, que o intérprete leve a pesquisa da intenção do testador a ponto de construí-la, ainda que vários elementos presuntivos possam conduzir a descobrir uma vontade que não foi, todavia, declarada. Há de estar expressa no testamento, somente se admitindo investigação *aliunde* para esclarecê-la.[9]

As disposições legais a propósito do sentido e alcance da vontade do testador compreendem ainda algumas normas específicas que atribuem, na falta de expressa declaração contrária, significação determinada a seu comportamento, como, dentre outras, a que considera revogado o legado com a alienação do seu objeto e a que tem igualmente como revogado o testamento cerrado que o testador abrir ou dilacerar.[10]

Deve-se, no entanto, ter em mente que na interpretação do *testamento* cumpre atentar para as particularidades próprias de sua especial *natureza jurídica*. Há que não esquecer que é uma *declaração de vontade não receptícia*. Com efeito, o testamento não é declaração dirigida ou endereçada à pessoa determinada, e, portanto, a sua interpretação não tem de ser conduzida levando-se em conta as possibilidades de compreensão do destinatário, isto é, averiguando que significado correspondente tem segundo o *módulo objetivo* e *normativo*, no sentido que lhe dá Larenz. São aplicáveis à interpretação das disposições testamentárias, desse modo, princípios distintos dos que orientam a interpretação do contrato, todos concentrados no esclarecimento do *significado subjetivo* que o testador deu à cláusula suscetível de entendimentos diversos. Não valem, por exemplo, os princípios da *responsabilidade negocial* e da *boa-fé*, aplicáveis na *interpretação objetiva* reservada aos contratos. É permitido, no entanto, utilizar dados estranhos ao seu texto, que possam ajudar a descobrir o sentido verdadeiro de uma *verba* controvertida. O que não se consente é "transformar uma disposição testamentária explícita em outra de sentido contrário", nem *integrar* a vontade testamentária com elementos de fora da cédula. Há quem admita uma interpretação *objetiva* do testamento se não for possível determinar a vontade que o testador exprimiu de modo impróprio, obscuro ou ambíguo, mas, assim mesmo, em limites muito estritos (Trimarchi). Perdura o "critério diretivo de uma interpretação individual e atípica subjetiva e informal na busca da verdadeira *mens* do testador, independentemente das expressões empregadas, tendo por único limite a compatibilidade lógica entre o conteúdo da declaração e a intenção do declarante".[11]

Múltiplas razões explicam o princípio *voluntas spectanda*, a todas sobrelevando a particularidade de ser o testamento uma declaração destinada a tornar conhecida, por sobreviventes, a última vontade do testador, impossível de ser renovada ou ter interpretação autêntica. Para descobrir a verdadeira intenção do autor do testamento, todos os meios são admissíveis. O seu emprego só se justifica, no entanto, se houver sérias razões para se levantar dúvida quanto à intenção do testador, não cabendo nas disposições testamentárias de sentido

---

9 TRABUCCHI. Ob. cit., p. 890.

10 STOLFI. Ob. cit., p. 231.

11 PICCOLO, Gian. **Il contenuto atipico del testamento**. p. 160.

objetivamente claro e unívoco.[12] Nem por isso se deve preterir a investigação do intérprete, a pretexto de clareza do texto testamentário. Justificada a dúvida, deve o intérprete valer-se de todos os elementos, intrínsecos ou extrínsecos, para encontrar a vontade real do declarante. Um dos modos aconselhados para o desempenho eficaz do papel do intérprete é imaginar-se na pele do testador e se colocar em seu lugar ao testar, descobrindo suas afeições, penetrando em seus desígnios, determinando seus motivos e dando o devido peso a seus hábitos, como recomendava Liz Teixeira.

Ensinava Lacerda de Almeida[13] que a interpretação das *disposições testamentárias* podia ser *autêntica*, *legal* ou *doutrinal*, modos que deveriam ser empregados sucessivamente, um na falta do outro. Interpretação autêntica é a que o próprio testador, em escrito à parte, deixa explicada a obscuridade ou dissipada a dúvida. À interpretação legal recorre o intérprete, quando a dúvida está prevista e resolvida numa das regras espalhadas na lei. Por interpretação doutrinal entende-se a que se inspira em preceitos formulados pelos doutores, como, por exemplo, os que explicam, para os legados, a *cláusula de exceção*, a de *prorrogação*, a de *repetição* e a de *aumento*.

123. Disposições à Pessoa Incerta. Deve ser *certa* a pessoa a quem se institui herdeiro. Justifica-se a exigência por se tratar de ato de liberalidade e para que seja assegurada a passagem dos bens hereditários à pessoa a quem se deixa, tanto no seu interesse particular quanto no interesse geral, de se verificar a capacidade de receber por testamento.[14] *Pessoa incerta* é aquela cuja individualidade não é determinada atualmente, nem suscetível de o ser pela superveniência de qualquer acontecimento indicado no testamento.[15] Não é preciso, assim, que a pessoa seja determinada no momento da abertura da sucessão, podendo a determinação ficar na dependência de futuro evento, desde que apontado pelo testador. Admite-se, ainda, a determinação da pessoa por outros meios indicados no testamento, somente sendo nula a disposição quando se torna impossível a individualização por falta de seguras indicações no testamento. Nula é, em suma, quando se referir à pessoa cuja identidade não se possa averiguar ou seja cometida a terceiro.[16] O *erro* na designação da pessoa do herdeiro, ou o legatário, não a anula se, pelo contexto do testamento, por outros documentos ou por fatos inequívocos, for possível identificar a pessoa a quem o testador queria se referir.[17]

Disposição genérica a favor dos *pobres* de determinado lugar não se considera feita a pessoas incertas. Se o testador não indica o lugar, entende-se que beneficia

---

12 VARELA, Antunes. **Ineficácia do testamento e vontade conjectural do testador**. p. 24 e ss.

13 **Sucessões**. p. 455.

14 MAZZONI, Pacifici. **Il Codice Civile italiano commentato, tratatto delle successione**. v. III, p. 201.

15 AUBRY e RAU. **Cours de droit civil français**. t. V, p. 470.

16 [Código Civil, art. 1.900, incisos II e III].

17 [Código Civil, art. 1.903].

os que vivem onde tinha domicílio ao tempo de sua morte. A liberalidade pode ser expressa *genericamente*, sem designação do estabelecimento de assistência social que deva recebê-la, ou *especificamente*, com determinação da pessoa encarregada de cumprir o encargo. A dúvida quanto à validade da disposição a favor dos pobres somente se apresenta quando feita em termos gerais. Resolve-a nosso Direito no sentido afirmativo,[18] devendo-se distribuir o objeto da disposição entre todos os pobres indicados. Na hipótese de ter o testador preferido a *forma indireta*, cometendo a um herdeiro, ou legatário, a incumbência de favorecer os pobres de determinado lugar, não se há cogitar de incerteza. No primeiro caso, cumpre a disposição o *testamenteiro*; no segundo, o *herdeiro* a quem atribuiu o encargo.

Outra controvérsia relativa à capacidade testamentária passiva instaura-se na interpretação de disposição testamentária a favor da *alma* do testador. Se é expressa genericamente, não vale, mas, se declarada de modo específico, com indicação da pessoa incumbida de providenciar os sufrágios pela alma do defunto, entende-se que essa pessoa é o sujeito dos bens destinados a esse fim, tenha o testador estabelecido, ou não, sanções para a inexecução. Para se tornar *específica* uma disposição a favor da *alma*, não basta a nomeação de *testamenteiro*.[19]

A regra da nulidade das disposições em favor de *pessoa incerta* sofre exceção quando deva o herdeiro ser determinado por terceiro, dentre duas ou mais pessoas mencionadas pelo testador, ou pertencentes a uma família, a um corpo coletivo ou a um estabelecimento por ele designado.[20]

124. Classificação das Disposições Testamentárias. Classificam-se as disposições testamentárias em:

a) *puras e simples;*
b) *condicionais;*
c) *a termo;*
d) *modais,* conforme tenham eficácia incondicionada, submetida a acontecimento futuro ou limitada por encargo ou modo.

Outra importante distinção se faz entre as *disposições simples* e as *conjuntas*.

De menor interesse prático a separação entre as *cláusulas de conteúdo patrimonial* e as disposições de outra natureza, como a de reconhecimento de filho.

Tais distinções interessam do ponto de vista prático porque cada qual das modalidades atrai regras especiais.

As disposições a que o testador agrega um dos elementos acidentais do negócio jurídico pressupõem o conhecimento das regras gerais atinentes à *condição*,

---

18 Código Civil, art. 1.902.
19 MAZZONI, Pacifici. **Tratatto delle succession**. v. III, p. 209.
20 [Código Civil, art. 1.901].

130 | SUCESSÕES – *Orlando Gomes*

ao *termo* e ao *modo*, mas é de se observar que se particularizam no setor do direito hereditário.

125. Disposições Puras e Simples. A nomeação de herdeiro, ou legatário, pode fazer-se *pura e simplesmente*, sob condição, para certo fim ou modo, ou por [certo motivo].[21]

A disposição pura e simples torna-se eficaz no momento da abertura da sucessão e não impõe obrigação ao herdeiro ou legatário. Em consequência, a posse e a propriedade da herança transmitem-se com a morte do testador. O herdeiro instituído investe-se, *ipso facto*, nesses direitos. Se falece, um minuto que seja depois do autor da herança, sucede.

Já o legatário não entra, por autoridade própria, na posse da coisa legada; tem de pedi-la aos herdeiros nomeados,[22] mas a eficácia da disposição não é protraída, visto que adquire, para logo, a propriedade do bem se o legado é puro e simples.

Não apondo o testador qualquer condição, nem indicando a *causa* da nomeação do herdeiro, ou do legatário, a disposição testamentária é *pura e simples*.

Tem esta natureza, do mesmo modo, a disposição que contém condição subentendida, como a de aceitar a herança.

Pura e simples é, finalmente, a cláusula em que o herdeiro está nomeado com referência a fatos passados ou presentes.

126. Disposições Condicionais. O herdeiro pode ser nomeado *sob condição*, tanto *suspensiva* como *resolutiva*.

No Direito Romano, tinha-se por não escrita a *condição resolutiva*, porque contrariava a máxima *semel heres, semper heres*. Não a repele o Direito moderno.

Se à disposição apôs o testador *condição suspensiva*, o direito do herdeiro, ou do legatário, somente se adquire com seu implemento. Segue-se, pois, que, falecendo antes da aquisição, *caduca* a disposição. Em se verificando, retro-opera, considerando-se existente o direito desde o momento da abertura da sucessão.

O herdeiro instituído sob *condição suspensiva é titular* de um *direito eventual*. Nesta qualidade, pode exercer os atos tendentes a conservá-lo, entendendo-se que lhe cabe exigir, do herdeiro, ou legatário, a *caução muciana*, para garantia de sua expectativa.[23]

Se for aposta uma *condição resolutiva*, extingue-se, ao se verificar, o direito do herdeiro.

O sucessor sob condição resolutiva tem a propriedade restrita e resolúvel dos bens que lhe tocarem.

---

21 [Código Civil, art. 1.897].
22 [Código Civil, art. 1.923, § 1º].
23 OLIVEIRA, Itabaiana de. **Tratado de direito das sucessões**. v. II, p. 105.

Cap. 17 · DISPOSIÇÕES TESTAMENTÁRIAS | 131

Tanto a *condição suspensiva* quanto a *resolutiva* devem ser *possíveis* e *lícitas* permanentemente, mas a *condição impossível* ou *condição ilícita* não invalidam a cláusula tal como sucede nos negócios *inter vivos*. Têm-se, ao contrário, como *não escritas*, valendo a disposição testamentária como se fosse pura e simples. A diversidade de tratamento, inspirada no Direito Romano, justifica-se, segundo Savigny, porque, nos contratos, seria ir contra a vontade das partes separar a condição da promessa, enquanto, no testamento, a intenção do testador de dispor dos seus bens nomeando herdeiros ou legatários não é contrariada, por se presumir que os instituiria independentemente da condição, além do que os instituídos são inocentes da condição imposta.[24] Suprimem-se, assim, as condições materialmente impossíveis e as contrárias à lei ou aos bons costumes. Entre as primeiras incluem-se as *condições falsas "ab origine"*, a que faltam elementos necessários a seu implemento, as que se verificam necessariamente, e as que, sendo possíveis, em tese, são relativa ou circunstancialmente impossíveis. Excluem-se as condições *subjetivamente* impossíveis. Quanto às *condições ilícitas*, isto é, as *ilegais* e as *imorais*, enquadram-se em categorias bem definidas pela doutrina, distribuindo-se entre as concernentes à *condição civil*, ao *Direito de Família* e aos *direitos patrimoniais*.[25] A completa enumeração seria difícil. A título exemplificativo, podem ser citadas a do herdeiro conservar-se celibatário, a de casar com determinada pessoa, a de renunciar a certa herança. A respeito de algumas condições de emprego mais comum, subsistem controvérsias. A de viuvez, por exemplo, pode ser considerada atentatória da liberdade matrimonial, mas predomina o entendimento de que é válida, podendo o testador determinar que constitui o cônjuge seu herdeiro, se não passar a segundas núpcias.

O herdeiro instituído sob *condição* não pode exercer seu direito enquanto esta não se verifica, salvo quando se trate de *condição potestativa negativa*. Se o gozo dos bens hereditários depende de não dar alguma coisa, ou não fazer, a certeza de que não contravirá a proibição somente se pode ter quando esteja morto.[26] Assim sendo, não se aplica à hipótese a regra geral de suspensão da eficácia das disposições condicionais, passando ele a desfrutar, de logo, tais bens, mas devendo prestar a *cautio muciana*.

A disposição condicional não investe o herdeiro senão em uma expectativa de direito, porquanto, se morre enquanto pendente a *condição suspensiva*, caduca a cláusula testamentária, não se transmitindo a seus sucessores o *direito eventual*, como acontece nos negócios *inter vivos*. A razão desse tratamento diverso estaria na consideração de que, na disposição testamentária, há o *intuitu personae*, mas existe do mesmo modo nas doações, sem que ocorra a caducidade.[27]

---

24 **Traité de droit romain**. v. III, p. 197.

25 MAZZONI, Pacifici. Ob. cit., p. 270.

26 DEGNI. **Lezione di diritto civile, la successione testamentaria**. p. 114.

27 DEGNI. Ob. cit., p. 113.

127. Disposições a Termo. O direito do herdeiro não pode se subordinar a *termo*. Tem-se por não escrita a designação do tempo em que deva começar ou cessar.[28]

A lei recusa eficácia a essa determinação acessória da vontade do testador, consista na aposição de *termo inicial* ou *final*, validando a *disposição testamentária* como se fosse *pura* e *simples*.

Vigora para os testamentos, no entanto, a regra *dies incertus conditionem in testamento facit*, considerando-se condição não somente o *dies incertus an*, como, às vezes, o *dies incertus quando*.[29]

Uma exceção à regra se abre para as *substituições fideicomissárias*. No fideicomisso, o fideicomissário, na disposição a termo, é herdeiro *ex die*, isto é, a partir de certo tempo, e o fiduciário, herdeiro *ad diem*, isto é, até certo tempo. Por outras palavras, o advento do *termo*, que subordina a eficácia da disposição testamentária, é o evento que investe o fideicomissário no domínio e posse da herança e resolve o direito do fiduciário.

É somente o direito do herdeiro que não comporta a sujeição a termo. Não se aplica o preceito ao direito do legatário; os *legados* podem ser deixados sob *termo inicial* ou *final*.

A instituição de herdeiro a termo é inadmissível porque se oporia a alguns princípios do direito hereditário, tais como o da *perpetuidade do título* de herdeiro, o da *continuidade* das relações entre o autor da herança e o herdeiro, e o da *irrevogabilidade da aceitação* da herança.[30] Na verdade, porém, esses princípios deixaram de ter a significação que lhes atribuía o Direito Romano. A regra *semel heres, semper heres* possui atualmente limitado valor. A confusão do patrimônio do finado com o do herdeiro não se dá nos sistemas jurídicos em que a aceitação da herança é sempre a *benefício de inventário*. A irretratabilidade da aceitação da herança não é atingida substancialmente pela aposição de *termo*. A proibição de instituir-se herdeiro a termo é, pois, injustificável, tratando-se de anomalia jurídica, que se explica por descabida sobrevivência do passado.[31]

128. Disposições Modais. Pode o testador impor ao herdeiro, ou ao legatário, *encargos* lícitos e possíveis.

O *modo* não suspende a aquisição do direito do herdeiro, nem o seu exercício. Em consequência, se o herdeiro falecer antes de cumpri-lo, a instituição prevalece, ao contrário do que ocorreria se de *condição* se tratasse. Por outras palavras: sendo modal a disposição, não caduca na hipótese do falecimento sem ter cumprido o encargo; sendo condicional, decai.

Em se tratando de *legado modal*, a disposição testamentária tem de ser cumprida, entregando-se o bem legado para que venha a ser satisfeita a obrigação

---

28 [Código Civil, art. 1.898].

29 OLIVEIRA, Itabaiana de. Ob. cit., p. 109.

30 RUGGIERO. **Instituições de direito civil**. v. III, p. 572.

31 DEGNI. Ob. cit., p. 120.

Cap. 17 · DISPOSIÇÕES TESTAMENTÁRIAS | 133

instituída sob a forma de *modo*, enquanto o *legado condicional* somente se cumpre, entregando-se o bem ao legatário, quando realizada a condição.[32]

As diferentes consequências do *legado modal* e do *legado condicional* têm levado os escritores à busca de critérios distintivos que facilitem o intérprete, por difícil, em alguns casos, determinar, com fidelidade, a intenção do testador. Sendo falíveis os critérios que indicam a interpretação mediante inferência de palavras empregadas na disposição testamentária, aconselha-se que, em caso de dúvida, se considere *modal*, por ser o modo ou *encargo* mais favorável ao instituído do que a *condição*,[33] *in dubiis quae est minimum sequimur*.

A impossibilidade jurídica de cumprir o *encargo não invalida* a cláusula modal, tendo-se por não escrita a determinação acessória –, como, de resto, se ilícita.[34]

O cumprimento do *encargo* pode ser exigido, em ação judicial, por toda pessoa interessada em que se respeite a vontade do testador. São legitimados a propor a ação: *a)* qualquer dos coerdeiros; *b)* a pessoa em favor da qual se institui o encargo; *c)* o testamenteiro; *d)* aqueles que serão chamados à herança no caso de caducar a disposição por não ter sido cumprido o encargo no prazo determinado pelo testador,[35] sob tal pena.

Se prazo não foi fixado, o cumprimento pode ser exigido a todo tempo, entendendo Trigo Loureiro[36] que fica, nesse caso, na dependência das posses do instituído.

Os interessados no cumprimento do *encargo* têm direito a reclamar do herdeiro ou do legatário garantia de que o cumprirão. Presta-se a garantia mediante a *caução muciana*, que pode, entretanto, ser dispensada pelo testador.

O *ônus* pode ser imposto ao herdeiro, ao legatário, no interesse: *a)* do próprio testador; *b)* do herdeiro, ou legatário; *c)* de terceiro.

O *modo* não se confunde com o *nudum praeceptum*. Consiste este numa simples recomendação, sem relevância jurídica.

Pode o encargo absorver inteiramente a vantagem do legado; nem por isso será inválida a cláusula testamentária, ou se terá por não escrita a determinação acessória, cabendo ao legatário, nesse caso, recusar o legado. Se é ilícito, ou impossível, vale a disposição como se fosse pura e simples.

O inadimplemento da obrigação estabelecida como *encargo* não acarreta a resolução do direito do herdeiro, ou legatário. Resolve-se unicamente no caso de estar prevista a sua caducidade na própria disposição testamentária. O direito do beneficiário é limitado à pretensão de cumprimento específico, do encargo e, não sendo isso possível, à de ressarcimento dos prejuízos.

---

32 OLIVEIRA, Itabaiana de. Ob. cit., p. 114.

33 OLIVEIRA, Itabaiana de. Ob. cit., p. 115, com apoio em Troplong e Lomonaco.

34 ALMEIDA, Lacerda de. **Sucessões...** § 35.

35 RUGGIERO. Ob. cit., p. 572.

36 Direito Civil, § 426.

129. Cláusula Cominatória. A *cláusula cominatória*, na sua modalidade de cláusula de decadência, é a determinação acessória de uma disposição testamentária pela qual o testador priva o herdeiro, ou o legatário, do direito a ele atribuído, se impugnar o testamento, pretendendo anulá-lo.[37]

É válida em relação às liberalidades, que podem deixar de ser feitas, como acontece em relação aos bens disponíveis de testador com herdeiros necessários. Se é livre para dispor desses bens, livre deve ser para privar da liberalidade o herdeiro, assim instituído, que impugne o testamento. Se impede, entretanto, o exercício de um direito derivado de norma de ordem pública, a cláusula é *nula*. Não vale desse modo a disposição destinada a privar o herdeiro legitimário da quota hereditária que lhe pertence de pleno direito.

Tem-se por ineficaz a *cláusula de decadência* destinada a salvar disposições testamentárias defesas em lei, como as que contemplam pessoas incapazes de suceder.

130. Disposições Motivadas e Restritivas. É lícito ao testador declarar o motivo da liberalidade.

Quando o *motivo* é expresso como a razão determinante da cláusula ou sob a forma de condição, adere tão intimamente à disposição que, sem ele, insubsiste. Verificada a sua falsidade, viciada se considera a declaração. O juízo aplica-se também aos motivos ilícitos ou imorais. Trata-se, no primeiro caso, de erro. É anulável, portanto, a cláusula, no pressuposto de que, se o testador conhecesse a falsidade do motivo que declaradamente o levou a dispor, não faria a disposição. Na segunda hipótese, a cláusula é nula.

A *disposição por certa causa*, isto é, a *disposição motivada*, não se confunde com a *cláusula modal*, porque o motivo diz respeito ao passado, enquanto o *modo* se refere ao futuro.[38]

[O Código Civil vigente não reproduziu o dispositivo que permitia ao *auctor successionis* determinar, em testamento, a conversão dos bens que compõem a legítima em bens de outra espécie. Não repetindo o dispositivo, entende-se estar o mesmo revogado. Entretanto, pode o testador declarar que determinados bens devem ser incluídos em sua parte disponível e esses sejam alienados e convertidos em outros. A proibição diz respeito somente aos bens que constituem a legítima. Proibiu a imposição das cláusulas de inalienabilidade ou a incomunicabilidade sobre os bens que constituem a legítima, sem que o testador apresente uma causa que as justifique (art. 1.848)].[39]

---

37 É admitida pela melhor doutrina: LAURENT. **Principes de droit civil français.** p. 619; PLANIOL, RIPERT, TRASBOT. **T. prat. de droit civil français.** v. V, p. 892; VITALI. **Successoni testamentaire e legitime.** v. III, p. 122; PONTES DE MIRANDA. **Tratado dos testamentos.** v. III, p. 202.

38 OLIVEIRA, Itabaiana de. Ob. cit., p. 116.

39 Ver Cap. 19.

Pode ainda o testador determinar os bens que devem compor a legítima dos seus herdeiros necessários, [conforme prevê o art. 2.014, disposição que não se encontrava expressa no texto revogado], bem como vedar que, na de um ou de outro, se incluam certos bens,[40] válida sendo a partilha por testamento. Limitações à faculdade de partilhar são, finalmente, admissíveis.

---

40 PONTES DE MIRANDA. **Dez anos de pareceres**. v. II, p. 227.

Capítulo 18
DISPOSIÇÕES CONJUNTAS
E DIREITO DE ACRESCER

> **Sumário: 131.** Disposições Conjuntas. **132.** Direito de Acrescer. **133.** Fundamento. **134.** Pressupostos. **135.** Aplicação do Direito de Acrescer. **136.** Regime do Usufruto.

131. Disposições Conjuntas. Pela mesma disposição testamentária, herdeiros podem ser *conjuntamente* chamados à herança em quinhões não determinados.

A mesma possibilidade existe quanto aos legatários, em relação aos quais interessa examinar a *disposição conjunta* quando são nomeados a respeito de coisa certa e determinada, ou quando não se possa dividir o objeto do legado, sem risco de se [desvalorizar].

A *conjunção* verifica-se por três modos:

a) re tantum;
b) verbis tantum;
c) re et verbis.

Especifica-se, por conseguinte, em *conjunção real, verbal e mista*.

Há *conjunção real* quando os instituídos são chamados sem distribuição de partes, em diversas disposições testamentárias, como acontece quando deixa os bens a alguém e em outra institui também herdeiro outra pessoa. Caracteriza-se tal *conjunção* por dois traços: 1 – instituição em verbas distintas; 2 – indeterminação das partes que tocarão aos instituídos.

Na *conjunção verbal*, ao contrário, os instituídos são designados na mesma disposição testamentária, com distribuição de partes, como ocorre quando o testador, numa só verba, deixa seus bens a duas pessoas, determinando que tocará a metade a cada qual.

Consequentemente, instituição de conjunção na mesma verba e determinação das partes atribuídas aos herdeiros ou legatários. Na *conjunção mista*, o testador designa, na mesma disposição, vários herdeiros, ou legatários, sem distribuir, entre eles, partes, como se dá quando deixa seus bens, numa só verba, a dois ou mais instituídos. Diz-se *mista* porque é *re*, visto haver distribuição de partes, a *verbis*, porque não há várias disposições, senão uma só.

A *conjunção* dá lugar ao *direito de acrescer*, mas as legislações não são uniformes na determinação dos casos que o ensejam. No Direito nacional, verifica-se na:

a) *conjunção mista*;
b) *conjunção real*.

Está excluído, portanto, na *conjunção verbal*.

Necessário, por outras palavras, que a *disposição conjunta* consista em:

a) quinhões não distribuídos;
b) coisa certa e determinada, ou que, em mais de uma verba, o objetivo do legado seja [coisa que não se pode dividir sem o risco de desvalorizar].

Nas duas primeiras hipóteses, a conjunção é *mista*. Na terceira, *real. Duas* – a segunda e a terceira – dizem respeito a *colegatários*. A primeira, a *coerdeiros*.

Esses são os únicos casos em que se verifica, entre nós, o *direito de acrescer*.[1]

Conquanto se vinculem às *conjunções*, as regras pertinentes ao *direito de acrescer* não devem se interpretar como consagração de simples e automática consequência, para a hipótese de faltar um coerdeiro, da *designação conjuntiva*, porque formam um instituto com autonomia, consistência e eficácia próprias.[2]

132. Direito de Acrescer. O *direito de acrescer* é uma substituição presumida na lei, em virtude da qual o coerdeiro, ou o colegatário, recolhe a porção atribuída, em *disposição conjunta*, a outro herdeiro, ou legatário.

Quando o herdeiro instituído morre antes do testador, renuncia à herança ou é excluído da sucessão, a destinação de sua quota depende da aplicação de regras relativas:

a) à *substituição*;
b) à *representação*;
c) ao *direito de acrescer*.

Se a disposição testamentária prevê *substituto*, a solução encontrase no próprio testamento. O *herdeiro suplente* é chamado para tomar o lugar do premorto, renunciante ou indigno.

---

1 [Código Civil, art. 1.941].
2 SCOGNAMIGLIO. **Il diritto di accrescimento nelle successioni a causa di morte**. p. 13.

Não prevista a *substituição*, determinam algumas legislações que a porção hereditária *vaga* passe, por *direito de representação*, ao herdeiro do instituído. Com esta solução, leva-se para o campo da *sucessão testamentária* um instituto tradicionalmente próprio da *sucessão legal*. Presume a lei que, se o testador não designou *substituto*, admitiu que, em lugar do herdeiro instituído, herdem as pessoas às quais tocariam os bens, por direito de transmissão, se o óbito ocorresse após a abertura da sucessão, *representação* na *sucessão testamentária* resolve problema com simplicidade, mas descansa fragilmente na vontade presumida do testador. Alega-se que, se a presunção é verossímil na sucessão *ab intestado*, nem sempre se justificaria na instituição de herdeiro por testamento. É evidente, no entanto, que, se o testador não designa *substituto*, razoável se torna supor que teve a intenção de que o herdeiro venha a ser substituído pelas pessoas que o representariam na sucessão legítima.

O Direito pátrio não admite, todavia, a *representação* na *sucessão testamentária*.

Adota a solução que, nos casos indicados, manda *acrescer* a porção vaga ao herdeiro, ou legatário, nomeado *conjuntamente*.

Necessária, porém, uma *designação conjuntiva*. No Direito Romano tinham relevo apenas duas modalidades de conjunção: *re tantum* e *re et verbis*. Assim, entre nós, tanto se admite o *direito de acrescer* entre coerdeiros como entre colegatários.

No Direito anterior, a doutrina reinícola dividira-se. Alguns se declararam pela inadmissibilidade total do *direito de acrescer*.[3] Outros, admitiam-no unicamente nos *legados*.[4] Terceira corrente aceitava-o tanto nos *legados* como nas *heranças*,[5] conforme a tradição romanista. A essa doutrina filiou-se o Direito nacional.

O acolhimento do *direito de acrescer* entre coerdeiros ou colegatários é justificado sob a razão de que, depreendendo-se dos termos da disposição conjuntiva, ser a vontade do testador de deixar a herança ou o legado aos instituídos, justo é que acresce aos outros a parte do que falta.[6]

A *natureza do direito de acrescer* é controvertida. Seria, para alguns, *substituição vulgar presumida*.[7] Implicaria dois chamamentos sucessórios do indivíduo, um que lhe confere a qualidade de sucessor por direito próprio, outro que lhe dá direito à porção não adquirida por determinado herdeiro ou legatário.[8] No Direito brasileiro, encostado à tradição das fontes romanas no que toca às *conjunções*, a assemelhação à *substituição* é inadmissível, soando falsa a dupla vocação. O coerdeiro, ou o colegatário, recolhe a *quota vaga* por efeito de chamamento único na disposição conjunta, ficando sujeito às obrigações e

---

3 Melo Freire, Gouvêa Pinto.

4 Lobão, Correia Telles.

5 Coelho da Rocha.

6 COELHO DA ROCHA. **Instituições...** nota GG ao § 697.

7 TELES, Galvão. *Direito de representação, substituição vulgar e direito de acres*cer, p. 258.

8 Idem, ibidem, p. 220.

140 | SUCESSÕES – *Orlando Gomes*

aos encargos que a oneravam.[9] Verifica-se, afinal de contas, pela própria força expansiva da vocação conjunta. Nem por isso deixa de ser um *direito subjetivo* que investe o titular na faculdade de expandir sua aquisição no caso de *vacância* da quota de coerdeiro.[10]

133. Fundamento. Duas doutrinas propõem-se a explicar o *fundamento do direito de acrescer*, a que o atribui à *vontade da lei* e a que o refere à *vontade do testador*.

Discorrem os adeptos da primeira corrente doutrinária na sustentação de que o *direito de acrescer* é simples efeito legal da vocação conjunta. Orientam--se formalisticamente, entendendo que, se o testador emprega *forma conjunta*, pouco importa se a sua vontade é adversa ao direito de acrescer. A lei tira essa consequência do modo por que dispôs, indiferente à intenção do disponente. Na verdade, porém, essa indiferença é mais aparente do que real, porquanto não se aplica a regra quando se pode deduzir que o testador não quis esse efeito. Em matéria de testamento, nunca se deve abstrair a vontade do testador.

Pode a lei presumi-la, e o faz quanto ao *direito de acrescer*, induzindo-a, po-rém, não da *forma* que tomou a disposição, mas de outros elementos que atestam ser intenção do testador que acresça aos outros nomeados a parte daquele que não pode ou não quis recolher a herança. Ao chamar conjuntamente dois ou mais indivíduos, é de se supor que o testador quis o que a lei presume, pois do contrário teria designado *substituto*, cujo direito à parte vaga está expressamente ressalvado.[11]

O *fundamento sociológico* do *direito de acrescer*, atribuído ao interesse social de impedir o excessivo fracionamento da propriedade,[12] não teria bastante consis-tência para justificar a conservação do instituto no Direito moderno. Propugna-se sua abolição na esteira das legislações que o eliminaram.

134. Pressupostos. São em número de quatro os *pressupostos* do *direito de acrescer*:

1 – conjunção real ou mista;
2 – falta de herdeiro, ou legatário, instituído em disposição conjuntiva;
3 – existência de coerdeiros ou de colegatários;
4 – inexistência de substituto nomeado.

Já se viu que o direito de acrescer não tem cabimento na *conjunção verbal*. Pressupõe disposição conjunta *re tantum* ou *re et verbis*.

---

9 [Código Civil, art. 1.943, parágrafo único].

10 SCOGNAMIGLIO. **Il diritto di accrescimento nelle successioni a causa di morte**. p. 81.

11 [Código Civil, art. 1.943].

12 TELES, Galvão. Ob. cit. p. 269.

Cap. 18 · DISPOSIÇÕES CONJUNTAS E DIREITO DE ACRESCER | **141**

Configurada uma dessas duas *conjunções*, é preciso, primeiramente, que um dos herdeiros, ou legatários, instituídos não possa, ou não queira, recolher a herança ou o legado.

Na forma do texto legal, somente a premorte, a indignidade ou a renúncia determinam o *direito de acrescer*. Nos dois primeiros casos, porque o coerdeiro, ou o colegatário, não pode; no último, porque não quer. Ocorrerá, ainda, se não se verificar a *condição* sob a qual foi instituído.[13] A enumeração é taxativa.

Necessário, igualmente, que haja herdeiros, ou legatários, que possam recolher a quota vaga. Entende-se, porém, que, não havendo *colegatários* com o direito de acrescer, a porção do que faltar acresce ao herdeiro onerado, ou a todos os herdeiros, se o legado se deduziu da herança.[14] Não se realizando o direito de acrescer e não havendo *substituto*, transmite-se aos herdeiros legítimos a quota vaga,[15] mas, em verdade, não se trata, na hipótese, do direito de acrescer propriamente dito.

Importa, afinal, que o testador não haja declarado vontade contrária ao direito de acrescer. Pode, com efeito, dispor outra coisa, designando, por exemplo, *substituto*, ou determinando que a parte do coerdeiro inexistente, excluído ou renunciante passe aos herdeiros legítimos. É incontestável o cunho supletivo das regras relativas ao direito de acrescer.

135. Aplicação do Direito de Acrescer. O direito de acrescer realiza-se tanto entre *coerdeiros* como entre *colegatários*.

Faltando um *herdeiro testamentário*, nomeado em disposição conjunta, sua parte aproveita aos outros herdeiros instituídos conjuntamente. Aos *colegatários* acrescerá, do mesmo modo, a porção do que faltar.

Não se superpõem, entretanto, as regras.

Verifica-se o direito de acrescentar entre *coerdeiros* quando estes, pela mesma disposição de um testamento, são conjuntamente chamados à herança em *quinhões não determinados*.[16]

Pode ocorrer, entretanto, que alguns herdeiros sejam chamados em *quinhões determinados* e outros, na mesma verba, *sem distribuição de quotas*. Nessa hipótese, o direito de acrescer tem cabimento apenas entre os últimos.

Designado *substituto*, os outros *coerdeiros* não terão direito de recolher a quota vaga, pois a ele cabe recebê-la.

Não havendo *conjunção*, transmite-se aos herdeiros legítimos a parte do nomeado.

---

13 [Código Civil, art. 1.943].
14 [Código Civil, art. 1.944, parágrafo único].
15 [Código Civil, art. 1.944].
16 [Código Civil, art. 1.941].

Não acresce, portanto, aos coerdeiros instituídos. Nula ou anulada a disposição, ocorre a devolução, igualmente, aos herdeiros legítimos. Aplica-se a mesma regra aos casos de caducidade da instituição, ou revogação do testamento.

Verifica-se o direito de acrescer entre *colegatários*:[17]

a) quando nomeados conjuntamente a respeito de coisa única, determinada e certa;

b) quando não se possa dividir o objeto legado, sem risco de se [desvalorizar].

No primeiro caso, há conjunção *re et verbis*; no outro, *re tantum*. Nos dois, não faz o testador distribuição de partes, mas, para se aplicar o direito de acrescer, é mister, no segundo caso, que a coisa seja *indivisível* ou não possa ser dividida sem dano. Note-se que se trata de *conjunção real*, isto é, resultante de verbas distintas.

Determinada a quota de cada *colegatário*, não há direito de acrescer.

O direito de acrescer na *conjunção real* só se admite entre *colegatários*.[18]

[Não pode o coerdeiro ou colegatário renunciar somente ao acréscimo que lhe caiba decorrente do direito de acrescer. Inexistindo renúncia parcial da herança, obrigado estará o beneficiado a renunciar, também, à herança ou ao legado que lhe foi deixado, abrindo-se uma exceção e permitindo o repúdio do acréscimo, exclusivamente no caso de este comportar encargos especiais impostos pelo testador, revertendo, então, o acréscimo para a pessoa a favor de quem os encargos foram instituídos].

136. Regime do Usufruto. Subordinam-se a regime particular as disposições conjuntas em que se instituem *legado de usufruto*.

Tanto pode faltar um dos *usufrutuários* como um dos *legatários da propriedade*, consistindo o problema em saber se, nas duas hipóteses, há *direito de acrescer*, e, no caso afirmativo, a quem cabe.

Quanto aos *usufrutuários*, a reversão aos outros da parte do que faltar constitui a regra tradicional. Declara a lei que *acresce* aos *colegatários*,[19] isto é, aos usufrutuários restantes.

Indaga-se, contudo, se, na hipótese, ocorre verdadeiramente o *direito de acrescer*.

Permite a lei a constituição do *usufruto simultâneo* a favor de várias pessoas, estabelecendo que se extinguirá parte a parte, em relação a cada um dos que falecerem, a menos que, por disposição expressa, o quinhão desses caiba aos so-

---

17 [Código Civil, art. 1.942].

18 OLIVEIRA, Itabaiana de. Ob. cit. p. 126.

19 [Código Civil, art. 1.946].

breviventes.[20] Não prescreve, portanto, a reversão sucessiva até a morte do último usufrutuário que sobreviver, conquanto a autoridade por expressa declaração de vontade de quem o constitui. Seria indispensável que constasse do testamento, se a lei, dando tratamento diverso quando se cogita de disposição testamentária conjunta, não houvesse prescrito o *direito de acrescer*.

Cabimento não teria a aplicação da regra concernente ao usufruto simultâneo, porquanto pressupõe a existência de vários usufrutuários no gozo do direito, enquanto na *vocação conjunta* por testamento o pressuposto é que um dos instituídos não pôde ou não quis aceitar o legado. Nesta última hipótese, trata-se inequivocamente de *direito de acrescer*, na acepção técnica da expressão, o que não ocorre na outra figuração.

Para se verificar é preciso, porém, que os legatários tenham sido *conjuntamente instituídos* no usufruto, em disposição com a forma de *conjunção "re tantum"* ou *re et verbis*.

Se não houve conjunção entre os usufrutuários, as quotas dos que faltarem consolidam-se na propriedade, à medida que eles forem faltando.[21] Procede-se do mesmo modo se, apesar de conjuntos, só foi legada certa parte do usufruto,[22] visto que não há direito de acrescer quando a *conjunção é verbis tantum*.

Quando falta um dos *nu proprietários* conjuntamente instituídos, o direito de acrescer não aproveita aos *usufrutuários*, dado que não são diferentes os respectivos direitos. Acresce, sem dúvida, aos demais condôminos. É inadmissível o acrescimento quando se lega a um indivíduo a propriedade e a outro, o usufruto.

Uma anomalia tem consagração em outros ordenamentos jurídicos, a de que venha a faltar um dos usufrutuários depois de obtida a posse da coisa em que recai o usufruto. Os romanos admitiam a extensão do direito de acrescer a tal situação sob o fundamento de que o usufruto se adquire dia a dia. A doutrina é inaceitável, porquanto o legado é único e a aquisição do direito se verifica desde a abertura da sucessão. Tenta-se explicar a regra anômala com teorias tendentes a adaptar a regra romana à realidade jurídica ou destinadas a justificar sua conformidade aos princípios, todas, porém, deficientes no propósito colimado, predominando, no entanto, a que procura fundamentá-la na presumível vontade do testador.[23]

---

20 [Código Civil, art. 1.411].

21 [Código Civil, art. 1.946, parágrafo único].

22 [Código Civil, art. 1.946, parágrafo único].

23 Cf. SCOGNAMIGLIO. **Il diritto di accrescimento nelle successioni a causa di morte**, com referência às teorias de Heimsoeth, Schneider, Venezian e Baron. Para a teoria dominante, WINDSCHEID. **Pandectes**. v. III, p. 405; VITALI. **Successioni**. v. IV, p. 494; TELES, Galvão. Ob. cit. p. 300.

Capítulo 19
CLÁUSULAS RESTRITIVAS

> **Sumário: 137.** Classificação. **138.** Cláusula de Inalienabilidade. **139.** Espécies. **140.** Natureza. **141.** Efeitos. **142.** Sub-rogação de Bens Inalienáveis. **143.** Cláusula de Incomunicabilidade. **144.** Cláusula de Impenhorabilidade. **145.** Cláusula de Conversão. **146.** Cláusula de Administração.

137. Classificação. A legítima pertence de pleno direito ao herdeiro necessário. Não obstante, pode o testador clausulá-la, impondo restrições, que atingem até o próprio *poder de dispor* dos bens herdados.

As *cláusulas restritivas* permitidas são:[1]

a) *inalienabilidade*;
b) *incomunicabilidade*;
c) *impenhorabilidade*.

[O novo texto do Código Civil restringiu, no art. 1.848, o poder de clausular do testador, quanto aos bens que compõem a legítima dos herdeiros, somente permitindo a imposição das mencionadas cláusulas se houver uma justa causa declarada no ato de última vontade. Entretanto, facultou livremente] ao testador prescrevê-las quanto aos bens da *metade disponível*, e em relação aos herdeiros não legitimários.

Distinguem-se por traços nítidos, nenhuma dúvida se levantando quanto à configuração de cada qual.

Podem impor-se isolada ou cumulativamente, [sendo certo] que, por via de consequência, determinadas cláusulas contêm, implicitamente, outras.

Têm de constar no testamento como objeto de disposição que traduza inequivocamente a vontade do testador, devendo interpretar-se restritivamente.

Nem todas significam propriamente restrições, mais ainda as que não possuem a rigor tal natureza constituem *determinações*, não simples recomendações.

---

1 [Código Civil, art. 1.846].

138. Cláusula de Inalienabilidade. Consiste a *cláusula de inalienabilidade* na proibição de alienar, a título gratuito ou oneroso, os bens deixados a herdeiros, ou legatários. Importa, assim, restrição absoluta ou *jus abutendi*, estabelecida pela vontade particular.

Até certo tempo, a cláusula de inalienabilidade absoluta foi defesa, no pressuposto de que encerrava condição ou encargo impossível e ilícito,[2] admitindo-se, tão somente, a inalienabilidade relativa, com a declaração de uma *causa vestita*. Passou a ser permitida em lei anterior ao Código Civil [revogado].[3]

Levantam-se, porém, ainda hoje, objeções à orientação proveniente desse diploma legal, tomando corpo a reação contra a própria possibilidade, que abriu, de ser gravada, com a inalienabilidade, a *legítima*.[4] Não se sabe, de logo, quais são os bens que a comporão; só a partilha dirá se o testador os não indicou. Sendo maiores os herdeiros, escolherão; sendo menores, o juiz determinará quais os que integrarão a legítima de cada qual.

De resto, a ojeriza volta-se contra a cláusula, em quaisquer circunstâncias. A civilística francesa sempre lhe foi adversa.[5] Tende, entretanto, a admiti-la, se temporária e baseada num interesse sério. Argumenta-se que a autorização imotivada para tornar inalienáveis os bens da herança atenta contra o princípio da livre circulação das riquezas, um dos pilares sobre o qual se apoia o ordenamento jurídico, comprometendo respeitáveis interesses sociais. Invocam-se, ademais, razões propriamente jurídicas para condená-la. A proibição de alienar seria contrária aos princípios que dominam a propriedade. A faculdade de dispor é um dos atributos essenciais de domínio, de sorte que a sua supressão pela vontade particular o desnaturaria. O poder de disposição, inerente à propriedade, é inelliminável por verba testamentária, pois, não sendo autolimitável, também não pode ser importante a outrem, dado que os direitos do herdeiro se medem pelos do autor de herança.

Haveria, em resumo, uma impossibilidade jurídica. Rejeita-se a objeção, demonstrando-se que a faculdade de alienar não é, realmente, da essência da propriedade, nem ao menos característica desse direito. A inalienabilidade não ataca o domínio no poder de disposição material da coisa, pois diz respeito apenas à disposição jurídica.[6]

Se, por esse aspecto, não constitui aberração jurídica, é, entretanto, insustentável quando a proibição de alienar recai nos bens da *legítima*. Pertence ela de pleno direito aos herdeiros necessários, a eles devendo passar nas condições em que se encontram no poder do autor da herança. Da circunstância de que constituem *reserva* inalterável, os bens da legítima devem transmitir-se tal como se achavam no patrimônio do defunto. Em consequência, quando ocorre o óbito do

---

2 ULPIANO, José. **Das cláusulas restritas da propriedade**. p. 70.

3 Lei n. 1.839, de 1907, denominada Lei Feliciano Pena.

4 Cons., do autor, **Memória justificativa do anteprojeto de Código Civil**.

5 Troplong, Demolombe, Baudry, Lacantinerie, Huc, Aubry *et* Rau, Josserand.

6 PLANIOL. **Traité élémentaire de droit civil**. v. I, n. 2.332.

autor da herança a plenitude dos direitos não pode sofrer restrições, atentatórias, que são, da legítima expectativa convertida em direito adquirido.

Não se justifica, realmente, a permissão de clausular a legítima. A preocupação do testador de preservar da adversidade o herdeiro necessário pode ser atendida por outros meios jurídicos que não a sacrificam.

De resto, a proteção visada pelo ascendente cauteloso se transforma, não raro, num estorvo, antes prejudicando do que beneficiando, ou numa inutilidade. Permitida, por outro lado, a livre disposição testamentária dos bens inalienáveis, nada impede que seu titular o grave, em testamento, com o mesmo ônus, e assim sucessivamente, permanecendo eles retirados da circulação por várias gerações.

Necessário se torna, assim, abolir a prerrogativa de clausular os bens com a inalienabilidade, ao menos da legítima. [Nesse sentido, a dificuldade imposta ao testador pelo Código Civil quanto à restrição à legítima, forçando-o a declarar de forma clara, precisa e justificada a causa da imposição dos gravames e, mais, transferindo para o julgador a decisão da validade da cláusula, seguindo a tendência do Direito moderno no sentido de extingui-la. A causa apresentada deve ser verdadeira, suficiente e razoável para justificar a sua imposição e deve existir, obviamente, no momento da abertura da sucessão. Limitou assim o legislador o poder do testador, submetendo ao julgador a validade da causa expressa na disposição testamentária.

A justificação exige-se, também, para as cláusulas de incomunicabilidade e impenhorabilidade].

139. Espécies. A *inalienabilidade* poder ser:

a)   *absoluta* ou *relativa;*
b)   *vitalícia* ou *temporária.*

Na *cláusula de inalienabilidade absoluta*, o testador proíbe a alienação, a quem quer que seja, de todos os bens deixados. Não perde esse caráter, se restrita a um ou a alguns bens, por ser sua nota distintiva a impossibilidade jurídica de disposição a qualquer título.

É *relativa* a *inalienabilidade* quando permitida a alienação a determinadas pessoas, ou restritiva a certos bens da herança. Nesta última hipótese, é *parcial*, considerando-se a quota hereditária. Nenhum relevo apresenta esta espécie da inalienabilidade relativa.

Prescrita a *inalienabilidade* vitalícia, a proibição dura toda a vida do herdeiro ou do legatário. Não se admite, porém, a *inalienabilidade perpétua*, transmitida, sucessivamente, por direito hereditário. Perde a cláusula sua eficácia com a morte do gravado, transferindo-se livremente o bem a seus sucessores.

Diz-se *temporária* a *inalienabilidade* extinguível com o implemento de *condição* ou o advento de *termo*. Realizado o evento, incerto ou certo, o proprietário passa a ter a livre disposição do bem.

A *legítima* pode ser gravada com a cláusula de *inalienabilidade absoluta* e *vitalícia*, não sendo necessário, como no Direito anterior, o recurso à *cautela Socini*, com a qual se facultava ao ascendente clausular o quinhão do descendente se lhe deixava mais do que os bens legitimários.

Em qualquer de suas *espécies*, a cláusula de inalienabilidade [só poderá ser imposta sobre a legítima havendo justa motivação].

140. Natureza. A determinação da *natureza* da *cláusula de inalienabilidade* interessa principalmente à definição de seus efeitos.

Pretendem explicá-la três doutrinas:

a) a da *incapacidade do proprietário;*
b) a da *obrigação de não fazer;*
c) a da *indisponibilidade da coisa.*

A *teoria da incapacidade* parte da distinção entre a inalienabilidade propriamente dita e a proibição de alienar. A inalienabilidade, segundo Capitant, fere o bem em si próprio, enquanto a proibição de alienar atinge a pessoa do proprietário, não a coisa. A primeira alcança quem quer que seja dono do bem; a segunda, somente o proprietário gravado.

Assim, a cláusula de inalienabilidade volta-se diretamente contra a pessoa do proprietário e não contra o bem, que conserva virtualmente a possibilidade de ser alienado. Cria, por conseguinte, uma *incapacidade restrita*, que hoje se diria falta de legitimidade para dispor do bem. Conquanto engenhosa e elucidativa, a doutrina da *incapacidade do proprietário* é rejeitada sob o fundamento inarredável de que somente a lei pode ditar incapacidades, não sendo lícito a quem quer que seja criá-las.

A *teoria da obrigação de não fazer* parte da distinção entre a *indisponibilidade real* e a simples *proibição de alienar*. Estabelecida esta proibição, como encargo imposto a uma transmissão gratuita de bens, quem os recebe contrai a *obrigação de não os alienar*, empenhando-se numa abstenção. A inexecução implicaria resolução do negócio de disposição, mas, no rigor dos princípios, daria lugar apenas à indenização de perdas e danos.

Tal consequência frustraria, porém, o fim da cláusula de inalienabilidade.

Conforme a *teoria da indisponibilidade da coisa*, a cláusula grava o bem de genuíno *ônus real*. Adere, por conseguinte, à coisa, permitindo que se considere *nula* sua alienação a qualquer título, por *desvio de destinação*, tal como ocorre em outras situações nas quais também se manifesta. Contudo, não se trata de ônus real no sentido de direito real da coisa alheia, transferido ou retido por terceiro, mas de um corte, de um aniquilamento do direito de dispor.[7]

---

7 ULPIANO, José. Ob. cit. p. 152.

141. Efeitos. Os efeitos da cláusula de inalienabilidade devem ser apreciados sob duas perspectivas, a que permite divisá-las no plano das proibições que encerra e a que os apanha quando transgredida. Dizem respeito, por outras palavras, na classificação de José Ulpiano, à *extensão* e à *sanção*.[8]

O exame da *extensão* da cláusula dirige-se aos atos que proíbe e às consequências virtuais que acarreta. O da *sanção*, às penas a que dá lugar sua infração.

O efeito substancial consiste na proibição de *alienar* o bem clausulado. Impedido fica o proprietário de praticar todo ato de disposição pelo qual o bem passe a pertencer a outra pessoa. Numa palavra, não pode transferi-lo *voluntariamente*. Está proibido, em suma, de vendê-lo, doá-lo, permutá-lo ou dá-lo em pagamento. Estende-se a proibição aos atos de *alienação eventual*, não lhe sendo permitido, por conseguinte, hipotecá-lo ou dá-lo em penhor. É controvertido se pode limitar sua propriedade mediante a constituição de outros direitos reais, como o usufruto, o uso e a habitação. Pela afirmativa, porque não implicam alienação.

A proibição alcança somente os atos voluntários, de sorte que o proprietário do bem inalienável pode vir a perdê-lo por *desapropriação*. Não o perde, porém, deixando que outrem o adquira pelo *usucapião*, conquanto não ocorra, na hipótese, alienação. Do contrário, a proibição poderia ser frustrada mediante conluio entre o proprietário e o possuidor. Prevalece, de resto, o princípio de que o usucapião não é aplicável aos bens inalienáveis.

A *imprescritibilidade* é, com efeito, uma das consequências virtuais da inalienabilidade, que também se produz quando determinada pela vontade particular.

Outro efeito, de maior relevância, é a *impenhorabilidade*. Posto não seja voluntária, mas coativa, a alienação determinada pela execução de credores campearia a fraude se o bem inalienável fosse penhorável. A cláusula de inalienabilidade é oponível a todo e qualquer credor.

Entre as consequências da inalienabilidade [incluem-se a *incomunicabilidade e a impenhorabilidade*. Entendiam alguns autores] que, estabelecida a mera inalienabilidade, não se [prescrevia] implicitamente a incomunicabilidade. O bem simplesmente inalienável [se comunicaria] ao outro cônjuge porque a comunicação não implica alienação. Ademais, importando a incomunicabilidade alteração excepcional do princípio da imutabilidade do regime matrimonial de bens, a disposição legal que permite tal cláusula tem de ser interpretada restritamente.[9] [Pondo fim à celeuma existente, o legislador estabeleceu que a cláusula de inalienabilidade importa incomunicabilidade e impenhorabilidade do bem (art. 1.911). Essa já era a] opinião dominante, tanto na doutrina como na jurisprudência, [encontrando-se a matéria inclusive sumulada].[10] Sustentavam-na com apoio no

---

8 Ob. cit. p. 153.

9 [Código Civil, art. 1.668, n. I e IV]. Partidários da Independência das Cláusulas: José Ulpiano, Hahnemann Guimarães, Carlos Maximiliano, Carvalho Santos.

10 NONATO, Orozimbo. **Estudos...** n. 641 a 644. Clóvis Beviláqua, Eduardo Espínola, Itabaiana de Oliveira, Mário Guimarães.

argumento principal de que o vocábulo *inalienabilidade* tem o amplo significado de abranger todas as formas de transferência da propriedade. A ela nos filiávamos.

Outra exceção à inalienabilidade é a execução por dívida proveniente de impostos, imposta no interesse público.

Permite-se, finalmente, a alienação do bem clausulado mediante *sub-rogação* autorizada pelo juiz, não obstante a disposição legal que proíbe a dispensa da cláusula.

Assim se procede, no entanto, sob o entendimento de que não se justifica a interpretação literal, em face, inclusive, de elemento histórico da lei. Tem sido admitida até quando há expressa proibição do testador.

A inalienabilidade não se estende aos frutos e rendimentos.[11]

A *sanção* contra a infração da proibição de alienar pode ser estipulada pelo testador sob a forma de *cláusula penal* de *resolução da liberalidade*.

Quando inexiste, a infração é legalmente punida com a *resolução* do negócio de alienação. A inexecução da obrigação de não alienar traz como consequência a resolução do ato infringente. Atentos, porém, aos graves inconvenientes que apresenta semelhante sanção, passou-se a admitir a *anulabilidade* do ato. Outros acham, todavia, que deve ser fulminado com a *nulidade* absoluta. A opinião coaduna-se à *natureza* da cláusula de inalienabilidade. Se, com efeito, se trata de *indisponibilidade* real, o ato de disposição é nulo de pleno direito. A respectiva ação poderá ser intentada, nesse caso, por qualquer interessado, compreendidos os herdeiros do testador. É indiferente que o terceiro adquirente esteja de *má-fé*, ou não. A rigor, não pode alegar *boa-fé*, por injustificável a sua falta de diligência. Os efeitos diretos e principais da ação de nulidade são a destruição do ato de alienação e a restituição do bem ao herdeiro, ou ao legatário, para ficar sujeito ao destino que lhe foi conferido.[12] Cabe ao terceiro adquirente reclamar do alienante a restituição do preço.

142. Sub-rogação de Bens Inalienáveis. O proprietário de bem inalienável tem o direito de substituí-lo por outro, para o qual transfira a cláusula restritiva do domínio. Não permite a lei, com efeito, a invalidação ou dispensa do ônus. [No entanto, parte da doutrina, apoiada em bem elaborada jurisprudência, tem, em situações excepcionais, amenizado o rigorismo da lei. Posiciona-se contrariamente à manutenção da cláusula de inalienabilidade quando não mais existe a proteção ao gravado pretendida pelo instituidor, perdendo o gravame sua razão de ser e, ainda, fundamenta-se na ofensa ao direito de propriedade, propiciando, muitas vezes, o afastamento de sua destinação social e, principalmente, ao princípio da circulação de riquezas. A dispensa do gravame é uma exceção; a regra é respeitar a vontade do testador, porém, atendendo àquelas situações em que a cláusula, em vez

---

11 BEVILÁQUA, Clóvis. **Comentários ao Código Civil**. v. VI, p. 188. Orosimbo Nonato – voto no Rec. Ext. n. 8.242.

12 ULPIANO, José. Ob. cit. p. 192.

de proteger o beneficiado, impõe-lhe prejuízos, é de ser admitido, com as devidas cautelas, o seu cancelamento]. Mas a proibição legal não abrange a possibilidade da *sub-rogação* em certos casos. Pretendeu-se levá-la até a esse extremo, impedindo-a expressamente em razão dos abusos que propicia. Prevaleceu, porém, na formação da lei, o ponto de vista de que era inconveniente tal disposição porque, eventualmente, a *sub-rogação* é plenamente justificável. Está, assim, autorizada.

[Havendo conveniência econômica, é possível a sub-rogação, como expressamente prevê o art. 1.911 do novo texto do Código Civil]. A *necessidade* [pode] decorrer da própria coisa inalienável, [como] surgir em relação à pessoa de seu proprietário. Os adeptos da primeira corrente de opinião proclamavam que a única hipótese defensável de sub-rogação é a de se acharem em ruínas os bens e não terem os herdeiros ou legatários meios para custear as obras necessárias.[13] Os outros autorizavam-na nos casos de real conveniência do proprietário de bem inalienável, reconhecida pelo juiz.[14] Os tribunais aceitaram o entendimento mais liberal, [acolhido pelo Código Civil], permitindo a sub-rogação sempre que razoável o interesse do dono da coisa. Os abusos são coibidos pelo prudente arbítrio do juiz, valendo como critérios de orientação para concedê-la a premente necessidade, a evidente utilidade e a real conveniência.

Autorizada judicialmente a *sub-rogação*, o produto da alienação do bem clausulado tem de ser convertido em outro bem, no qual recairá o mesmo *ônus*.

Para obter a indispensável autorização, deve o interessado observar as regras atinentes aos procedimentos de jurisdição voluntária.[15]

143. Cláusula de Incomunicabilidade. Permite a lei, [havendo justa causa], que o testador prescreva a *incomunicabilidade* dos bens que constituem a *legítima* do herdeiro.

Consiste a restrição em impedir que integrem a comunhão estabelecida com o casamento. Os bens assim clausulados formarão patrimônio exclusivo do cônjuge ou passarão a compô-lo, se já o possui.

Não entram do mesmo modo no patrimônio comum do casal os bens adquiridos com a mesma cláusula, legados por testador que não seja ascendente do gratificado. Necessária não é, assim, a declaração dos motivos da restrição, que se presume, quando afeta a legítima, ser uma precaução contra possíveis desmandos do outro cônjuge.

De regra, a *cláusula de incomunicabilidade* acompanha a de *inalienabilidade*. Nada obsta, porém, sua prescrição isolada.

Não repercute, evidentemente, sobre a outra cláusula mais ampla. O titular do direito de propriedade de bem incomunicável nenhuma limitação sofre no poder de disposição. Já a cláusula de inalienabilidade envolve a de incomunicabilidade.

---

13 MAXIMILIANO, Carlos. **Direito das sucessões**, n. 698.

14 Clóvis Beviláqua, Espínola.

15 [Código de Processo Civil, arts. 719 a 725].

144. Cláusula de Impenhorabilidade. A impenhorabilidade está implícita na inalienabilidade. Evidente que o que não pode ser alienado impenhorável é. Indaga-se, porém, se o testador pode prescrever isoladamente a *cláusula de impenhorabilidade*, estipulando-se a respeito de bens alienáveis.

Conquanto seja manifestamente inconveniente a validação de tal cláusula, mormente se estabelecida quanto aos bens da legítima, [nesse caso exigindo justa causa], admite-a o nosso Direito. Argumenta-se que, se podem ser declarados inalienáveis, razão não há para obstar a declaração independente de impenhorabilidade. Quem pode o mais pode o menos. Objeta-se que a permissão colide com o princípio que garante aos credores o direito de promover a venda dos bens do devedor, não trancado, no particular, pela inalienabilidade desses bens. Diz-se que, se o devedor tem a faculdade de alienar, não se pode impedir os credores de exercê-la em proveito próprio.

Todavia, cedem essas razões diante do pleno reconhecimento do direito de declarar inalienáveis, por testamento, bens da herança.

A *cláusula de impenhorabilidade* tem a mesma natureza da cláusula de inalienabilidade.

É oponível a todos os credores, sem a distinção de origem do crédito ou data do seu nascimento. Injustificável a opinião dos que só admitem a oponibilidade aos credores anteriores à aquisição do bem impenhorável.

A penhora de bens impenhoráveis é nula.

145. Cláusula de Conversão. Não [acolheu o Código Civil a possibilidade da] *conversão* dos bens da *legítima* em outras espécies.

Com esta permissão absurda, [abandonava-se] o princípio tradicional de que a legítima é uma quota legalmente *reservada* sobre os mesmos bens do espólio.

A conversão somente se [produzia] após a partilha, pois, doutro modo, não se [poderia] determinar a parte conversível.

146. Cláusula de Administração. [Em face da igualdade constitucional de direitos e deveres na sociedade conjugal, não podem os bens da legítima ser confiados exclusivamente à administração da mulher, como autorizava o texto revogado do Código Civil].

A *cláusula de administração* [acompanhava] a de incomunicabilidade. Não [se tratava] propriamente de uma cláusula restritiva.

[Era] considerada inútil, na prática, porque, não sendo a mulher obrigada a administrar pessoalmente os bens, [conferia] ao marido, habitualmente, poderes para geri-los.

Capítulo 20
LEGADOS

Sumário: 147. Conceito e Caracteres. **148.** Sujeitos. **149.** Objeto. **150.** Classificação. **151.** Legado de Coisas. **152.** Legado de Usufruto. **153.** Legado de Alimentos. **154.** Legado Alternativo. **155.** Legado de Crédito. **156.** Legado de Débito. **157.** Outros Legados.

147. Conceito e Caracteres. A definição de *legado* tem torturado os juristas porque as legislações designam com esse vocábulo diversas espécies de disposições testamentárias, às quais falta um traço comum.

O elemento distintivo é apontado pela ênfase atribuída a *caracteres* mais constantes, conquanto ausentes em algumas das figuras admitidas. Para alguns escritores, a noção de legado deve extrair-se da distinção entre disposições testamentárias a título universal e a título particular. Outros inferem-na da circunstância de constituir, comumente, *uma liberalidade*. Decisivo, para os primeiros, é o *conteúdo da disposição*. *Legado* seria toda disposição testamentária a *título particular, abrangente* de bens ou direitos individualizados, que se destacam do patrimônio do testador e são atribuídos à pessoa por ele designada. Sempre que ocorre sucessão a título particular, estabelecida por testamento, legado existe. Se é certo, porém, que, havendo sucessão no legado, é, necessariamente, a título singular, não menos verdadeiro é que nem sempre há sucessão, inexistente, por exemplo, no *legado de quitação de dívida* ou de *liberação de um direito real* na coisa do legatário.[1] Sucessor também não é o legatário a quem se impôs uma obrigação de fazer. Tende-se, todavia, a denominar *legado* toda disposição testamentária a título particular, seja qual for seu conteúdo, abrangendo-se as atribuições patrimoniais, as determinações que não importam a diminuição da herança, os encargos,[2] mas, com tal generalização, falha-se na tentativa de defini-lo, porquanto não se isola o traço essencial indispensável à fixação do elemento distintivo.

Enxergam-nos alguns tratadistas, fiéis às fontes romanas, no cunho de *liberalidade*, que seria de sua essência. Tornou-se corrente a definição de Modestino: *legatum est donatio testamento relicta*. O legado seria a atribuição patrimonial em favor do legatário, cujo patrimônio aumenta em consequência de respectiva

---

1 DEGNI. **Lezioni di diritto civille, la successioni testamentaria**. p. 21.
2 RUGGIERO. **Instituições de direito civil**. v. III, p. 580.

154 | SUCESSÕES – *Orlando Gomes*

diminuição no acervo hereditário. De regra, configura *ato de liberalidade,* mas nem sempre o é. Inadmissível considerar substancial ao conceito de legado esse caráter, porque pode ele consistir num ônus, ou ser absorvida por encargos a vantagem patrimonial. Ademais, falta, em alguns, a própria atribuição patrimonial. Destarte, posto continue a ser definido por muitos escritores como um ato de liberalidade *mortis causa,* o legado é mais do que isso, na variedade de suas figuras e finalidades. Negam a doutrina da liberalidade prestigiosos tratadistas.[3]

A dificuldade de conceituação conduz a definir o legado *por exclusão.* Com esse nome, designa-se qualquer disposição testamentária que não signifique instituição de herdeiro.[4]

À falta de noção precisa, somente podem ser apontados os *caracteres* mais comuns do legado, à luz dos quais se apresenta, fundamentalmente, como uma liberalidade *mortis causa,* estabelecida, numa disposição de última vontade, a *título singular.*

O legado somente pode ser instituído em testamento, ou em *codicilo,* neste caso para bens de [pequena monta].

Denomina-se *prelegado* se o contemplado é herdeiro legítimo.

Sublegado é o legado que grava outro, não devendo exercê-lo. Regula-se a capacidade de legar pela de testar. A de receber legado não se exige na medida requerida para herdar, podendo ser legatário pessoa que herdeiro não pode ser.

148. Sujeitos. O legado pressupõe a existência de, pelo menos, dois *sujeitos,* o que dispõe e o que é contemplado na disposição.

Dado que somente pode ser disposto em ato de última vontade, todas as pessoas capazes de testar são idôneas a legar.

Ao contemplado denomina-se *legatário.* Há de ser pessoa certa. Tanto pode ser alguém que não seja herdeiro, como quem tiver esta qualidade. O legado a herdeiro legítimo chama-se *prelegado* ou *legado precípuo.* O *prelegatário* recebe o legado além dos bens constitutivos do seu quinhão na herança. Afastaram-se as dúvidas quanto à sua validade, fundadas no raciocínio de que, sendo o coerdeiro obrigado a contribuir para o pagamento dos legados, seria, ao mesmo tempo, credor e devedor da porção que grava a sua quota. A coincidência das duas qualidades, a de herdeiro e a de legatário, não acarreta a nulidade parcial do prelegado, que o prelegatário recebe por inteiro a título de legado, nem aumenta sua parte na herança, porque recebe a título particular.[5] Bem é de ver, porém, que o prelegado a herdeiro único não faz sentido, visto que lhe obrigaria à inútil operação de retirar do acervo hereditário a coisa legada, para dá-la a si mesmo. O

---

3 Windscheid, Hartmann, Hoffman, Fadda, Gangi, Pontes de Miranda.

4 RUGGIERO. Ob. cit. p. 581. Gangi o define como atribuição patrimonial por ato de última vontade que não tem por objeto a universalidade ou quota-parte dos bens do testador, nem constitui instituição de herdeiro. In: **Nuovo digesto italiano**, v. VII, p. 696.

5 DEGNI. Ob. cit. p. 30.

Cap. 20 · LEGADOS | 155

legado precípuo a um de vários herdeiros, a ser pago por todos, importa, porém, a aquisição *jure legati* da parte que oneraria sua quota, de sorte que, além desta, o prelegatário recebe a totalidade do legado. Se o legatário não aceita a herança, ou é excluído, seu direito ao prelegado subsiste.

Aos dois *sujeitos* do legado acrescenta-se normalmente *terceiro*, chamado *onerado*.

De regra, atribui-se sua função ao *herdeiro*, mas pode ser cometida a outro *legatário*, competindo ao designado prestar o legado.

É sobre o *onerado* que recai o *ônus* do legado. Tal ônus é imposto, de regra, aos herdeiros conjuntamente. Nada impede, entretanto, que o testador o atribua a um dos coerdeiros, expressamente designado na disposição. Na primeira hipótese, cada herdeiro está obrigado a satisfazer o legado na proporção de sua quota. Se o testador houver legado coisa pertencente a um herdeiro, o ônus pesará sobre todos, compensando-se o seu valor com dinheiro, proporcionalmente.[6]

149. Objeto. Podem ser objeto dos legados:

a)   as coisas e os direitos;

b)   ações cometidas aos legatários;

c)   prestações de fazer, positivas ou negativas.

Numa palavra, tudo que tenha valor patrimonial.

O *objeto* do legado deve ser material e juridicamente possível. Em se tratando de *coisas*, a *impossibilidade jurídica* resulta de estarem *fora do comércio*. A incomerciabilidade pode ser relativa. Os *direitos personalíssimos* também não podem ser objeto de legado, por impossibilidade jurídica.

De referência às *ações* a serem praticadas pelo legatário, são juridicamente impossíveis as que contrariam a lei, a ordem pública e os bons costumes.

Pode o testador encarregar o legatário de fazer, ou não fazer, alguma coisa.

As *ações* e *prestações* costumam ser englobadas na denominação genérica de *fatos*.

A determinação do *objeto do legado* importa para a classificação de suas espécies, servindo de critério distintivo.

150. Classificação. Os legados classificam-se, em atenção ao seu objeto, em *legado*:

1 – *de coisas;*

2 – *de direitos reais;*

3 – *de crédito;*

---

6 RUGGIERO. Ob. cit. p. 582.

4 – *de dívida.*

O *legado de coisas* subdivide-se em legado:

a) *de coisa alheia;*
b) *de coisa genérica;*
c) *de coisa existente em lugar determinado.*

No *legado de direitos reais,* interesse especial desperta o de *usufruto.*

No de *crédito,* o de um só, ou da totalidade dos créditos do testador.

No de *dívida,* o de *quitação,* o de *pagamento* e o de *referência.*

Além dessas modalidades, dispõem os Códigos, especialmente, sobre os *legados alternativos* e o de *alimentos.*

151. Legado de Coisas. Deixam-se, normalmente, *coisas determinadas* e existentes no momento do testamento. É a hipótese mais simples.

Pode o testador deixar, porém, determinada coisa que não lhe pertencia quando testou, mas foi posteriormente adquirida e no seu patrimônio se encontra ao tempo da abertura da sucessão. A disposição é válida no Direito moderno, abandonada que foi a *regra catoniana,* proveniente do Direito Romano.

A coisa legada pode ser determinada *genericamente,* indicando o testador apenas a qualidade e a quantidade. É válida a *deixa,* ainda que nenhuma coisa do gênero se encontre no patrimônio do testador à data do testamento e nenhuma à data de sua morte. A determinação pode ser feita pela *espécie,* com as mesmas implicações.

O *legado de coisa alheia* é tratado diversamente nas legislações. As que acompanham a orientação do *Direito Romano* consideram-no válido, provado que o testador não ignora ser de outrem a coisa. As que seguem o *Código de Napoleão* declaram-no *nulo.*

Entre as primeiras, distinguem-se as que estabelecem como obrigação principal do *onerado* adquirir a coisa alheia e só subsidiariamente a de entregar ao legatário o seu valor das que lhe emprestam o conteúdo de uma *obrigação alternativa* com a faculdade de escolha deferida a quem deve prestar o legado.

O Código Civil brasileiro declara [ineficaz] o legado de coisa alheia, validando--o, entretanto, em duas hipóteses:[7]

1ª) se a coisa se tornou do testador, depois de haver testado;

2ª) se o testador determina que seja adquirida para entrega ao legatário [(art. 1.913)].

Nulo é o legado de acessão de bem que não pertence ao testador.[8] [O Código Civil declara ser ineficaz o referido legado].

---

7 [Código Civil, art. 1.912].

8 Cf. **Questões de direito civil**. 4. ed., p. 147 e 349.

O legado de coisa alheia admite interessante subespécie, a de pertencer ela, em parte, ao testador. Neste caso, vale apenas em relação ao que lhe pertencer, aplicando-se, quanto à outra parte, o disposto na regra concernente ao legado de coisa de outrem.

De tal legado pode ser objeto apenas a coisa sobre a qual tenha o testador um direito real transmissível.

A coisa legada pode ser de propriedade de herdeiro, ou do legatário. Trata-se de outra subespécie de legado de coisa alheia.

Vigem as seguintes regras: 1) se pertence a herdeiro, é válido, no entendimento de que a entrega da coisa ao legatário é um *encargo* imposto pelo testador; 2) é [ineficaz] se à data do testamento pertencia ao próprio legatário e, também, lhe pertencer à data da morte do testador; 3) é eficaz se à data da abertura da sucessão já pertencia ao testador, embora lhe não pertencesse à data do testamento; 4) igualmente, se o legatário a adquiriu, a título oneroso, do testador.

O *legado de coisa singularizada* tem eficácia se, à data do falecimento do testador, tal coisa se encontrar entre os bens da herança.[9] No caso de existir em quantidade inferior, reduz-se ao que for achado. Não mais se encontrando no patrimônio do testador, a disposição torna-se ineficaz.

Outro legado previsto é o de coisa, ou quantidade, que se deva tirar de certo lugar.[10]

Vale, se for encontrada, e até a quantidade achada. É regra de interpretação, amparada em princípio assentado, que a disposição testamentária se refere às coisas destinadas a ficar permanentemente em certo lugar, não as que temporariamente se acharem em lugar diverso,[11] pouco importando, assim, que, à data da abertura da sucessão, não estejam eventualmente onde permanecem habitualmente. Por outras palavras, a remoção, a título transitório, não torna ineficaz a deixa.

Se o objeto do legado é *bem de raiz*, os acréscimos feitos pelo testador, ampliando-o por novas aquisições, não pertencerão ao legatário, mas as benfeitorias compreendem-se na deixa.

152. Legado de Usufruto. Os direitos podem ser objeto de legado. Tanto os reais como os obrigacionais, mas, evidentemente, os transmissíveis. O de *uso* e o de *habitação,* por exemplo, não podem ser legados.

Do legado de um direito distingue-se o legado que tem por objeto a *constituição de um direito.* Tal legado é possível, sem qualquer limitação. Ao testador permite-se constituir, em favor de pessoa determinada, qualquer *direito real,* ainda os de exercício pessoal, tanto sobre coisa de sua propriedade como sobre bem legado a um onerado, ou a se transmitir, *mortis causa, a herdeiro.*

---

9 [Código Civil, art. 1.916].
10 [Código Civil, art. 1.917].
11 OLIVEIRA, Itabaiana de. Ob. cit. p. 153.

Dentre os legados que têm como objeto a constituição de um direito real, salienta-se, por sua frequência, o de *usufruto*.

Por três modos lega-se o usufruto: 1º) sem referência ao titular da *nua propriedade;* 2º) com reserva de usufruto no legado de propriedade; 3º) com indicação do usufrutuário e do nu-proprietário.

Se o testador não individualiza o nu-proprietário, entende-se que nomeou o herdeiro. Se lega a propriedade com reserva de usufruto, a condição de usufrutuário surge no herdeiro. A designação dos dois titulares apresenta-se, entretanto, como modo habitual de instituição do legado de usufruto. De regra, o testador indica o bem sobre o qual constitui o direito real de usufruto, fazendo duplo legado se aponta o nu-proprietário, [sendo] autorizada sua constituição, [inclusive], sobre fração do acervo hereditário.

Não fixado o tempo, o *usufruto* constituído mediante legado considerase *vitalício.*[12]

O usufruto sucessivo é proibido, extinguindo-se, por conseguinte, com a morte do primeiro usufrutuário designado. No entanto, tem-se admitido que o direito do nu-proprietário pode ser clausulado de inalienabilidade vitalícia, [até porque somente a parte disponível pode ser gravada com usufruto].

153. Legado de Alimentos. O legado de *alimentos* está expressamente previsto na lei.[13] Trata-se de disposição casuísta, que se explica, entretanto, como esclarecimento do conteúdo desse legado. Abrange, nos termos legais, o sustento, a cura, o vestuário e a casa, enquanto o legatário viver. Se ele for *menor,* compreende a educação.

Regulam-se, porém, pelas determinações do testador, podendo os alimentos exceder, ou não alcançar, os limites de sua estrita conceituação.

A quota para atendimento do legado pode ser fixada pelo testador. Se não a determina, tem de ser estabelecida pelo juiz, que deverá levar em conta, principalmente, a produtividade dos bens recebidos pelo onerado e as necessidades do legatário. Aconselha-se que atenda à presumível intenção do testador, facilmente identificável se, em vida, prestava alimentos ao beneficiário.[14] Bem pode acontecer, assim, que a obrigação de sustentar o legatário sobre o onerado esteja em condições mais pesadas do que normalmente ocorre. Não se confundem, em suma, os *alimentos "jure sanguinis"* do Direito de Família com os *alimentos jure testamenti.* Uns e outros são, porém, *impenhoráveis.* Daí que a eficácia do *legado de alimentos* não depende da necessidade absoluta de legatário. Deve-se admiti-lo em função da necessidade relativa, mas, se o legado é genérico, sua eficácia pode cessar, provando-se que o beneficiado não precisa de alimentos, ou deixar de necessitá-los.[15] Tal como nos alimentos *jure sanguinis,*

---

12 [Código Civil, art. 1.921].
13 [Código Civil, art. 1.920].
14 TAVARES, José. **Sucessões**. v. I, p. 397; OLIVEIRA, Itabaiana de. Ob. cit. p. 162.
15 DEGNI. **La successione a causa di morte**. v. II, p. 48.

o montante da prestação fixado ao tempo da morte do testador pode ser alterado pelas causas que determinam ordinariamente sua variação, salvo se fixado no testamento.

154. Legado Alternativo. É alternativo o legado quando tem por objeto uma de várias coisas.

Cabe a escolha a quem deve pagar o legado.

Pode o testador, entretanto, determinar que o próprio legatário exerça a opção.

Desaparecendo todas as coisas menos uma, nem por isso se torna ineficaz o legado alternativo. Nesse caso, converte-se em legado simples.

Ao legado alternativo aplicam-se regras atinentes ao legado de coisa genérica e às *obrigações alternativas*.[16]

155. Legado de Crédito. Pode ser objeto de legado um *crédito* que o testador, o onerado, ou terceiro, tem contra outra pessoa. É chamado *legatum nominis*.

Seus efeitos são os da *cessão*. O legatário se substitui ao primitivo credor.

O herdeiro cumpre o *legatum nominis* entregando ao legatário o título do crédito legado. Não assegura a existência do crédito, nem a solvabilidade do devedor. Em outras palavras, não garante o *nomen verum*, nem o *nomen bonum*.

Vale esse legado tão somente até a importância da dívida ao tempo da morte do testador.[17] Não compreende, por outro lado, as dívidas posteriores à data do testamento.[18]

Se a dívida se vencer e for paga em vida do testador, fica o legado sem objeto, mas pode subsistir, se o testador houver guardado, em separado, a quantia recebida, *pro deposito habuerit*, presumindo-se que, com esse procedimento, a reservou para o legatário.

O legatário de crédito faz jus aos juros vencidos, mas somente a partir da abertura da sucessão.

Espécie particular do legado de crédito é o *legatum liberationis*. No legado de *quitação de dívida ou liberação de crédito,* o legatário é devedor do testador, do onerado ou de terceiro. Se a dívida era contra o testador, o herdeiro cumpre o legado entregando o respectivo título ao legatário. Se este deve a terceiro, o onerado fica obrigado a solvê-la.

Tal como no *legatum nominis,* o de quitação de dívida é válido até a quantia devida no dia da morte do testador.

O *legatum liberationis* constitui *remissão de dívida* – ou tem o mesmo valor – por ato *mortis causa*. Caduca se o legatário nada dever ao testador ou ao terceiro designado.

---

16 RUGGIERO. **Instituições de direito civil.** v. III, p. 586.

17 [Código Civil, art. 1.918].

18 [Código Civil, art. 1.918, § 2º].

Compreende os juros vencidos antes ou depois do testamento.

Se o testador libera todas as dívidas do legatário, o legado é válido para as que existiam ao tempo do testamento.

156. Legado de Débito. Pode ser objeto de legado um débito que o testador, o onerado ou terceiro tenham para com o legatário.

Contrariamente a todos os legados, o de dívida não traz vantagem alguma ao legatário, mas, no Direito moderno, é válido.

Não se deve confundi-lo com o legado feito a alguém para pagar dívidas do testador.

Apresenta-se sob três formas: *a)* legado de dívida fictícia; *b)* legado de dívida real; *c)* legado ao credor com referência à dívida.[19]

A primeira não está prevista na lei, mas é admissível. Não existindo a dívida, o legado encerra liberalidade feita sob essa forma, que o testador julgou preferível. Trata-se de *declaração simulada de débito*. É indiscutivelmente válida, não se podendo pretender provar-se a simulação porque o testador é soberano na disposição dos seus bens.[20] Contudo, não vale se a declaração se fizer em proveito de pessoa incapaz de receber por testamento, tendo, portanto, o fim de fraudar as disposições proibitivas da lei. O *legado de dívida fictícia* cumpre-se como se fosse puro e simples, tirando-se da parte disponível, se houver herdeiros necessários, ou do acervo hereditário, se tais herdeiros não existirem.[21]

O *legado de dívida real* é praticamente inútil, somente se justificando para torná-la líquida, documentada ou restaurada quando extinta pela prescrição. Caduca se o testador paga a dívida após o testamento.

O *legado a credor com referência à dívida* não importa seu pagamento ou *compensação*, salvo se o testador assim o declarar,[22] substituindo, porém, se o testador pagou-a antes de morrer. Dispõe, com efeito, a lei: subsistirá do mesmo modo integralmente esse legado, se a dívida lhe foi posterior, e o testador a solveu.[23]

157. Outros Legados. Mencionadas na lei ou indicadas pela doutrina, diversas espécies de legados pedem registro em razão de particularidade dos seus traços distintivos.

Dentre as contempladas em disposições legais assinalam-se:

a) *legado de renda;*[24]

---

19 OLIVEIRA, Itabaiana de. Ob. cit. p. 158.

20 DEGNI. **La successione a causa di morte**. v. II, p. 48.

21 Cf. OLIVEIRA, Itabaiana de. Ob. cit. p. 159.

22 [Código Civil, art. 1.919].

23 [Código Civil, art. 1.919, parágrafo único].

24 [Código Civil, art. 1.926].

b) *legado de dinheiro;*[25]

c) *legado de prestações periódicas.*[26]

O *legado de renda* tem como objeto prestações periódicas, devidas ao legatário, vitalícias, ou não, sob forma, geralmente, de pensão. O testador constitui a renda, de regra sobre um imóvel, aplicando-se as regras concernentes ao correspondente *direito real*.

O *legado de dinheiro* não vence juros senão do dia em que se constituir em mora a pessoa obrigada a prestá-lo.

O *legado de quantidades certas*, em prestações periódicas, impõe ao onerado o encargo de pagar ao legatário, nos prazos fixados, determinada quantia. O marco inicial do pagamento é o dia da morte do testador. As prestações pagam-se mensalmente, anualmente ou de acordo com outras unidades de tempo. O legatário adquire direito à totalidade da prestação desde que se inicia cada período. Se morre quando esse período está em curso, seus herdeiros fazem jus ao recebimento integral da prestação, mas o direito ao recebimento da anuidade ou mensalidade somente pode ser exercido no termo de cada período. Aplica-se a regra da *post numeratio* ao só se tornar exigível a prestação quando se exaure o período.

Faz exceção o *legado de alimentos*, espécie particular desse gênero. Pagam-se prestações deixadas a esse título no começo de cada período.

Outra espécie a que se refere particularmente a doutrina é o *legado in faciendo*. Ao testador é lícito determinar que o herdeiro faça alguma coisa em proveito do legatário. Para valer, é preciso que o fato seja lícito e possível. Se o fato a ninguém aproveita, o legado é ineficaz. Requer-se ainda que tenha valor pecuniário. O *legado de fato* tem de ser cumprido de modo específico. O herdeiro incumbido de realizar a obra ou prestar o serviço não pode se exonerar pagando seu valor,[27] mas, evidentemente, se não cumpre a obrigação de fazer, tem de ressarcir perdas e danos.

Classificam-se ainda os legados quanto à *forma*, dividindo-se em *condicionais, a termo* e *modais*. As regras relativas a tais modalidades foram expostas no capítulo das *disposições testamentárias*.

---

25 [Código Civil, art. 1.925].

26 [Código Civil, art. 1.927].

27 ALMEIDA, Lacerda de. **Sucessões**. p. 412.

Capítulo 21
AQUISIÇÃO E EFEITOS DOS LEGADOS

Sumário: 158. Aquisição dos Legados. **159.** Aceitação e Renúncia. **160.** Direito de Pedir o Legado. **161.** Pagamento do Legado. **162.** Cumprimento do Legado de Coisas. **163.** Extinção dos Legados. **164.** Garantia dos Legados.

158. Aquisição dos Legados. No Direito Romano, o legado somente se adquiria se o herdeiro instituído aceitasse a herança. No Direito moderno, a aquisição do legado é independente da instituição do herdeiro, valendo quando falte esta. Adquire-se, outrossim, no momento da abertura da sucessão. No Direito pátrio, tem o legatário, desde a morte do testador, o direito, transmissível a seus sucessores, de pedir aos herdeiros instituídos a coisa legada.[1]

Do texto da lei depreende-se que o *direito ao legado* se adquire *ipso jure* independentemente da citação.

Doutrina autorizada distingue o *direito ao legado* da *aquisição da coisa* legada, sustentando que o primeiro se adquire com a abertura da sucessão enquanto a coisa legada, somente com a aceitação.[2] A outros escritores parece arbitrária a distinção, pois quando a lei se refere ao direito de pedir a coisa legada reporta-se ao direito de obtê-la fisicamente, consubstanciado na *pretensão* contra o herdeiro para que dê execução ao legado, tanto assim que se transmite aos sucessores do legatário o direito de pedi-la, o qual pressupõe *aquisição*.[3] Esclarece Lacerda de Almeida, que o legatário adquire logo, *recta via*, a propriedade do que lhe é deixado, investindo-se imediata e instantaneamente no *domínio* da coisa legada, faltando-lhe, porém, a *posse*, que somente adquire quando lhe é feita a sua entrega efetiva pelo herdeiro.[4] Em síntese: *o legatário tem propriedade sem posse.*[5]

Na linha desse pensamento, o legado adquire-se *ipso jure*, por efeito da abertura da sucessão, ainda que o legatário não tenha conhecimento da aquisição. Quem adquire de logo o domínio da coisa legada está fora de toda dúvida, porquanto

---

1 [Código Civil, art. 1.923].
2 VITALI. **Delle successione testamentarie e legitime**. n. 1.723.
3 DEGNI. **La successione a causa di morte**. v. II, p. 53.
4 **Sucessões**. nota C, p. 522.
5 ALMEIDA, Lacerda de. Ob. cit., p. 522.

pode reivindicá-la antes de investido na sua posse, e somente pode reivindicar quem dono é. O *ônus* de pedi-la ao herdeiro instituído é apenas condição para a execução do direito, nunca para a sua aquisição.

No *legado puro e simples*, por conseguinte, o domínio da coisa legada adquire-se desde a morte do testador, enquanto a *posse* depende de sua efetiva entrega, que incumbe ao herdeiro. Já no legado sujeito à *condição suspensiva*, a aquisição só se dá com seu implemento, de sorte que, se o seu legatário falece antes de ocorrer, nada transmite aos seus sucessores.

Nenhuma dúvida cabe, em nosso Direito, quanto à aquisição imediata e instantânea da propriedade da coisa legada. Não consentem-na os termos peremptórios da lei, ao dispor que, desde o dia da morte do testador, pertence ao legatário a coisa legada, com os frutos que produzir.[6] Outrossim, é inequívoco que o legatário não entra, por autoridade própria, na posse da coisa legada.[7]

Obrigado não está o legatário a aceitar o legado. Permitido lhe é *renunciá-lo* mediante expressa declaração unilateral de vontade, que retroage ao dia da abertura da sucessão, contrariamente ao seu efeito normal, que é *ex nunc*.

Conquanto adquira o legatário a propriedade da coisa legada quando se abre a sucessão, a aquisição nesse momento não se verifica no legado de quantidade ou gênero, no alternativo, ou no de coisa pertencente ao herdeiro, ou a terceiro. Retarda-se, do mesmo modo, a aquisição quando é legatária pessoa jurídica a se constituir ou simples entidade de fato.

159. Aceitação e Renúncia. A aquisição do legado independe de *aceitação*. Pedido o pagamento, presume-se que o legatário o aceitou, conquanto não fique impedido de renunciar, valendo a renúncia como cessão.

A *renúncia* não se pode dar antes da abertura da sucessão, nem se justifica, no legado condicional, antes de realizada a condição, eis que se renuncia a simples expectativa de direito.

Uma vez feita, torna-se irrevogável. Retrata-se, entretanto, se viciada por erro ou dolo. Não cabe depois de legatário ter entrado na posse da coisa legada.

Proíbe-se a renúncia parcial. Contudo, admite-se que, se a *liberalidade* é fracionável em partes separáveis, pode o legatário proceder como se fossem incertas em legados diversos.[8]

Consumada a renúncia, chama-se *substituto*, se houver; não havendo, o herdeiro legítimo ou o testamentário, ou, conforme o caso, acresce o direito do colegatário.

160. Direito de Pedir o Legado. O direito de pedir o legado tem natureza controvertida. Costuma-se encará-lo na perspectiva da correlata obrigação. Consideram-

---

6 [Código Civil, art. 1.923, § 2º].

7 [Código Civil, art. 1.923, § 1º].

8 MAXIMILIANO, Carlos. **Direito das sucessões**. v. II, n. 1.071.

-na alguns escritores *obligatio ex testamentu* – Ferrini –; outros, *obligatio ex lege* – Pacifici Mazzoni –, a que corresponderia um *direito de crédito* do legatário. Em verdade, porém, a *pretensão* contra o onerado insere-se no direito de propriedade do legatário, dirigindo-se à obtenção da coisa legada, por sua efetiva entrega, atenta à circunstância de que o beneficiado está proibido, por lei, de entrar, por autoridade própria, na sua *posse*. Contudo, varia a natureza desse direito conforme o *objeto* do legado.[9]

A *obrigação do onerado* tem como prestação a entrada da coisa indicada como objeto do legado. Não se lhe permite substituí-la, devendo ser devolvida no estado que se encontrava ao tempo da morte do testador. O herdeiro não responde pela *evicção*, nem lhe cumpre libertar a coisa dos ônus reais que, porventura, gravem-na.

O *direito de pedir o legado*, sendo ele *puro e simples*, é atribuído ao legatário desde a morte do testador, mas somente pode ser exercido depois de deliberada a partilha.

Deve exercê-lo contra:

a) o *testamenteiro*;
b) *certos herdeiros*;
c) o *herdeiro, ou legatário, a quem pertencer a coisa legada*;
d) *todos os herdeiros instituídos*.

Contra o testamenteiro, se ele estiver na posse e administração dos bens da herança, porque, sendo, em consequência, *inventariante*, incumbelhe pagar os legados.

Contra *certos herdeiros*, encarregados de executar os legados por expressa determinação do testador. São eles, propriamente, os *onerados*.

Contra o *herdeiro* ou *legatário*, a quem pertencer a coisa legada, se este foi objeto do legado, entendendo-se que há direito regressivo contra os coerdeiros pelo quinhão de cada um destes. A divisão é proporcional às quotas hereditárias, admitindo-se a compensação em dinheiro.[10]

Contra *todos os herdeiros instituídos*, se o testador não houver designado quem deva executar o legado.

O *tempo* e o *lugar* da execução dos legados dependem de suas modalidades.

Se o legado pende de *condição*, não pode ser pedido, obviamente, antes do seu implemento. O direito ao legado ainda não está adquirido; logicamente não pode ser exercido. Se sujeito *a termo*, também não tem o legatário seu exercício enquanto não se verificar o advento do *dies a quo*, não obstante já ter direito ao legado.

---

9 Não surge direito de propriedade no legado de coisa alheia, no de coisa genérica, no de fato etc.

10 ALVES, Ferreira. **Manual de Código Civil de Paulo Lacerda**. v. XIX, n. 141.

Em se tratando de *legado puro* e *simples*, não pode ser pedido antes de julgada a *partilha*, dado que, somente após a dedução do passivo, é que se apuram as forças da herança e podem herdeiros e legatários receber suas heranças e legados.[11]

Determina a lei[12] que o direito de pedir o legado não se exercerá, enquanto se litigue sobre a validade do testamento. A razão é intuitiva. A possibilidade de que venha o testamento a ser declarado nulo aconselha a suspensão da entrega do legado, cuja existência depende, evidentemente, da validade do ato de última vontade.

Paga-se o legado no domicílio do onerado, onde correu o inventário, ou onde se encontrar a coisa legada. Preferível, no entanto, a regra que determinasse a entrega no lugar em que a coisa legada se encontre ao tempo da morte do testador. Já o legado de coisa genérica deve ser pago onde se abrir a sucessão.

O *modo* de prestação do legado também varia conforme seu objeto. Quanto ao *legado de coisas*, presta-se mediante *tradição*. Para os imóveis, com entrega dos documentos, dentre os quais o formal de partilha. Para os móveis, com a entrega real. Outros legados cumprem-se pelo modo adequado ao seu conteúdo.

161. Pagamento do Legado. A coisa legada deve ser considerada ao legatário com seus acessórios, entendida essa expressão no sentido de *pertenças*. No legado de imóvel, por exemplo, devem compô-lo não somente as coisas móveis imobilizadas por destinação, mas, também, as destinadas pelo testador ao uso permanente do bem de raiz,[13] porém os acréscimos posteriores, embora contíguos, não o integram.

Ao legatário cabem os *frutos*, naturais ou civis, da coisa legada, pertencendo-lhe, os primeiros, desde a morte do testador, enquanto, no *legado de dinheiro, os juros* se vencem somente do dia em que se constituir em *mora* a pessoa obrigada a prestá-lo.[14] Pode o testador dispor, entretanto, de modo contrário.

Sendo infrutífera a coisa, o retardamento em sua entrega possibilita o ressarcimento dos danos advindos, devido a partir do momento em que o onerado for constituído em mora.

Tanto no *legado condicional* como no *legado a termo*, a percepção dos frutos começa, intuitivamente, com o implemento da condição ou o advento do termo.

As despesas com a entrega do legado correm por conta do legatário, a menos que o testador o libere desse encargo. Inclui-se nas *despesas o imposto de transmissão "mortis causa"*. Em nenhuma hipótese, devem ser sacrificadas as legítimas por efeito de disposição testamentária que atribua ao espólio a obrigação de pagar as despesas da prestação do legado.

Do mesmo modo, correm por conta do legatário os *riscos* da coisa legada.

---

11 OLIVEIRA, Itabaiana de. Ob. cit., p. 172.

12 [Código Civil, art. 1.924].

13 DEGNI. Ob. cit. p. 60.

14 [Código Civil, arts. 1.923, § 2º, e 1.925].

Cap. 21 · AQUISIÇÃO E EFEITOS DOS LEGADOS | 167

Transmitem-se-lhe, por fim, os *ônus reais*, que passam ao domínio limitado de quem recebe a coisa gravada, sejam servidões ou rendas constituídas sobre imóveis.

162. Cumprimento do Legado de Coisas. O *legado de coisa determinada* cumpre--se com a sua entrega ao legatário, no tempo, lugar e modo devidos.

O *legado de coisa indeterminada* pertencente a certo gênero demanda *escolha*. Pode o testador atribuí-la ao onerado, ao legatário ou a terceiro. Na falta de declaração, tocará a opção ao herdeiro.[15] No exercício dessa faculdade, deve guardar o meio-termo entre as congêneres da melhor e pior qualidade.[16]

Dispondo o testador que a *opção* caiba ao *legatário*, pode ele escolher, do gênero, ou espécie, determinado, a melhor coisa que houver na herança.[17] Se não existir no acervo hereditário coisa de tal espécie, o herdeiro lhe entregará outra, congênere, sem direito a escolher a de qualidade e sem obrigação de entregar a melhor. O tratamento diferente dado ao legatário com faculdade de opção justifica-se porque, sendo o seu interesse oposto ao do herdeiro, é de supor que o testador, deixando-lhe a escolha, quis favorecê-lo.

Quando a escolha é deixada ao arbítrio de *terceiro*, cumpre-lhe observar a regra estabelecida para a hipótese de competir ao onerado. Deve ele, do mesmo modo, guardar o meio-termo entre as congêneres da melhor e pior qualidade.[18] Não querendo, ou não podendo, o terceiro escolher, compete a escolha ao juiz, com observância do mesmo critério.[19]

[Apesar de não ter o legislador reproduzido o dispositivo existente no texto anterior], a *escolha,* uma vez feita, torna-se *irretratável.*[20]

Se a opção couber ao herdeiro, ou ao legatário, e um ou outro falecer antes de manifestá-la, a faculdade transmite-se aos respectivos herdeiros.[21] Passa, portanto, aos herdeiros do optante, se não exercido.

No *legado alternativo*, presume-se deixada ao herdeiro a opção.[22]

163. Extinção dos Legados. O *direito ao legado* extingue-se em consequência de causas *gerais* e *especiais*.

Dentre as primeiras, apontam-se, notadamente, a *prescrição, a decadência, a frustração da condição* e a *incapacidade* do legatário. Incluem-se, ainda, entre as

---

15 [Código Civil, art. 1.929].
16 [Código Civil, art. cit.].
17 [Código Civil, art. 1.931].
18 [Código Civil, art. 1.930].
19 [Código Civil, art. cit.].
20 [Código Civil, art. 1.933].
21 [Código Civil, art. 1.933].
22 [Código Civil, art. 1.932].

causas extintivas, mas, *por via de consequência, a invalidade* do testamento ou da própria disposição testamentária concernente ao legado.

O prazo da *prescrição* é o das ações reais. Em legados a que não se aplique, prescreve o direito em [dez] anos.

Legado feito sob condição suspensiva torna-se *ineficaz*, se esta não se verifica.

Decretada a *nulidade* do testamento, caem os legados nele contidos, visto que somente por esse negócio jurídico se instituem. Pela mesma razão, não subsistem, se anulado.

A mesma *disposição testamentária* que encerra legado pode ser inválida, sem prejuízo do testamento. Não convalesce a nulidade. Nulo ou anulável, não subsiste o legado.

A invalidade de origem é insanável pela regra *catoniana, Quod initio vitiosum est non potest tractu temporis convalescere.*

São *causas próprias* de extinção dos legados:

a) a caducidade;
b) a adenção;
c) a transição.

Dizem-se *próprias* porque atingem o *objeto do legado* ou a *pessoa* do legatário.

Dá-se a *caducidade* quando certos motivos supervenientes ao testamento impedem a eficácia da disposição que institui o legado. Tais motivos são *objetivos,* se afetam o objeto do legado, como o perecimento da coisa, ou *subjetivos,* se tocantes à pessoa do legatário, como sua premorte.

São *causas de caducidade:*

a) o perecimento da coisa;
b) sua aquisição, a título gratuito, pelo legatário;
c) a morte do legatário antes do testador;
d) a renúncia;
e) a exclusão por indignidade.

Ocorre a *adenção* quando o testador revoga o legado ou o torna sem efeito. A revogação pode ser expressa ou tácita; no mesmo testamento ou em outro. Dá-se a *adenção tácita* sempre que houver disposição incompatível com a existência do legado ou fato que o infirme. Verifica-se: *a)* quando em testamento posterior omite o testador o legado; *b)* quando, em vida, dispõe da coisa legada; *c)* quando a destrói ou transforma, mudando-lhe a espécie.[23] A incompatibilidade implica

---

23 ALMEIDA, Lacerda de. **Sucessões...** p. 452.

infirmação. Operase a *translação* dos legados, segundo Lacerda de Almeida, por quatro modos:

1º) mudando a pessoa do legatário;
2º) mudando a pessoa do herdeiro que o deve prestar;
3º) dando, em vez da coisa legada, outra coisa ao mesmo legatário;
4º) tornando-se condicional o que se havia deixado sem condição.[24]

Não distingue a lei nacional as três causas extintivas. Reúne-as sob denominação de *caducidade*, incluindo, na respectiva disposição, dois casos de *adenção*.[25]

De resto, contempla, no capítulo relativo à caducidade, o *legado alternativo*, para estabelecer duas regras: 1ª) perecendo uma das coisas, subsistirá o legado quanto à outra; 2ª) perecendo parte de uma coisa, valerá o legado quanto ao seu remanescente.[26]

Finalmente, havendo *substituição*, o substituto recolhe o legado.

164. Garantia dos Legados. Os *meios judiciais* para garantia dos legados variam conforme suas *espécies* e a *natureza* do direito que atribuem.

A *pretensão* no *legado de coisa certa* pode ser exercida pela *ação de reivindicação.*

Dado que a propriedade de coisa legada se transmite *ipso jure*, a recusa do onerado de entregá-la oportunamente autoriza o legatário a reivindicá-la. Deve a ação ser proposta contra o herdeiro a quem incumbe prestar o legado; na sua falta, contra os herdeiros testamentários e, não os havendo, os legítimos; finalmente, contra o *testamenteiro*, faltando uns e outros. Admissível, ainda, contra *terceiro* detentor da coisa, uma vez conhecido o legado.

Consistindo o legado em *coisa genérica*, compreendido, obviamente, o de *dinheiro*, o meio judicial para garanti-lo é a *ação "ex testamento"*, de natureza pessoal.

Cabem, outrossim, medidas como o *sequestro* e a *busca e apreensão*.

Maior significação têm as *cauções*. Tais são:

a) a *muciana*;
b) a legatorum servandorum causa.

Podem pedi-las o herdeiro ou a pessoa a quem o legado deve passar. O legatário está obrigado a prestá-las nos casos indicados na lei, como ocorre no legado sob

---

24 Ob. cit. p. 453.
25 [Código Civil, art. 1.939, n. I e II].
26 [Código Civil, art. 1.940].

condição resolutiva. Ao herdeiro pode também ser imposta essa obrigação, da qual fica dispensado, havendo demanda intentada, propósito de pagar ou certeza de não ser devido o legado.[27]

A ação de petição de legado, bem como as suprarreferidas, deve processar-se em separado, mas perante o juiz do inventário.

---

27 ALMEIDA, Lacerda de. Ob. cit. p. 463.

Capítulo 22
SUBSTITUIÇÕES

Sumário: 165. Generalidades. **166.** Classificação. **167.** Substituição Vulgar. **168.** Natureza da Substituição Vulgar. **169.** Fundamento. **170.** Pressupostos. **171.** Efeitos. **172.** Substituição Recíproca. **173.** Substituição Fideicomissária.

165. Generalidades. Pode o testador determinar que, na falta de herdeiro ou legatário instituído, seja chamada a suceder, em seu lugar, outra pessoa. Denomina-se *substituição* a disposição testamentária com esse conteúdo. Chama-se *substituto* o herdeiro suplente. Sucede, em lugar do primeiro instituído, quando este *não possa* ou *não queira* aceitar a herança, nos casos, portanto, de morte, ausência, indignidade e renúncia.

No entanto, há substituições testamentárias nas quais o segundo instituído não preenche a vaga do primeiro, sucedendo *depois* dele, e não quando falte. A *vocação é sucessiva,* implicando dupla transmissão, enquanto na *substituição direta,* conquanto seja indireta a vocação, o substituto é chamado para ocupar o lugar do substituído. A *substituição fideicomissária* implica *vocação sucessiva,* porque os herdeiros são chamados um *após* o outro, enquanto na *substituição vulgar* o chamamento do substituto ocorre sem sequência, tão somente porque faltou o primeiro instituído. Distinguem-se nitidamente, portanto, podendo-se dizer que a ideia de *substituição* corporifica-se, a rigor, na *vocação indireta,* que implica transmissão única, melhor se expressando com o vocábulo *suplência.*

O instituto de *substituição* provém do Direito Romano,[1] que o admitiu sob várias formas: *vulgar, pupilar, quase pupilar ou exemplar,* recebidas no Direito anterior.[2] A lei vigente conservou apenas a primeira, em homenagem à vontade expressa do testador.[3]

Ao contrário do que se dá no *direito de representação,* a designação do *substituto* faz-se *in concreto.*

166. Classificação. A lei admite três *espécies* de *substituição:*

---

1 Dig. fr., I, 28. 6, 32, 15.
2 Ord., Liv. 4, Tít. 87.
3 OLIVEIRA, Itabaiana de. **Tratado de direito das sucessões**. v. II, p. 188.

a) *vulgar*;[4]

b) *recíproca*;[5]

c) *fideicomissária*.[6]

Consiste a *substituição vulgar* na designação pura e simples da pessoa – ou das pessoas – que deve tomar o lugar do herdeiro instituído, ou do legatário, para o caso de um, ou outro, não querer ou não poder aceitar a herança ou o legado.

Configura-se a *substituição recíproca* quando dois ou mais coerdeiros, ou dois ou mais colegatários, são designados para se substituírem entre si.

Pela *substituição fideicomissária*, o testador institui herdeiro, ou legatário, impondo a um deles a obrigação de, por sua morte, a certo tempo, ou sob determinada condição, transmitir ao outro a herança ou o legado. O herdeiro a quem impõe a obrigação qualifica-se *gravado ou fiduciário*. O segundo instituído, *fideicomissário*.

Ao lado destas três formas designadas de *substituição*, referem-se os escritores à *substituição compendiosa*, assim denominada porque contém várias substituições sob forma de compêndio, isto é, resumo de palavras. Falta-lhe, entretanto, autonomia, por não passar de simples conglobação, sob a mesma fórmula geral, de duas ou mais espécies de substituição testamentária.[7] Podia compreender a substituição direta, pupilar, exemplar e fideicomissária, consistindo, quase sempre, em rogos e envolvendo *vocação indireta,* tanto assim que, no Direito anterior, não havia referência à substituição fideicomissária por estar compreendida na *compendiosa*.[8]

167. Substituição Vulgar. A *substituição vulgar* caracteriza-se por ser *vocação direta*. Designa o testador quem deve substituir o herdeiro ou legatário. O número de *substituídos* e de *substitutos* consente as seguintes combinações: *a) singuli singulis; b) unus in locum plurium; c) pluris in locum unius; d) pluris in docum plurium*; quando, respectivamente, uma pessoa substitui outra, substitui várias, vários a substituem, ou uma pluralidade substitui outra pluralidade.[9]

A designação de vários substitutos pode se dar chamando-os o testador *simultânea* ou *sucessivamente*. No chamamento contemporâneo, vários herdeiros sucedem a um ou a uma pluralidade, como se constituíssem uma estirpe e de representação se tratasse. No chamamento sucessivo, obedece-se à escala estabelecida pelo testador, sucedendo os substitutos, um na falta do outro, de sorte que o segundo substituto só será chamado se o primeiro não puder ou não quiser aceitar a herança, ou o legado. Se o primeiro substituto falece antes do testador e o herdeiro renuncia à herança, sucede a este, conquanto não seja substituto

---

4 [Código Civil, arts. 1.947-1.949].

5 [Código Civil, arts. 1.948-1.950].

6 [Código Civil, arts. 1.951-1.960].

7 TELES, Galvão. **Direito de representação, substituição vulgar e direito de acrescer**. p. 174.

8 Ord. Liv. 4, Tit. 87, 12. OLIVEIRA, Itabaiana de. Ob. cit. p. 194.

9 TELES, Galvão. Ob. cit., p. 215.

Cap. 22 · SUBSTITUIÇÕES | 173

imediato, pela aplicação da regra, mantida no Direito moderno, de que *substitutus substituto censetur substitutus instituto*. É lícito ao testador dispor que os substitutos sucedem em partes distribuídas. Se não faz a distribuição, cada substituto receberá a *porção viril* da herança que tocaria ao substituído.

A controvérsia a respeito da interpretação de cláusula testamentária que se referisse unicamente à hipótese de não poder o herdeiro, ou legatário, aceitar a herança, ou legado, ou somente não querê-la, está resolvida, entre nós, com a presunção legal de que a substituição foi determinada para as duas alternativas, se o testador só a uma se referiu.[10]

Quando se verifica a *substituição*, o substituto fica sujeito ao encargo ou condição impostos ao substituído.[11] Não se aplica a regra, no entanto, se o testador limitá-los ao primeiro instituído, ou se resulta da natureza da condição ou do encargo que diziam respeito particularmente à pessoa do herdeiro substituído.

Caduca a substituição vulgar se o herdeiro – instituído ou o legatário – aceitar a herança, ou o legado, se o substituto designado falecer antes do testador ou do herdeiro instituído e não tiver substituto, e se o substituto for incapaz de herdar por testamento.

Nesta última hipótese, os bens serão devolvidos aos herdeiros legítimos.

168. Natureza da Substituição Vulgar. A substituição vulgar é segunda instituição subordinada à condição de ineficácia da primeira, para o caso de não poder ou não querer aceitar a herança quem foi chamado a recebê-la.[12] Sua *natureza* seria, portanto, de *instituição sob condição suspensiva*. Tal condição é a *ineficácia da instituição principal*.[13] Em consequência, verificada a condição, o substituto sucede, direta e imediatamente, ao testador. Se falece depois de aberta a sucessão, mas antes de se tornar ineficaz a disposição, seus herdeiros não serão chamados, mas a solução oposta, aceita no Direito alemão, guarda coerência com a retroatividade da condição, devendo ser seguida, entre nós, por omissa a lei.

A teoria da *instituição condicional* é contestada por alguns civilistas, em minoria, que sustentam estar a *substituição* sujeita simplesmente a uma *conditio juris*.[14] Posto reconheçam que revela o mecanismo extrínseco da instituição principal, tenha, tecnicamente, o caráter de verdadeira *condição* porque não há recíproca relação de subordinação. Ela seria, em verdade, o antecedente lógico e o pressuposto necessário para que a substituição opere, e, por conseguinte, não uma *conditio facti*, senão uma *conditio juris*. Ademais, se a *substituição vulgar* fosse *instituição condicional*, cumular-se-iam contemporaneamente duas vocações, uma de que seria destinatário o substituído e, a outra, o substituto. Ora, a

---

10 [Código Civil, art. 1.947].

11 [Código Civil, art. 1.949].

12 POLACCO, **Successioni**. v. I, p. 317.

13 TELES, Galvão. Ob. cit. p. 177.

14 Cf. COVIELLO. **Successioni**. p. 142, e, particularmente, NICOLÓ. **La vocazione, ereditaria direta e indireta**. p. 161.

coexistência de duas vocações de sujeitos diferentes, relativas ao mesmo objeto, é inconcebível.[15]

A teoria da *conditio juris* assenta, porém, na inadmissível analogia entre as designações dos sucessíveis feitas em lei para a hipótese de que falte o testamento, e as designações feitas pelo testador, dado que as primeiras são *abstratas* e as últimas, *concretas*.[16] Não há, do mesmo modo, a alegada coexistência de *vocações*, porquanto é a instituição testamentária que fica subordinada à condição, com sua *eficácia* suspensa até o implemento desta, quando se dará o chamamento.

169. Fundamento. Considerada ignominiosa em Roma a falta de herdeiro, criaram os romanos a *substituição* como instrumento para prevenir a ignomínia, tornando-se frequente seu uso.

Era, afinal, meio técnico de atender ao interesse e à vontade do testador.

O propósito de lhe assegurar plena autonomia, consagrado na *liberdade de dispor*, justifica a atribuição do direito de nomear *substitutos para o caso de faltar o herdeiro instituído ou legatário*.

Não subsistem as razões determinantes da criação do instituto, mas é manifesta sua utilidade como um recurso de que dispõe o testador para impedir que os bens sejam recolhidos por pessoas a quem não desejaria se transmitissem. Descabida, assim, a aversão manifestada por alguns, que preconizam sua proscrição da lei, seja por ter perdido sua primitiva finalidade, seja porque se tenha tornado obscuro e complexo pelas cavilações dos glosadores.

170. Pressupostos. A substituição vulgar pressupõe:

a) falta de um herdeiro, instituído, ou legatário;

b) existência de substituto.

São *causas de substituição*: a) não poder o herdeiro ou legatário aceitar a herança ou o legado; b) não querer. Na segunda hipótese, a substituição resulta exclusivamente da *renúncia*. Na primeira, da premorte, exclusão ou inadimplemento da condição sob a qual foi instituído o herdeiro a quem se deu substituto. Em qualquer das duas alternativas, *falta* o instituído.

Entende-se que quando é nula a instituição do herdeiro, subsiste a disposição relativa à substituição, por isso que o intento do testador é afastar a sucessão legítima. Revogada, porém, a instituição, cai a substituição, por se presumir ser essa a *voluta testatoris*. Nos casos de *caducidade* da instituição, o substituto é chamado, tendo, assim, plena eficácia a substituição.

---

15 NICOLÓ. Ob. cit. p. 112.

16 DEGNI. **La successioni a causa di morte**. v. II, p. 128.

O segundo *pressuposto* é a *existência de substituto*. Não basta, entretanto, sua designação. Preciso é que possa e queira aceitar. Havendo *substitutos sucessivos*, se o primeiro não pode, ou não quer, entra o segundo, assim por diante. Nada impede que seja designado substituto o herdeiro legítimo, mas, se é o único a ter tal condição, a designação é uma superfetação. Em relação aos *herdeiros legitimários*, da classe dos descendentes, não pode haver substituição testamentária, porque ocorre *ex lege* mediante o *direito de representação*, do qual não podem ser privados os herdeiros imediatos do representado. É inafastável pela vontade particular a regra que lhes assegura esse direito.

Não é de se admitir substituto não designado expressamente. Nenhum apoio nos princípios encontra a opinião de que os descendentes do substituto são, tacitamente, substitutos dele, por ser essa a presumível vontade do testador.

171. Efeitos. O substituto vulgar sucede ao testador. Por outras palavras, não é sucessor do substituído. Consequentemente, sua existência e capacidade se apurariam no momento da morte do autor da herança, se a substituição não envolvesse *instituição condicional*.

Verificam-se, pois, quando a condição se verifica.

Defere-se a sucessão nesse instante, mas, se a disposição a favor do herdeiro instituído é *nula* ou *ineficaz*, dá-se a devolução com a abertura da sucessão.

Quando o herdeiro é instituído sob condição, o direito eventual do substituto fica pendente de sua realização, hipótese em que caducará, surgindo, porém, se a condição se frustrar.

Na hipótese de se finar o substituto antes do implemento da condição, caduca a disposição testamentária, porque o *direito condicional* não se transmite no campo das sucessões, como ocorre no plano dos negócios *inter vivos*. É, de resto, simples expectativa, que não produz o efeito que se lhe atribui quando seu titular é herdeiro legítimo.

Designando o testador vários substitutos para uma mesma pessoa, repartir-se-á a quota em partes iguais, se ele não estabeleceu outro critério para a partilha, adotando-se regra própria quando se trata de *substituição recíproca*.[17]

Já foi registrado que o *substituto* fica sujeito, em princípio, aos encargos especiais impostos ao substituído, a menos que seja diversa a intenção manifestada pelo testador, ou resulte outra coisa da natureza da condição, ou do encargo.[18]

172. Substituição Recíproca. A substituição recíproca não constitui modalidade independente, senão elemento acidental em qualquer das espécies próprias de substituição. Todavia, sua agregação determina particularidades dignas de registro.

Pode ser total ou parcial. Na primeira hipótese, há tantos substitutos quantos instituídos; na segunda, não é igual o número de uns e outros.

---

17 [Código Civil, art. 1.950].
18 [Código Civil, art. 1.949].

A reciprocidade é admitida na [sucessão] vulgar.

Cumpre distinguir se os herdeiros são chamados em *partes iguais* ou *desiguais*.

Se os herdeiros ou legatários foram instituídos em *partes iguais,* a quota do que não puder, ou não quiser, aceitar a herança reparte-se igualmente entre todos os outros.

Se instituídos em *partes desiguais*, a proporção dos quinhões fixada na primeira disposição é mantida na segunda.[19] Por outras palavras, presume-se repetida. Assim, se forem instituídos três herdeiros, com recíproca substituição, na proporção de vinte, trinta e quarenta, faltando o segundo, instituído na quota de trinta, o terceiro recolhe vinte, e o primeiro, dez, passando, respectivamente, a sessenta e trinta, porque, se o primeiro tinha a metade do terceiro na instituição, deve conservar essa proporção na substituição.

Na *substituição recíproca* em que for incluída mais uma pessoa, havendo mais substitutos do que instituídos, abandonou o Direito moderno a solução romana, que assegurava ao excedente uma porção viril e dividia o resto, proporcionalmente, entre os herdeiros instituídos. A regra hoje dominante nas legislações, vigente entre nós,[20] prescreve a divisão do quinhão vago, em partes iguais, entre os substitutos. Nessa hipótese, cumula-se a substituição recíproca com uma *substituição vulgar,* concorrendo o substituto vulgar com os substitutos recíprocos. O herdeiro incluído apenas na substituição recolherá, na parte do herdeiro instituído que faltar, a mesma porção atribuída a cada um dos substitutos numerários.

173. Substituição Fideicomissária. A substituição fideicomissária singulariza-se por envolver *vocação sucessiva.* O substituto não é chamado na *falta do herdeiro* instituído, tal como nas outras substituições testamentárias. Nomeia-o testador para que recolha a herança *depois* do primeiro instituído. Os dois sucedem, como adverte Galvão Teles, numa *sequência preestabelecida,* ocorrendo, portanto, duas transmissões.[21] O fideicomissário *não* é, em suma, herdeiro suplente. Sucede *após* o fiduciário, não em seu lugar.

Pela importância desse instituto, as controvérsias a que dá lugar e a disciplina a que está sujeito, reclama o *fideicomisso* mais demorada atenção, em capítulo à parte.[22]

---

19 [Código Civil, art. 1.950].

20 [Código Civil, art. 1.950].

21 Ob. cit. p. 142.

22 Cap. 23.

Capítulo 23
FIDEICOMISSO

Sumário: 174. Generalidades. **175.** Conceito. **176.** Elementos Históricos. **177.** Elementos Constitutivos. **178.** Posição do Fiduciário. **179.** Posição do Fideicomissário. **180.** Caducidade. **181.** Ineficácia. **182.** Fideicomisso e Usufruto.

174. Generalidades. Uma das formas de *substituição* autorizadas em nosso Direito é o *fideicomisso,* com o qual o testador institui herdeiro, ou legatário, impondo-lhe a obrigação de transmitir a outrem a herança ou legado, ao falecer, após certo tempo, ou verificada determinada condição.

Denomina-se *fiduciário ou gravado* o sucessor instituído com a obrigação de transferir, o *fideicomissário,* o substituto. Quem constitui o fideicomisso chama-se *fideicomitente.*

Não havia, no Direito anterior, regra relativa especificamente ao fideicomisso, mas as Ordenações, Liv. 4, tít. 87, § 12, previam a *substituição compendiosa* que da fideicomissária se distinguia apenas por ser determinada em palavras *imperativas,* enquanto a outra se caracterizava pelo emprego de palavras *deprecativas.*[1]

A *substituição fideicomissária* é instituto polêmico. Várias legislações baniram-na, mas se conserva em outras, com maior ou menor extensão. Condenam-na juristas e economistas, não somente por ser contrária ao princípio da livre circulação da riqueza, mas também por se ter constituído num seminário de lides, acentuando, todos, os gravíssimos inconvenientes que apresenta sob múltiplos aspectos. Numerosos são, porém, seus defensores, todos empenhados em demonstrar sua utilidade. A proibição absoluta é injustificável, devendo ser aceito com limitações, não apenas quanto ao círculo da família e ao primeiro grau, mas também relativamente à hipótese única em que se apresenta como o processo técnico adequado à consecução de resultados dignos de proteção jurídica. Permitido, deverá ser exclusivamente para ensejar a sucessão de pessoa inexistente no momento de sua abertura. Se o testador quer instituir herdeiros futuros netos, não tem outro meio. Quando, pois, a substituição fideicomissária se apresenta como o recurso exclusivo para favorecer prole eventual do testador, [e] justifica seu

---

1 TELLES, Correia. **Manual de tabelião.** § 225; ALMEIDA, Lacerda de. **Sucessões.** p. 341; OLIVEIRA, Itabaiana de. **Tratado do direito das sucessões.** v. II, p. 193.

emprego. Nos outros casos, não. Se existem as pessoas às quais deseja o testador beneficiar, o propósito pode alcançar-se com o *usufruto*, que tem, sob o ponto de vista prático, as mesmas consequências, proibindo-se o *fideicomisso* em favor de pessoas existentes do tempo da abertura da sucessão, previnem-se, por outro lado, controvérsias e litígios frequentes, que costumam surgir na interpretação das cláusulas testamentárias que contêm duplicidade de herdeiros, ou legatários.

[Perfilhando o pensamento do autor, o Código Civil somente permitiu a instituição de fideicomisso em favor de pessoas não concebidas no momento do óbito do autor da herança (art. 1.952). O fideicomissário não será necessariamente filho do fiduciário, podendo ser instituído fideicomissário prole de pessoa diversa da do fiduciário. Embora figurando como fideicomissário a prole eventual de determinada pessoa, não se aplicam ao instituto do fideicomisso as regras atinentes à disposição em favor de prole eventual previstas no art. 1.800, inclusive o prazo estabelecido no § 4º. O fideicomisso difere da disposição em favor da prole eventual, pois no primeiro existem dois proprietários sucessivos, e no segundo, enquanto a prole não nasce, tem-se um curador que administra os bens deixados ao único beneficiado].

O Código Civil limita-se a declarar *nulos* os fideicomissos além do segundo grau.[2]

Podem instituir-se, consequentemente, sem outra restrição. Entendiam alguns que a figura do fideicomisso se tornava equívoca quando a transmissão determinava-se para o tempo da morte do fiduciário, mas predominou o entendimento de que há, na hipótese, dois herdeiros sucessivos instituídos pelo mesmo título e pelo mesmo testador.

O *fideicomisso* é regulado no capítulo das *substituições,* sem embargo de lhe faltarem os requisitos configurativos da substituição propriamente dita.

No seu esquema legal, apresenta semelhanças com outros institutos, dos quais se distingue, entretanto, por traços que, em relação a um deles, o *usufruto*, não são perceptíveis sem mais aprofundado exame. Pela *cláusula de inalienabilidade* atinge-se o resultado da substituição fideicomissária, se o propósito do testador, ao estabelecê-la, foi o de assegurar a passagem dos bens clausulados aos herdeiros do seu titular. O mesmo efeito pode obter-se com a aposição de *elementos acidentais*, notadamente o modo. A distinção entre fideicomisso e essas figuras afins não tem, porém, maior importância entre nós, interessando, sim, para nós, ordenamentos jurídicos que não admitem a substituição fideicomissária.

Controverte-se a respeito da instituição de fideicomisso *por negócio "inter vivos"*. No Direito anterior, era facultada, sustentada, tal possibilidade pelos reinícolas.[3] O Código Civil silenciou, entendendo alguns escritores que, na ausência de permissão, o *fideicomisso contratual* é uma excrescência. Predomina, no entanto, o entendimento contrário.[4]

---

2 [Art. 1.959].
3 Mello Freire, Lobão.
4 Estevam de Almeida, Francisco Morato, Mendes Pimentel, Paulo de Lacerda.

A questão é malposta. A *substituição fideicomissária* constitui instituto típico do direito das sucessões, somente cabível quando resultante de determinação da vontade consubstanciada em *testamento*, que é o negócio jurídico *mortis causa* por excelência.

Cabimento não tem, evidentemente, trasladá-lo para o campo dos contratos.

Contudo, uma vez que, nesse terreno, reina o princípio da liberdade de contratar, nada impede que, no contrato de *doação,* as partes estipulem que o donatário fique obrigado a conservar os bens adquiridos para transmiti-los, por sua morte, a certo tempo, ou sob determinada condição, a pessoas nele designadas.

Este negócio tem a mesma *causa* da substituição fideicomissária. Conduz, realmente, a igual resultado prático. Dado que a lei não o proíbe, nem é contrário aos bons costumes, pode ser constituído sob o único limite da regra geral contrária aos vínculos sucessivos.[5]

Ainda estipulem as partes que a transmissão se dê por morte do donatário, defesa não é tal modalidade de doação porque, verdadeiramente, não encerra convenção sobre herança de pessoa viva.

No rigor técnico dos princípios não se configura genuíno *fideicomisso*, mas, na realidade, sem ter o nome, esse mecanismo é idêntico ao da *substituição fideicomissária.*

175. Conceito. Para o Direito moderno, substituição fideicomissária e fideicomisso são expressões sinônimas.

Decorre tal *substituição* de uma *disposição testamentária* pela qual o testador chama à sucessão uma pessoa [– concepturo –] depois da outra na titularidade de determinada posição jurídica.[6]

A definição dessa figura jurídica depende da conjunção de um elemento subjetivo com outro objetivo, isto é, pressupõe o fideicomisso destinatário de primeiro e segundo grau e conteúdo referido ao objeto da cláusula testamentária.

Caracteriza-se, subjetivamente, pela duplicidade da posição jurídica dos destinatários. Ocupam posições diversas, mas conexas. Uma, de *titularidade temporária*; outra, *definitiva.*

Para explicar a conexão, conhecem-se três teorias:

a) da *titularidade temporária;*
b) da *relação modal;*
c) da *transmissão diferida.*

Declaram os pregoeiros da primeira construção que a *substituição fideicomissária* se traduz na contemporânea e imediata aquisição pelos chamados à

---

5 AZEVEDO, Philadelpho. **Direito**. v. VI, p. 53.
6 PIRAS, Salvatore. **La sostituzione fideicommissária**. p. 7.

sucessão da *titularidade ativa* de duas relações.[7] Com apoio no mesmo *título* – a sucessão hereditária –, o fiduciário e o *fideicomissário* inserem-se em posições distintas, mas coincidentes sobre o mesmo objeto, conservando o primeiro a sua até a morte, o advento de certo termo ou implemento de determinada condição. É, por conseguinte, titular temporário do direito hereditariamente transmitido.

A segunda construção enfatiza a obrigação de conservar e restituir os bens, imposta ao fiduciário, considerando-a *determinação acessória* consistente em ônus imposto à liberalidade. Tratar-se-ia, em síntese, de *relação modal*, que assume particular relevância do ponto de vista jurídico e econômico do momento em que tem de ser cumprido o encargo.

Para os adeptos da terceira construção, ocorre, na substituição fideicomissária, *mudança de titularidade* com a transmissão prevista da posição do fiduciário ao fideicomissário, de sorte que, antes de se verificar a causa da mutação, tem este apenas uma *expectativa de direito*, ou, com maior rigor técnico, um *direito eventual*. Há, em suma, *transmissão diferida*.

[Sendo] isoladamente insuficientes para explicar o complexo mecanismo da substituição fideicomissária, servem essas construções, em conjunto, para descrevê-la em seus elementos distintivos. Com efeito, atribui ao *fiduciário* propriedade *resolúvel*, e, portanto, *temporária* dos bens fideicometidos, obrigando-o, em consequência, a guardá-los para os entregar ao *fideicomissário*, que, antes do implemento da condição ou advento do termo, tem apenas *expectativa de direito*.

As duas posições assumem-se, logicamente, no mesmo momento, com a abertura da sucessão, adquirindo o fideicomissário a titularidade de um *direito eventual* diferido.

Converte-se esse direito em adquirido e atual num segundo momento cronologicamente posterior, o da resolução do direito do fiduciário. Coincidem e se identificam no mesmo instante a perda do direito para um e a aquisição pelo outro.

176. Elementos Históricos. A necessidade de favorecer pessoas incapazes de serem nomeadas herdeiras no testamento levou os romanos a admitirem a *substituição fideicomissária*, pela qual o testador rogava ao herdeiro instituído transmitisse a outrem os bens recebidos. Surgiu, assim, a figura do *intermediário* no Direito das Sucessões, denominado *fiduciário*, por ser pessoa da confiança do testador. Foi, entretanto, na Idade Média que o fideicomisso teve grande aplicação, encontrando nas instituições feudais terreno propício ao seu desenvolvimento[8] e aos abusos que suscitaram a hostilidade dos economistas e juristas.

Passou ao Direito moderno, não obstante a prevenção de muitos codificadores contra o instituto.

---

7   PIRAS, Salvatore. Ob. cit. p. 31.
8   DEGNI. **La successione a causa di morte**. v. II, p. 131.

177. Elementos Constitutivos. São elementos constitutivos da substituição fideicomissária:

a) *dupla vocação de herdeiros ou legatários;*
b) *ordem sucessiva;*
c) *ônus de conservar para restituir.*

A *dupla vocação* supõe duas liberdades, uma *direta*, em favor do *fiduciário* ou *gravado*, e outra, *oblíqua*, em favor do *fideicomissário.*

Nestas condições, assinala Degni, o testador dispõe duas vezes do mesmo bem, em favor de pessoas diversas, para momentos distintos.[9]

A *ordem sucessiva* significa que o segundo herdeiro, ou legatário, isto é, *fideicomissário*, só é chamado quando ocorre o fato determinante da *resolução* do direito do primeiro. Não há *sucessão,* mas sequência. Se bem que o fideicomissário não seja herdeiro do fiduciário, e sim do fideicomitente, recebe o bem daquele, não diretamente deste.

Importa, finalmente, que o primeiro herdeiro instituído tenha a obrigação de conservar os bens recebidos e de restituí-los ao segundo. Esse ônus é corolário dos outros dois, mas costuma ser ressaltado como uma das características essenciais do fideicomisso.

Se faltar qualquer desses *elementos constitutivos*, não haverá substituição fideicomissária.

Conquanto sejam chamados *sucessivamente*, os direitos do fiduciário e do fideicomissário são *simultâneos*, no sentido de que, até ocorrer a substituição, o primeiro é proprietário sob *condição resolutiva*, e o segundo, sob *condição suspensiva.*

O ônus de conservar para restituir não pode ser limitado aos atos de disposição *mortis causa*, como acontece no chamado *fideicomisso de resíduo.* Se o testador estipular a *dupla vocação*, mas permitir que o primeiro chamado disponha livremente dos bens por negócios *inter vivos*, proibindo apenas a disposição por testamento, não se configura a substituição fideicomissária, sendo discutível a validade de tal cláusula por ferir a liberdade de testar.

178. Posição do Fiduciário. O fiduciário é o herdeiro, ou legatário, incumbido de conservar a herança ou a coisa legada, para transmiti-la ao fideicomissário.

É titular de *propriedade restrita e resolúvel.*[10]

Decorre a restrição do seu dever de conservá-la para restituí-la. Não se trata, a rigor, de *gravame*, mas de simples *limitação*, porquanto não corresponde a direito derivado daquele a que se refere.

---

9 Ob. cit. p. 133.
10 [Código Civil, art. 1.953].

É resolúvel a propriedade, porque contém, no próprio ato de sua constituição, a causa de perda para o titular.

À *posição de fiduciários* correspondem *faculdades, poderes e obrigações*.

Não obstante ser titular de *propriedade resolúvel*, tem a *faculdade* de *alienar, ou gravar,* no todo ou em parte, o *direito* em que se investiu hereditariamente. Na medida, porém, em que o recebeu. Válida é, assim, a alienação, mas temporariamente, até o implemento da condição resolutiva. Esclarece Clóvis Beliváqua que os atos de alienação do fiduciário são, sempre, a projeção e sempre têm a duração do seu direito.[11] Assim, o adquirente de bem havido de fiduciário perde-o no momento em que se realizar a condição a que subordinava o direito do transmitente. Extingue-se, do mesmo modo, a hipoteca que porventura haja constituído sobre esses bens o fiduciário, eis que obrigado se acha a transmiti-lo ao fideicomissário livre e desembaraçado de quaisquer ônus. É lícito, entretanto, ao testador gravar a herança, ou o legado, com a cláusula de inalienabilidade, [até porque o fideicomisso só pode ser instituído sobre a parte disponível].

Assiste ao fiduciário o *direito* de usar, fruir e administrar livremente os respectivos bens, fazendo seus, com a separação, os frutos, e introduzindo-lhes as modificações necessárias à sua melhor utilização.

O direito do fiduciário estende-se às *acessões* e se transpõe à indenização proveniente de eventual desapropriação do bem.

Pode levantar as *benfeitorias* feitas, cabendo *retenção* se necessárias.

Tendo a propriedade, embora restrita e resolúvel, do bem confiado à sua guarda para restituição, cabe-lhe reconhecer a existência de *servidão* em favor do prédio.

A *obrigação* fundamental do fiduciário consiste em *conservar e restituir* a titularidade de todos os direitos compreendidos na sua posição jurídica.[12] Incumbe-lhe, em consequência, guardar os bens fideicometidos com a diligência normal.

Responde pelas despesas com o *inventário e partilha* dos bens que lhe tocaram, cumprindo-lhe pagar o imposto de transmissão *mortis causa*.

Se lho exigir o fideicomissário, é obrigado a *prestar caução* de restituir os bens gravados, a menos que tenha sido dispensado pelo testador.

Correm-lhe ainda outras obrigações a que estão adstritos os proprietários, como a de pagamento dos tributos incidentes nos bens, ou proveniente do dever de conservá-los, como a de fazer as reparações ordinárias.

É vinculado, finalmente, às obrigações conexas à sua posição de *herdeiro* ou *legatário*.

179. Posição do Fideicomissário. O fideicomissário é o herdeiro, ou legatário, que tem *direito eventual* a receber a herança, ou legado, deferida ao fiduciário

---

11 **Comentários ao Código Civil**, art. 1.737.
12 PIRAS, Salvatore. Ob. cit. p. 54.

precisamente para restituí-la a ele. [Só pode ser instituído fideicomissário pessoa não concebida no momento do óbito do fideicomitente].

Ocorrendo a *substituição*, torna-se *adquirido* esse direito eventual. Costuma-se dizer que até a aquisição tem simples *expectativa de direito*, mas, em verdade, é titular de um *direito diferido*, ao qual pode renunciar e até ceder, praticando o ato de disposição incompatível com a mera expectativa.

Em sua posição jurídica inserem-se direitos e obrigações de significação secundária, que se inferem na natureza mesma de sua condição de titular de um direito eventual. Tem, assim, a faculdade de praticar os atos de conservação de direito promovendo as medidas cabíveis. Direito lhe assiste a exigir do fiduciário que preste caução de restituir os bens gravados. Responde, finalmente, pelos encargos da herança, que ainda restarem, quando vier à sucessão.

Pode *renunciar* a herança, ou legado, determinando com esse procedimento a *caducidade* do fideicomisso.[13]

Tem, ademais, a faculdade de dispor da titularidade de sua posição jurídica por negócio *inter vivos*.

Visto que sucede ao testador, mas o seu direito somente é adquirido com a realização da condição resolutória, não o transmite a seus sucessores. Se morrer antes do fiduciário ou do implemento da condição, caduca o fideicomisso, porque seria herdeiro inexistente no momento de suceder.

Assiste-lhe, finalmente, direito à parte que o fiduciário, em qualquer tempo, acrescer.[14]

Instituída a substituição em favor de prole eventual, se no momento em que ocorrer [a morte do testador] já estiver [nascido] o fideicomissário, [este adquirirá a propriedade dos bens fideicometidos, transformando-se em usufruto o direito do fiduciário, como determina o parágrafo único do art. 1.952. Converteu-se o fideicomisso em usufruto, cabendo a nua-propriedade ao fiduciário, e o usufruto vitalício, ao fideicomissário, se de outra forma não tiver disposto o testador. Não previu o legislador a situação em que, por ocasião do óbito do testador, o fideicomissário somente tenha sido concebido, encontrando-se no ventre materno. Entendemos que, caso venha a nascer com vida, aplicar-se-á, então, a regra do parágrafo único do art. 1.952, hipótese que melhor se coaduna com a vontade do testador].

180. Caducidade. Fatos posteriores ao testamento determinam a *ineficácia* da disposição válida que instituíra substituição fideicomissária. Indica-os a lei como *causas de caducidade* do fideicomisso. Tais são:

a) a *incapacidade do fideicomissário;*

b) sua *morte antes do fiduciário;*

---

13 [Código Civil, art. 1.955].
14 [Código Civil, art. 1.956].

184 | SUCESSÕES – *Orlando Gomes*

c) [o *nascimento do fideicomissário antes da morte do testador*];
d) sua *morte antes de realizar a condição resolutória do direito do fiduciário;*
e) a *renúncia;*
f) o *perecimento da coisa gravada sem culpa do fiduciário.*

A capacidade do fideicomissário apura-se no momento em que se verifica a *condição suspensiva* a que se subordina a aquisição do seu direito. Não é, pois, o tempo da abertura da sucessão que interessa para sua apuração, mas o *momento da substituição*. Se o fideicomissário é incapaz de suceder, falta o sucessor de segundo grau, caducando, em consequência, o fideicomisso. Não havendo quem deva receber os bens, tornam-se eles propriedade plena do fiduciário, deixando de ocorrer a substituição prescrita pelo testador.

Pode este evitar, entretanto, a caducidade, prevendo a hipótese e dispondo que os bens passem a outra pessoa.

A *exclusão* do fideicomissário por *indignidade* determina, igualmente, a caducidade do fideicomisso, mas [impossível ocorrer, pois somente se permite sua instituição em favor de pessoa concebida após a morte do testador].

A *morte* do fideicomissário pode sobrevir antes do fiduciário, antes de se realizar a condição resolutória, ou advir o termo final do direito deste.

[O nascimento do fideicomissário antes do falecimento do testador implica a caducidade do fideicomisso, que se converterá em usufruto].

Quando o *fideicomissário* morre [*antes*] *do fiduciário,* já adquiriu o *direito eventual* à sucessão, mas, como a aquisição é diferida para o momento da morte deste, sua expectativa se frustrara com o desaparecimento prematuro. Esse direito eventual não se transmite aos sucessores do fideicomissário premorto, não podendo ocorrer, por conseguinte, a substituição. O fideicomisso caduca, consolidando-se, na pessoa do fiduciário, a propriedade dos bens até então gravados.

Do mesmo modo, se o falecimento do fiduciário sucede antes do momento da substituição determinado por termo ou condição. A solução legal deu cabo às intermináveis controvérsias a respeito dos efeitos da premorte do fideicomissário. Entendiam alguns que os sucessores do fideicomissário tomavam o seu lugar não caducando o fideicomisso.[15]

Prevaleceu, no Código Civil, o entendimento contrário. O fundamento da orientação seguida acha-se no princípio de que, em matéria sucessória, se a condição não se realiza, o direito não se adquire e, portanto, se o fideicomissário morre antes que se verifique, nada transmite aos seus herdeiros.

O fiduciário que renuncia à herança extingue o fideicomisso. [Devendo a renúncia ocorrer no momento da abertura da sucessão, a deixa se transformará em disposição em favor de prole eventual, pois não existirá mais a figura do fiduciário,

---

15 ALVES, Ferreira. **Da provedoria**. p. 191; MEIRA, Corrêa de. **Do fideicomisso**. p. 65.

aplicando-se, então, as regras do art. 1.800]. A cláusula de inalienabilidade, estabelecida pelo testador, não o inibe de exercer essa faculdade.[16]

Pode o fideicomissário renunciar à herança ou ao legado. [A renúncia não poderá ocorrer no momento da abertura da sucessão, pois o fideicomisso só pode ser instituído em favor de pessoas não concebidas. Mas nada impede que renuncie quando adquirir capacidade para tal, pois ninguém é obrigado a aceitar a herança testamentária ou o legado que lhe foi deixado]. Manifestada por escritura pública ou em termo judicial, os bens gravados se tornam propriedade plena do fiduciário.

Caduca ainda o fideicomisso pelo perecimento total dos bens fideicometidos, sem culpa do fiduciário.

Frustrada a condição resolutiva do direito do fiduciário, como no caso de ser impossível ter prole, caduca o fideicomisso, tornando-se o bem propriedade pura do titular daquele direito.

[Extinto o fideicomisso, os bens fideicomitidos não devem ser descritos nos autos de inventário do fiduciário, pois, serão transferidos para os fideicomissários por meio de um processo de extinção de fideicomisso].

181. Ineficácia. O abuso das vinculações sucessivas levou o legislador a proibir o fideicomisso além do segundo grau.

A determinação dos *graus* na substituição fideicomissária tem de fazer-se de modo preciso, para correta aplicação da lei. Cumpre distinguir os *graus da vocação* dos *graus da substituição*. Há dois graus na *vocação*; no primeiro, encontra-se o *fiduciário*, chamado para receber *diretamente* a herança, ou o legado; no segundo, o *fideicomissário*, chamado para substituí-lo e recolher, por *via oblíqua*, os bens fideicometidos em plena propriedade. Na *substituição* só se admite um grau, correspondente ao segundo da *vocação*. Quando, pois, se refere a lei à nulidade do fideicomisso, tem em vista o *segundo grau da substituição* e não o *segundo grau* da vocação; não validando o fideicomisso além do segundo grau a sequência de fiduciários, impedindo segundo grau na *substituição,* que equivale a *terceiro grau na vocação*. Postulou, em suma, o princípio pelo qual o substituto, isto é, o *fideicomissário,* deve receber os bens fideicometidos sem obrigação de transmiti-los a outrem. Assim, é defeso ao testador dispor que os bens transmitidos pelo fiduciário ao fideicomissário devam ser conservados por este para restituição, colocando-o, pois, na posição de segundo fiduciário.

A primeira consequência a se tirar da proibição é que se refere a graus e não a pessoas. Pode o testador dar *substituto* ao *fideicomissário* para o caso de vir a falecer antes do fiduciário ou de se realizar a condição resolutiva, impedindo, com tal determinação, *a caducidade* do fideicomisso. Ao dispor tal substituição, não estará indo além do segundo grau, porquanto o substituto terá posição idêntica à do substituído, não ocorrendo, na hipótese, a vocação em terceiro grau. Não

---

16 AUBRY *et* RAU. **Cours de droit civil,** § 696; BRAUDRY, LACANTINERIE *et* COLIN, **Donativos entre vivos,** n. 3.384.

SUCESSÕES – Orlando Gomes

receberá ele do fideicomissário, mas do fiduciário, tal como se estivesse o designado premorto a receber em pessoa. O que se proíbe é a *sucessão de fiduciários*, jamais a *substituição* vulgar do fideicomissário, mas sucessão no sentido de que o segundo chamado tenha igualmente a posição de fiduciário.

Outra consequência a inferir-se dos termos da proibição legal é a de que os bens fideicometidos devem passar à propriedade do fideicomissário sem qualquer *limitação*. Não pode o testador gravá-los com a *cláusula de inalienabilidade*. Se permitido fosse, alcançaria *indiretamente* o resultado proibido, porquanto teriam de passar necessariamente aos herdeiros do fideicomissário por força da proibição de alienar, sendo indisponíveis *mortis causa*, se há descendentes ou ascendentes e têm de compor a legítima.

A lei declara *nulos* os fideicomissos além do segundo grau.[17] Tal nulidade prejudicaria a instituição se, em outro preceito, não houvesse declarado o Código Civil que subsiste sem encargo resolutório.[18] Vale, portanto, como se não estivesse escrita a disposição que ultrapasse o limite legal. O fideicomissário receberá a herança, o legado, como se inexistisse a determinação para transmiti-la a outrem chamado em terceiro lugar.

Houve manifesto deslize técnico em se considerar *nulos* tais fideicomissos. Quis o legislador dizer que se tem por não escrita a instituição de fideicomisso de *segundo grau de substituição* ou *terceiro de vocação*. Ela é, por outras palavras, *ineficaz*.

Não vale a cláusula que estabeleça usufruto em relação aos bens da herança do fideicomissário.

Nulo, também, é o fideicomisso incidente na *legítima*.

182. Fideicomisso e Usufruto. Tantas as afinidades entre *fideicomisso* e *usufruto*, que a interpretação de cláusula testamentária que institua um ou o outro [rendia] ensejo a intermináveis controvérsias, [que não mais ocorrerão, em face da nova redação do Código Civil, permitindo a instituição de fideicomisso somente em favor de pessoas não concebidas no momento do óbito do autor da herança e determinando a conversão de fideicomisso em usufruto, caso o fideicomissário já tenha nascido no momento da abertura da sucessão. Esse pensamento foi manifestado pelo autor ao afirmar que, "*proibindo-se o fideicomisso em favor de pessoas existentes ao tempo da abertura da sucessão, previnem-se, por outro lado, controvérsias e litígios frequentes, que costumam surgir na interpretação das cláusulas testamentárias que contêm duplicidade de herdeiros, ou legatários*".

A distinção entre os dois institutos bem elucidou o autor].

Não é difícil distingui-los pela *estrutura* e pelos *efeitos*. A dificuldade apresenta-se, na prática, quando a disposição testamentária é vazada em termos dúbios, que não permitem captar a vontade real do testador sem longo esforço exegético.

---

17 [Código Civil, art. 1.959].
18 [Código Civil, art. 1.960].

Antes de fixar critérios de interpretação, cumpre traçar as *diferenças estruturais e funcionais*.

Resulta o fideicomisso de cláusula testamentária pela qual o testador institui herdeiros, ou legatários, sucessivos, impondo ao primeiro chamado à sucessão a obrigação de transmitir ao segundo a herança, ou o legado, tão logo se realize o fato determinante da substituição. Como visto, o *fiduciário* tem a propriedade da herança, ou legado, conquanto *restrita* e *resolúvel*.

No usufruto, os direitos dos titulares têm natureza diversa. Um é *proprietário*, e o outro, titular de um *direito real limitado*, consistente no uso e gozo da coisa que lhe não pertence.

Mas, não obstante a diversidade da posição jurídica dos participantes do fideicomisso e do usufruto, têm direitos, obrigações, ônus e limitações que, praticamente, se assemelham. Sob esse aspecto, são patentes as semelhanças entre *fiduciário* e *usufrutuário* e entre *fideicomissário* e *nu-proprietário*. Quem recebe hereditariamente um bem para usufruí-lo por certo tempo, com a obrigação de conservá-lo porque deverá reverter a outra pessoa designada pelo testador, tem de comportar-se, sob o ponto de vista prático, como se fosse usufrutuário. Encarada do mesmo ângulo, a situação do fideicomissário pouco difere da que tem o nu-proprietário. Ao leigo as duas situações se equivalem.

Do ponto de vista técnico, porém, são visíveis os traços diferenciais.

Para distinguir um do outro, o mais seguro critério ainda é o da *aquisição* dos direitos que definem as duas posições. No *usufruto*, as liberalidades são *simultâneas*. O direito do *usufrutuário* nasce ao mesmo tempo em que o direito do *nu-proprietário*, ao se abrir a uma investidura no domínio e posse da herança, ou legado, depende da extinção do direito do fiduciário. Um vem depois do outro, cada qual ao seu tempo. Têm os dois, sucessivamente, direitos de igual natureza nos mesmos bens; enquanto, no usufruto, os direitos concomitantes têm diversa natureza, a coexistência é, enfim, possível por se tratar de direito real na coisa alheia. Sempre, portanto, que o testador dê a conhecer claramente sua vontade de que alguém venha a ser herdeiro, ou legatário, a partir de determinado momento, posterior à abertura da sucessão, configura-se a *substituição fideicomissária*, ainda que não tenha feito essa designação.[19]

Não raro, porém, usa expressões que deixam perplexo o intérprete. Tais são, notadamente, as que ordenam pura e simplesmente a passagem dos bens, em verba na qual se refere o testador ao usufruto. Tem-se entendido, entre nós, que o emprego dessas palavras deve conduzir o intérprete a qualificar como *fideicomisso* o que o testador chamou *usufruto*. Esse entendimento se apoia numa notação de Teixeira de Freitas à obra clássica de Gouvêa Pinto, segundo a qual haverá fideicomisso sempre que o constituidor ordenar a passagem dos bens a outrem por morte do primeiro nomeado, embora em relação a este fale em usufruto.[20] Esclarece, em seguida, que, se os bens têm de passar em propriedade para o

---

19 KIPP, no **Tratado de derecho civil, de Enneccerus**. v. II, t. V, p. 72.
20 **Tratado de testamentos e sucessões**. p. 327.

segundo nomeado, contradição é falar-se em usufruto, cujos bens não têm de passar, porque já passaram.[21] A lição é incontestável, mas padece de um simplismo condenável quando admitida regidamente, emprestandose-lhe inadmissível cunho de generalidade. É possível que o testador, ignorante de que a alusão à passagem dos bens indica a constituição de fideicomisso, tenha empregado a expressão com referência à *posse direta* dos bens, ao gozo, pretendendo, em verdade, constituir *usufruto*. Escritores de nomeada[22] fazem reservas ao ensinamento de Teixeira de Freitas no modo por que se vem aplicando, atribuindo-o à influência da doutrina francesa, trabalhada sob ordenamento legal diferente.

Convém não sujeitar a identificação do fideicomisso a inflexíveis regras de interpretação, devendo-se buscar em cada caso a verdadeira intenção do testador. Ensina Venezian que, havendo motivo para supor que a disposição testamentária pode ser a expressão de uma vontade vacilante entre efeitos jurídicos contrários, se tem de determiná-la reconstruindo o processo mental que conduziu àquela manifestação, completando-o na forma que sua posição permita, dado o conhecimento da diferente classe desses efeitos.[23] Bem certo é que, se os termos da cláusula testamentária revelam manifesta incompatibilidade com o esquema legal, possível não é valorizar intenção irredutível ao direito objetivo. Fora dessa hipótese, nem o nome empregado pelo testador nem as expressões usadas devem constituir elemento decisivo para a classificação de fideicomisso ou usufruto.

A distinção tem grande relevância na prática, em razão da diversidade dos efeitos de um e do outro. Assim é que a morte do *fiduciário*, ou de *fideicomissário*, tem consequências distintas da morte do *usufrutuário* ou do *nu-proprietário*. Morto o fiduciário antes de realizada a condição resolutória no seu direito, a propriedade fiduciária transmite-se aos seus herdeiros, ao passo que, morto usufrutuário, o usufruto extingue-se por ser intransmissível *mortis causa*. A propriedade do fiduciário passa ao fideicomissário, entretanto se o testador houver estabelecido que será a causa de sua extinção subjetiva.

Morto o *fideicomissário* antes do fiduciário, ou antes de se realizar a condição resolutória, extingue-se o *fideicomisso*, consolidando-se a propriedade na pessoa deste, ao passo que a morte do *nu-proprietário* não determina a extinção do usufruto, transmitindo-se a nua-propriedade aos herdeiros deste.

No fideicomisso, a prescrição dos direitos e ações da herança corre contra o fiduciário, bem como a *usucapião* do terceiro possuidor, ao passo que, no usufruto, corre contra o *nu-proprietário*.

O fiduciário pode reclamar as despesas com a valorização da coisa, enquanto o usufrutuário não tem esse direito.

Permitido é ao fiduciário alienar os bens fideicometidos, constituir servidões e hipotecas, ainda que a alienação e os ônus constituídos se resolvam com a substituição, não podendo o usufrutuário praticar tais atos em razão da natureza

---

21 Ob. cit. nota 281.

22 Clóvis Beviláqua, Carvalho Santos, Mendes Pimentel.

23 **Usufructo, uso y habitación**, p. 288.

de seu direito. O fiduciário não está obrigado a respeitar a destinação econômica do bem, como é de obrigação do usufrutuário.

Finalmente, é lícito ao *nu-proprietário* dispor do bem gravado, que transmite com o ônus, ao passo que o *fideicomissário* não tem esse poder de disposição enquanto estiver no domínio no fiduciário.

Tão diversos efeitos justificam o interesse da distinção, perquirida com afinco pelos tratadistas.[24]

---

24 Consultar Enneccerus, Kipp, Wolff, ob. cit., p. 72; Venezian, ob. cit., p. 287; Polaco, **Delle successioni**, v. I, p. 360; Pacifici Mazzoni, Il C. c. italiano com v. III, p. 432; Ruggiero, **Inst. de direito civil**, v. III, p. 572; Salvatore Piras, ob. cit., p. 60; Barrero, **Sistema**, v. II, p. 865; PLANIOL *et* RIPERT. **Traité pratique de droit civil français**. v. V, n. 297; Corrêa de Meira, Cap. 25; Teixeira de Freitas, ob. cit., nota 381; OLIVEIRA, Itabaiana de. **Tratado de direito das sucessões**. v. III, p. 207; MAXIMILIANO, Carlos. **Direito das sucessões**.

Capítulo 24
DESERDAÇÃO

Sumário: 183. Conceito. **184.** Pressupostos. **185.** Comprovação. **186.** Casos. **187.** Casos Especiais. **188.** Efeitos.

183. Conceito. *Deserdação* é a privação, por disposição testamentária, da legítima do herdeiro necessário.

Sua exclusão por esse modo é autorizada em nosso Direito, mas outras legislações, em maioria, aboliram-na o instituto, não apenas por odiosa, mas, também, por inútil, em face das regras relativas à *indignidade*. Entretanto, não se confundem. A *deserdação* regula-se na *sucessão testamentária,* por isso que só em testamento pode ser ordenada. A *indignidade* é o instituto da *sucessão legítima.* A indignidade pode ser motivada em fatos posteriores à morte do autor da herança, ao passo que a deserdação só em fato ocorrido durante a vida do testador.[1] Mais extenso é o campo de aplicação daquela, pois podem ser declarados *indignos* os *herdeiros legítimos* sem exceção, isto é, os descendentes, ascendentes, cônjuge e parentes colaterais, enquanto a deserdação se restringe aos *herdeiros legitimários,* isto é, aos descendentes, [ascendentes e ao cônjuge. A decisão do julgamento do REx n. 878-694 pelo Supremo Tribunal Federal, declarando a inconstitucionali- dade do art. 1.790 do Código Civil, afirmou: "No sistema constitucional vigente, é inconstitucional a distinção de regimes sucessórios entre cônjuges e companheiros, (...)". Apesar de não se manifestar especificamente sobre os demais temas suces- sórios, a decisão aponta para que a igualdade prevaleça em todos os direitos. Entendemos que o companheiro erigido à condição de herdeiro necessário pode, também, ser deserdado pelos mesmos motivos que o cônjuge]. Contemplam- -se, ademais, casos de deserdação que não se incluem entre os de indignidade. Por tais motivos, julgam alguns ser conveniente tratar separadamente as duas espécies. Outros, porém, consideram desnecessária a duplicidade, não somente porque a deserdação pertence, em essência, à sucessão legítima, mas, sobretudo, porque, conforme procedente observação de Clóvis Beviláqua,[2] os efeitos legais da indignidade bastam para excluir da herança os que realmente não a merecem.

---

1 OLIVEIRA, Itabaiana de. **Tratado de direito das sucessões**. v. II, p. 27.

2 **Comentários ao Código Civil**. v. VI, p. 204.

SUCESSÕES – *Orlando Gomes*

Certo é que o instituto da deserdação não teve aplicação prática, justificando-se sua ablação do Código.

Sendo conceituadamente *privação da legítima*, deserdação não há quando o testador deixa de contemplar *herdeiros* que não são necessários, ou dispõe de metade disponível em favor de outros herdeiros que não estes. A essa exclusão simples denomina-se *erepção*.

A deserdação encerra *exceção* à regra que manda reservar bens para os herdeiros necessários. Dado o seu caráter excepcional, a faculdade de deserdar sujeita-se a restrições impostas para prevenir que seu exercício traduza propósitos condenáveis e veicule injustiças sob a aparente cobertura de indignação moral. Daí a precaução do legislador, que tomou as seguintes cautelas: 1) Limitação de causas; 2) precisa indicação dos motivos determinantes; 3) comprovação judicial *a posteriori*.

Nestas condições, a simples declaração de vontade do testador não basta para torná-la eficaz. Nega-se-lhe, até, o valor de presunção,[3] somente se admitindo que produza efeito quando provado que o motivo determinante configura autêntica *ingratidão* no significado técnico da palavra.

Conquanto se assemelhem, *deserdação e indignidade* distinguem-se por muitos traços, por serem, em verdade, meios diversos de se declarar a exclusão da herança. Salienta-se que a *deserdação*, por seu próprio mecanismo, somente pode ser motivada, como é óbvio, em fatos ocorridos em vida do testador, enquanto a indignidade se declara também com fundamento em atos posteriores ao seu falecimento.[4]

184. Pressupostos. Para haver *deserdação* é preciso:

a) existência de herdeiros necessários;
b) testamento válido;
c) declaração de causa.

Deserdar significa privar alguém do direito de participar da *sucessão* de outrem. Esse direito se exerce unicamente contra os descendentes, ascendentes, [o cônjuge e o companheiro] do autor da herança quanto à sua *legítima*. Se o testador não tem *herdeiros legitimários*, pode dispor livremente de seus bens, não precisando declarar os motivos de não ter contemplado herdeiros que seriam chamados à sucessão se porventura falecesse intestado. Privando-os de uma simples expectativa, não está a deserdá-los. O primeiro pressuposto da deserdação é, pois, a existência de herdeiros necessários.

Só em *testamento* se pode deserdar. Outro instrumento é inidôneo, seja embora escritura pública. A deserdação há de expressar-se em disposição testamentária.

---

3 Philadelpho Azevedo, voto no Rec. Extr. n. 9.293.
4 ALMEIDA, Lacerda de. **Sucessões**, p. 273, nota 2.

Se o testamento for nulo, revogado ou caduco, não subsiste a determinação do testador, ou, por outras palavras, cai a deserdação.

Há de fundar-se em algum dos motivos taxativamente discriminados na lei, não se admitindo interpretação extensiva. Obrigado está o testador a declarar a *causa da deserdação*. A exigência tem dupla finalidade. Primeira, a verificação do enquadramento legal, dado que a causa declarada, embora respeitável, pode não ser das que regidamente autorizam a deserdação. Segunda, a necessidade de apuração da sua veracidade. É nula, assim, a disposição que não a especifique, caducando, se falsa, ou não comprovada, a causa declarada. Não se exige, porém, que o testador capitule no inciso legal o fato alegado como coisa determinante de deserdação. Requer-se apenas que o indique por forma a permitir sua comprovação.

185. Comprovação. A eficácia da disposição testamentária de *deserdação* subordina--se à *comprovação* da veracidade de causa arguida pelo testador. Sua simples declaração é insuficiente, porque poderia resultar de animosidade ao herdeiro necessário, sem constituir causa verdadeira de exclusão. Exige a lei, assim, que, depois de aberta a sucessão, se apure, em juízo, se o herdeiro deserdado praticou os atos apontados como o motivo da deserdação.

A prova da veracidade de causa declarada pelo testador produz-se em ação ordinária proposta pelo próprio herdeiro interessado na apuração, ou pela pessoa a quem a deserdação aproveita. Ao primeiro, interessa demonstrar a falsidade da increpação, não só por interesse econômico, mas, também, moral. Ao segundo, porque se beneficiará com a exclusão, substituindo o deserdado. Quem não tenha interesse não pode propor a ação, como é o caso, por exemplo, do *testamenteiro*.[5]

A ação a ser proposta pelo próprio deserdado é a *cominatória*, dirigindo-se ao interessado para que prove a veracidade da causa da deserdação. A esse interessado é que incumbe o ônus da prova, não ao autor. Quando proposta contra o deserdado, cabe-lhe impugná-la, para obrigar o autor à comprovação.

[O direito de provar a causa da deserdação extingue-se em quatro anos, contados da abertura do testamento, em quaisquer das três hipóteses, devendo-se considerar esse marco a decisão que determinar o cumprimento do ato de última vontade, pois tanto o testamento público e o particular não são abertos[6]].

Não comprovada a veracidade da causa de deserdação, é ineficaz a disposição testamentária que a prescrevera.

O simples processo de *justificação* é inidôneo à comprovação do fundamento da deserdação.

Enquanto não se comprove a veracidade da causa determinante da deserdação, a posse da herança deve ficar com o inventariante. Cabimento não tem que se

---

5   BARROS MONTEIRO, Washington de. **Curso de direito civil**. v. VI, p. 233.

6   [Código Civil, art. 1.965, parágrafo único].

194 | SUCESSÕES – *Orlando Gomes*

atribua ao deserdado ou ao herdeiro instituído, porquanto aquele foi excluído e este ainda não tem direito à herança.

186. Casos. Os casos legais de deserdação podem distribuir-se em três grupos:

a) os que também justificam a exclusão por *indignidade;*
b) os prescritos especialmente para a exclusão dos *descendentes;*
c) os estabelecidos para a exclusão dos *ascendentes.*

Os casos idênticos ao de exclusão por *indignidade* são comuns à deserdação de descendentes, ascendentes[, do cônjuge e do companheiro]. Tais herdeiros podem ser excluídos por *indignidade* ou por *deserdação:*

a) se houverem sido autores, coautores [ou partícipes] em crimes de homicídio [doloso], ou tentativa deste, contra a pessoa de cuja sucessão se tratar, [seu cônjuge, companheiro, descendente ou ascendente];
b) se o acusaram, caluniosamente, em juízo, ou incorreram em crime contra a sua honra, [de seu cônjuge ou companheiro];
c) se, por violência ou [por meios fraudulentos], o inibiram [ou obstaram] de livremente dispor dos seus bens em testamento.[7]

[Os descendentes e os ascendentes podem ser deserdados por outras causas, além daquelas que possibilitam a exclusão por indignidade].

Deserdam-se especialmente *descendentes* nos seguintes casos:

a) se houverem sido autores de *ofensa física* contra o testador;
b) se o tiverem injuriado gravemente;
c) se o filho tiver relações ilícitas com a madrasta ou com o padrasto;
d) se desampararem o ascendente em alienação mental ou grave enfermidade.[8]

Autorizam a deserdação dos *ascendentes* pelos descendentes a *ofensa física* e a *injúria grave,* bem como as *relações ilícitas* com a mulher [ou companheira] do filho, ou [do] neto, ou com o marido [ou companheiro] da filha, ou [o da] neta, e, também, o *desamparo, [do filho e neto]* nos mesmos casos de doença.[9]

187. Casos Especiais. A primeira causa especial de *deserdação* referida na lei é a prática de *ofensa física.*

---

7 [Código Civil, art. 1.814].
8 [Código Civil, art. 1.962].
9 [Código Civil, art. 1.963].

Não importa a gravidade, nem é necessária a condenação penal. Necessário, porém, que se configurem como delito, ainda que não positivado no juízo criminal. Trata-se de conduta reprovável tanto da parte do descendente como do ascendente, motivo por que autoriza a deserdação de um ou do outro.

Nem toda *injúria* justifica esse procedimento do testador. Precisa ser *grave*, caracterizando-se como intolerável ofensa à dignidade do autor da herança, não se considerando, como tal, por exemplo, o pedido malogrado de interdição do ascendente. Em princípio, não pode decorrer de má conduta de terceiro.

As relações ilícitas a que se refere o Código configuram *incesto* e *adultério*, [estendo-as o legislador aos companheiros] constituindo sua prática uma grave injúria no sentido particular da expressão.

Por fim, o desamparo em grave enfermidade ou alienação mental, sendo inqualificável infração de dever filial, foi, também, considerado causa de deserdação.

Outras causas se não admitem. As declaradas taxativamente fundam-se no respeito a certos sentimentos que, agravados, justificam, no entendimento do legislador, essa ampliação, sem dúvida desmedida, dos casos de exclusão de herança, que restritos deveriam ser aos de *indignidade*.

188. Efeitos. Entende-se *pessoais* os efeitos da deserdação. Consideramna *pena*, inferindo deste caráter que não pode alcançar os descendentes do herdeiro culpado: *nullum patris delictum innocenti filio poena est*. Realmente, não devem os filhos ser punidos pela culpa dos pais.

Contudo, não é pacífico, entre nós, esse entendimento. Argumenta-se que, não contendo a lei no capítulo da *deserdação* disposição que atribua aos descendentes do herdeiro excluído o direito de sucessão como se ele morto fosse, não podem recolher a herança do deserdado.[10] Passaria aos demais herdeiros do testador. Predomina, no entanto, a opinião adversa.[11] Aplica-se, por analogia, a regra instituída para o caso de exclusão por *indignidade*. Tem inteiro cabimento tal recurso de interpretação, porque os dois títulos se assemelham e colimam o mesmo fim, conquanto diversos os processos de *exclusão* do herdeiro. Atenta, ademais, à circunstância de que se tem a deserdação como uma *pena civil*, justifica-se, por um princípio geral de direito, limitar seus efeitos à pessoa do deserdado. [Perdeu o legislador a oportunidade de pôr fim à polêmica existente, causada por uma omissão no texto revogado fartamente criticada pela doutrina e jurisprudência e, que, certamente, poderia ter sido reparada no novo texto].

Desse modo, tem-se como assentado que seus descendentes sucedem em seu lugar, como se houvesse ele falecido antes do testador.

A aplicação desse preceito aos casos de *indignidade*, para os quais foi expressamente estabelecido, não levanta dificuldade em se tratando de sucessão *legítima*.

---

10 BARROS MONTEIRO, Washington de. Ob. cit. p. 235.

11 Itabaiana de Oliveira, Ferreira Alves, Carlos Maximiliano, Orozimbo Nonato, Ubaldino de Azevedo.

Mas sendo a deserdação instituto da *sucessão testamentária*, perplexidade suscita quando o propósito do testador não é alcançado por não se comprovar judicialmente a causa determinante da exclusão. Nesse caso, o deserdado tem de se *integrar na legítima*, repercutindo a reintegração no conteúdo do testamento, [tornando-se ineficaz a disposição testamentária]. Nulo não será o testamento.[12]

Procedente a *deserdação*, os descendentes do deserdado sucedem *por direito de representação*, como se ele morto fosse. Não os tendo, permanecem íntegras as quotas em que se distribui a *legítima* em virtude de sua exclusão.

Se deserdado for um *ascendente*, recolherá a herança, na parte indisponível, o outro, visto que não há representação nessa *linha* de parentesco.

Não sendo dado novo destino à *reserva* do deserdado, pelo testador, distribui--se com os outros herdeiros legitimários.

A ação para confirmação da *deserdação* é de iniciativa de um dos herdeiros. [Embora o Código Civil não tenha repetido a norma prevista no inciso IV do § 9º do art. 178 do Código de 1916], nada impede, todavia, que o próprio deserdado proponha, contra os outros sucessores, a ação no empenho de provar sua inocência. Têm legitimidade para também intentá-la os herdeiros do excluído, se este houver falecido sem propô-la.

---

12 **Consolidação das Leis Civis**, art. 1.010.

Capítulo 25
REVOGAÇÃO DO TESTAMENTO

Sumário: 189. Faculdade de Revogação. **190.** Classificação. **191.** Revogação Expressa. **192.** Revogação do Testamento Revogatório. **193.** Revogação Tácita. **194.** Inutilização do Testamento Cerrado. **195.** Alienação da Coisa Legada.

189. Faculdade de Revogação. Tem o testador a faculdade de, todo tempo, revogar o testamento.

Declaração de última vontade, que é, consubstancia-se em ato essencialmente revogável: *ambulatoria est voluntas testatoris usque ad supremum vitae.* Tão substancial a revogabilidade que não se pode renunciar à faculdade de revogá-lo, no todo ou em parte, tendo-se por não escrita qualquer cláusula que a contrarie.

No Direito moderno, não há limitações a essa liberdade de tornar insubsistente, por vontade própria, todo e qualquer testamento.

A revogação há de sempre ser obra da vontade exclusiva do testador, pela forma própria.

Recusa-se eficácia à chamada *cláusula derrogatória,* pela qual se obriga o testador a não mudar de vontade, porque, sendo de ordem pública a liberdade de testar, não consente limitação.[1]

Revogação e ineficácia do testamento produzem o mesmo efeito, no sentido de que impedem a eficácia das disposições testamentárias, apresentando, pois, traços comuns sob o aspecto formal, mas se distinguem, substancialmente, pela *causa* e *estrutura.*[2]

Pode o testador declarar insubsistente o testamento, substituindo-o, ou não, por outro, ou revogar apenas uma ou mais disposições testamentárias, hipótese na qual sobrevivem as demais.

A revogação pode ser pura e simples ou *condicional.* A condição aposta é *resolutiva* da cláusula. Se impossível ou *ilícita*, a revogação é *nula*, porque declaração de vontade *inter vivos.*[3]

---

1 Cf. ALMEIDA, Lacerda de. **Sucessões**. p. 500, nota 4, apoiado em Pinheiro e Lobão.

2 DEGNI. **La successione a causa di morte**. v. II, p. 165.

3 DEGNI. Ob. cit. p. 70.

Reveste, enfim, a estrutura do *negócio jurídico,* configurando-se como expressão da *autonomia privada,* razão por que não se confunde com a *caducidade* que também determina a insubsistência do testamento, mas em razão de *causas* previstas na lei.

Da sua natureza inequívoca de negócio jurídico decorre a aplicação das regras atinentes à validade dessa inconfundível categoria jurídica. Requer, portanto, agente capaz, objeto lícito e forma adequada. A declaração de vontade há de ser, ademais, isenta de *vícios.*

190. Classificação. A revogação de um testamento, ou de disposições testamentárias, pode ser:

a) *expressa;*
b) *tácita.*

Expressa, quando a vontade do testador se declara manifestamente em *testamento posterior.*

Tácita, quando as disposições testamentárias se tornam incompatíveis com as de outro testamento, posterior, ou com atos *inter vivos* praticados ulteriormente.

A *revogação expressa* pode ser:

a) *total;*
b) *parcial,* conforme alcance o testamento no todo ou em parte.

Sendo *total,* dará lugar à sucessão legítima, se outro testamento não suceder ao revogado. Sendo *parcial,* subsiste o testamento na parte não revogada, que seja conciliável às novas disposições.

Ao lado da revogação expressa ou tácita, costuma-se alinhar a *revogação presumida.* Decorreria de *circunstâncias de fato* às quais atribui a lei o efeito de tornar insubsistente o testamento. Nesses casos, não ocorre, propriamente falando, *revogação,* mas *caducidade.* Diz-se que se dá o *rompimento* do testamento. Admissível fosse que tal consequência está legalmente determinada por se presumir a vontade do testador, nem assim se deve confundir essa espécie de ineficácia com a *revogação,* que depende, por natureza e essência, da vontade do testador.

A *revogação* não comporta qualquer variação no aspecto formal. Entre nós, somente em testamento pode expressar-se. Em outros ordenamentos jurídicos, permite-se, no entanto, que o testador declare, em *escritura pública,* o propósito revocatório.[4]

191. Revogação Expressa. Procedendo-se mediante declaração de vontade em outro testamento, a revogação expressa produz seu efeito característico, se observados os requisitos intrínsecos necessários à sua validade. Autorizada unicamente

---

4 Código Civil italiano; Código Civil português.

Cap. 25 · REVOGAÇÃO DO TESTAMENTO | **199**

em testamento posterior, precisa esse negócio jurídico ser válido, substancial e formalmente. A intenção de revogar há de manifestar-se em termos inequívocos por testador, capaz, num ato testamentário revestido das solenidades legais.

O testamento posterior não precisa ser da mesma espécie do anterior. Vale, assim, a revogação de testamento público por testamento cerrado, ou particular, e *vice-versa*. Basta, por outras palavras, que a declaração revogatória se exare num ato com a forma e a substância do testamento.

A inexequibilidade do testamento que revogue outro não influi na eficácia da revogação. O testamento revogado não ressuscita porque o herdeiro instituído no ato revocatório tenha falecido antes do testador, seja incapaz ou renuncie à herança.[5]

Ainda na *revogação total*, validamente praticada, sobrevivem certas disposições do testamento revogado. São as que, por sua natureza, não perdem a eficácia. O reconhecimento de filho ilegítimo, por exemplo, é declaração que subsiste, não obstante a revogação do testamento, porque, encerrando confissão, não pode ser retratada.

Na *revogação parcial*, subsistem as disposições testamentárias inatingidas pela declaração revogatória do testador. Subsiste o *testamento anterior* em tudo que não for contrário ao posterior.[6]

Observe-se, em arremate, que, se o *testamento posterior* for *nulo*, continua eficaz o *anterior*. É irrelevante a causa da nulidade. No Direito pátrio, não é possível atribuir eficácia à revogação quando o testamento é nulo por defeito de forma, porque o ato revocatório não admite outra forma.

192. Revogação do Testamento Revogatório. Pode o testamento revogar o testamento revogatório, por outro testamento.

Quando o faz, as consequências do seu ato não estão expressamente previstas em nosso Direito, mas podem ser reduzidas dos princípios gerais. Trata-se de determinar o *efeito* da revogação contido no testamento revogatório.

Em princípio, o primeiro testamento revogado não recobra sua força com a revogação do testamento que o tornou insubsistente. Produz-se, em suma, o *efeito* da revogação, tenha sido expressa ou tácita. Pela circunstância de ter sido, por sua vez, revogado o testamento que o revogara, o anterior não readquire eficácia.

Nada impede, todavia, que, ao revogar o testamento revogatório, declare o testador a vontade de que reviva o testamento primitivamente revogado, ou algumas de suas disposições. É lícito ao testador, com efeito, fazer reviver disposições testamentárias já revogadas, necessário sendo, porém, que manifeste sua intenção desenganadamente. Dessa exigência resulta a inadmissibilidade de tácita revogação de revogação.

---

5 [Código Civil, art. 1.971].
6 [Código Civil, art. 1.970, parágrafo único].

Disputou-se acerca da necessidade de repetir o testador as disposições testamentárias as quais quer revigorar, entendendo numerosos doutores que a ressurreição dependia da reprodução, no terceiro testamento, de tais cláusulas. Correto, no entanto, é o entendimento contrário. Basta que o testador confirme as declarações do primeiro testamento, até porque trazendo-as para o outro não estará a rigor revigorando cláusulas insubsistentes, senão renovando-as em outro testamento, por tal modo que não há cogitar do que fora revogado pelo revogatório. Seria, afinal, novo testamento na forma e no conteúdo. O problema deixaria de existir. O risco de incerteza, invocado pelos que temem a simples confirmação, pode ser afastado por interpretação cuidadosa da vontade do testador.

193. Revogação Tácita. Resultando da incompatibilidade entre disposições testamentárias contidas em testamentos sucessivos, a *revogação tácita* ocorre por três modos:

1º) incompatibilidade entre as últimas e as precedentes disposições;

2º) abertura ou dilaceração do testamento cerrado;

3º) alienação ou transformação, pelo testador, da coisa legada.

O testamento posterior revoga tacitamente o anterior na parte em que for com ele incompatível.

Não basta, portanto, a existência de testamento sucessivo para se considerar totalmente revogado o que o antecedeu. Não havendo revogação expressa, sobrevivem as cláusulas compatíveis. Deixam, assim, de substituir apenas as disposições contraditórias ou incompatíveis aplicandose o mesmo critério da regra adotada para a ab-rogação tácita da lei.[7]

São *disposições contraditórias* as que se opõem diretamente às que o testador fizera em relação ao mesmo herdeiro ou legatário. São *disposições incompatíveis* as que se chocam no seu conteúdo, somente uma podendo subsistir por haver, entre as duas, incoerência, desarmonia, discrepância. Inconciliáveis contemporaneamente, subsistem as últimas. A distinção entre *contrariedade* e *incompatibilidade* carece de importância prática,[8] mas pode auxiliar na interpretação da vontade do testador.

Não é, realmente, fácil em algumas hipóteses. Assentado está, porém, como critério geral de orientação, que, para haver *revogação tácita*, a *incompatibilidade* entre duas *disposições* testamentárias sucessivas tem de ser *objetiva*. Procede a observação de Degni: "Não existe, como figura autônoma de revogação, uma *incompatibilidade intencional*".[9]

Tal como em relação à revogação expressa, o testamento posterior precisa ser válido para revogar tacitamente o anterior, mas produzirá seus efeitos

---

7 DEGNI. Ob. cit., p. 178.

8 Planiol. **Traité élémentaire de droit civil**, nº 2.843.

9 Ob. cit. p. 180.

quando caduque por exclusão, incapacidade ou renúncia do herdeiro nele nomeado.

A incompatibilidade pode manifestar-se, finalmente, entre o testamento e um ato *"inter vivos posterior"*, mas somente na hipótese de alienação da coisa legada.

É possível a coexistência de testamentos com a mesma data. Não se podendo determinar qual foi o posterior e havendo contradição entre os dois, outra solução não há que admitir a neutralização recíproca. Tem-se, assim, por *não escritas* as *disposições contraditórias*.

194. Inutilização do Testamento Cerrado. No Direito pátrio, a inutilização do testamento cerrado pelo testador, ou com o seu consentimento, está contemplada entre as hipóteses da *revogação*.[10] Esse comportamento é um *fato concludente*. Para cortar dúvida, a lei presume, em consequência, a revogação do testamento.

Tal presunção, embora justificável por ser inevitável inferência, não precisaria ser firmada, porque, tecnicamente, a abertura, ou a dilaceração de um testamento cerrado, determina sua *nulidade*. Testamento dessa espécie vale somente se não violado, dado que o sigilo do conteúdo é de sua natureza e essência. Torna-se irrelevante, em consequência, presumir do comportamento a revogação, porquanto, ainda fosse contrária a intenção do testador, insubsistente seria, do mesmo modo, o testamento, nenhum valor prático oferecendo, no particular, a distinção entre invalidade e ineficácia.

Em razão desse defeito técnico, a *presunção* que, na revogação tácita, deve ser *juris tantum* tem de ser *juris et de jure,* uma vez que não pode ser ilidida por prova em contrário diante da invalidade consequente do testamento.

Pelo direito positivo, induz a presunção de revogação a prática dos atos de destruição, abertura ou laceração da cédula testamentária. Qualquer desses atos inutiliza o testamento cerrado, no pressuposto de que denunciam a intenção de revogá-lo. Não se deve, porém, interpretá-los com extremos de severidade, admitindo-se, por exemplo, que o testador quis inutilizá-lo tão somente porque foi encontrado com os selos quebrados.

Alude a lei exclusivamente ao testamento cerrado. Admite-se, no entanto, a extensão da *presunção ao testamento particular,* se, v.g., foi riscado pelo testador.[11]

195. Alienação da Coisa Legada. Hipótese particular de *revogação parcial* do testamento é a de alienação, *total ou parcial,* da coisa legada.

A prática, pelo testador, do ato de disposição do bem implica revogação do legado.

Entendem alguns que, nesse caso, não há revogação [correta], mas, fora de dúvida, a alienação da coisa legada revela a vontade do testador de infirmar a deixa. Com o seu ato, torna impossível a sobrevivência da cláusula, revogando-a, portanto, tacitamente.

---

10 [Código Civil, art. 1.972].

11 OLIVEIRA, Itabaiana de. **Tratado do direito das sucessões**. v. II, p. 223.

202 | SUCESSÕES – *Orlando Gomes*

Tratar-se-ia, entretanto, de *revogação presumida*. É a lei, com efeito, que infere do comportamento a consequência, presumindo a revogação da liberalidade. Tal presunção é absoluta, aplicando-se aos casos de promessa irretratável de venda e de retrovenda.

Contudo, o próprio testador pode impedir sua aplicação, declarando no ato de alienação que não tem o propósito de revogar o legado. Evitará, desse modo, a revogação, porque, com a declaração, anula expressamente o elemento intencional que a lei presume.[12]

Ocorre a revogação do legado tanto quando a alienação é a *título gratuito* como a *título oneroso*, sendo indiferente que o testador transfira a propriedade do bem a *terceiro*, ou a *herdeiro*, pura e simplesmente ou sob condição, assim suspensiva como resolutiva. Não se verifica, unicamente se não houver consentimento real na alienação.

Pelo próprio fundamento da presunção, somente a *alienação propriamente dita*, isto é, a transferência da propriedade por *ato de vontade* do proprietário, determina a revogação tácita do legado. No caso de *transferência coativa*, não se pode cogitar obviamente de revogação. Caduca, entretanto, o legado, por não se encontrar seu objeto no patrimônio do testador, a tempo de sua morte. Mas, se, por qualquer circunstância, voltar ao seu patrimônio, recobra o legado sua força, enquanto se for voluntariamente alienada e readquirida sua propriedade, não revive, prevalecendo a revogação.

Também a *transformação* da coisa legada feita pelo testador implica *revogação* do legado. Por *transformação* entende-se a mutação da coisa em outra, com forma distinta, denominação diferente ou natureza diversa. Necessário que seja total e voluntária, havendo alteração nos seus elementos materiais e não ocorrendo pelo caso fortuito.

---

12 Aubry *et* Rau. **Cours de droit civil français.** § 735, nº 205.

Capítulo 26
CADUCIDADE DO TESTAMENTO

Sumário: 196. Natureza. **197.** Classificação. **198.** Rompimento por Superveniência. **199.** Descendente Sucessível. **200.** Ignorância da Existência de Outros Herdeiros. **201.** Sobrevivência do Herdeiro. **202.** Como se Dá o Rompimento. **203.** Exclusão da Caducidade.

196. Natureza. A *caducidade* do testamento, contrário da *revogação*, é um aspecto de sua *ineficácia*, que não resulta da declaração de vontade do testador, senão de *circunstâncias de fato*, a que a lei atribui tal consequência Os casos de caducidade consideram-se, tradicionalmente, de *revogação*, contemplados, em nosso Direito, sob a denominação de *rompimento* do testamento, sob o fundamento de que se tratava de revogação, presumida da provável vontade do testador. Esse excessivo apego ao voluntarismo, rejeita-o a doutrina moderna. O legislador não presume a *intenção de revogar* nas hipóteses de *caducidade*, inclusive as previstas por efeito de técnica legislativa, nos artigos relativos à *revogação*, até porque, como observa Allara,[1] teria de admitir uma vontade testamentária montada no pressuposto de determinada situação familiar. No caso, por exemplo, da superveniência de filho, o rompimento do testamento não decorre de presumida *voluntà testatoris*, pois se poderia inferir que, se o testador não o revogou, quis conservá-lo, sem contemplar o descendente superveniente. A determinação da *caducidade* apresenta-se, antes, como uma *opção de política legislativa*.

Considerada figura autônoma, facilita-se seu tratamento sistemático. Agrupam-se numa seção única e independente, na doutrina como na lei, os diversos casos de caducidade do testamento ou de cláusulas testamentárias, coordenados pelos traços comuns que se avivam na identidade do efeito.[2]

No capítulo da *revogação*, reporta-se a lei pátria, unicamente, às hipóteses de caducidade *comuns* às heranças e legados, disciplinando, em outras disposições, as que dizem respeito a umas *ou* a outros.[3]

---

1 **Il testamento**, p. 180.
2 Seguiu essa orientação o Código Civil Português, arts. 2.317 a 2.319.
3 [Código Civil, arts. 1.943, 1.809, 1.799, I, 1.801 e 1.971].

204 | SUCESSÕES – *Orlando Gomes*

Seja qual for a*causa* da caducidade, torna-se *ineficaz* o testamento, aplicando--se à sucessão as regras da devolução sucessória legal, pelas quais são chamados os herdeiros legítimos, a menos que se devam invocar os preceitos concernentes à *substituição* ou ao *direito de acrescer*.

197. Classificação. Os casos de *caducidade*, reunidos numa só disposição, ocorrem, quanto às disposições testamentárias, nas seguintes *circunstâncias de fato*:

a) se o instituído ou nomeado falece antes do testador;

b) se morrem simultaneamente;

c) se a instituição ou nomeação depende de *condição suspensiva* e os instituídos ou nomeados falecem antes do seu implemento;

d) se não se realiza a condição aposta à instituição de herdeiro ou nomeação de legatário;

e) se o instituído ou nomeado se torna incapaz de adquirir a herança ou o legado;

f) se renuncia à herança.

Essas hipóteses são comuns às heranças e legados. À de caducidade do legado enunciam-se:

a) alienação da coisa legada após o testamento;

b) sua transformação;

c) seu perecimento;

d) evicção.

Consideram-nos, alguns escritores, casos de *revogação tácita*. A lei nacional contempla-os no capítulo dos legados, sem lhes atribuir sentido revogatório.

A *caducidade* pode ser do *testamento*, atingindo-o na totalidade.

Caduca o *testamento*:

a) sobrevindo descendente sucessível ao testador, que o não tinha, ou não o conhecia, quando testou;

b) ignorando o testador a existência de outros herdeiros necessários;

c) não falecendo o testador na viagem, nem nos [noventas dias] subsequentes ao seu desembarque em terra, onde possa fazer, na forma ordinária, outro testamento, se fez o *marítimo* [*ou aeronáutico*];

d) não falecendo o testador em campanha, nem tendo estado, nos [noventa dias] seguintes, em lugar onde pudesse testar na forma ordinária, se fez *testamento militar*.

Nas duas primeiras hipóteses de *caducidade do testamento*, diz-se que ele se *rompe*.

Deveria a lei declarar caduca a disposição testamentária a favor do cônjuge do testador se, ao tempo da morte, se encontravam *separados [judicialmente ou divorciados]*, por não se justificar sua eficácia.

198. Rompimento por Superveniência.
A superveniência de descendente sucessível do testador determina a *caducidade* do testamento em todas as suas disposições.

Tal norma vem do Direito anterior, no qual, "assim o testamento como os legados nele [contidos]" eram "nenhures e de nenhum valor".[4]

O [texto revogado do Código Civil] ampliou-a, condensando-a em fórmula ambígua, que enseja dúvidas, notadamente, quanto à extensão do princípio, [mantido na legislação vigente].

A hipótese prevista na lei configura-se pela reunião dos seguintes elementos:

a) aparecimento de descendente depois da testamentificação;

b) sucessibilidade do descendente aparecido;

c) sobrevivência do descendente ao testador.

Necessário, primeiramente, que, ao testar, *ainda* não exista o descendente, ou, se já existe, ignora o testador sua existência.

Não se exige a inexistência anterior de descendente. Rompe-se o testamento, do mesmo modo, se aparece mais um descendente. Superveniência de outro filho determina a caducidade, tal como se nenhum houvesse. A razão é que, se já o tivesse, testaria diferentemente, não deixando, presumivelmente, de o contemplar.

Caduca o testamento, do mesmo modo, se o testador, quando testou, ignorava sua existência. O desconhecimento decorre de ignorância como de falsa suposição. Pode não saber, por exemplo, que tem netos do único filho premorto, ou presumir que descendente imediato é falecido. Se aparecem, dá-se a *ruptio testamente*. O conhecimento pode vir por meio de sentença declaratória de paternidade, mas se o testador sabia da existência do filho e não quis reconhecê-lo subsiste o testamento.

Ocorre o *rompimento* ainda quando se trate de *filho póstumo*, bem como se, à data do testamento, estava concebido.

A *ausência* do filho equipara-se à ignorância de sua existência.

199. Descendente Sucessível.
A expressão *descendente sucessível* tem ensejado controvérsias. Apanha, evidentemente, todo e qualquer parente nessa *linha* independentemente do *grau* de parentesco. Filhos, netos, bisnetos. Nenhuma dúvida surge quando se trata da descendência estabelecida pela consanguinidade, [em

---

4 Ord., L. 4, tít. 82, § 5º.

face da igualdade de direitos e qualificações atribuídas aos filhos, consagrada na Carta Constitucional], mas se apresenta, essa dúvida, no tocante à *filiação adotiva*.

O Direito pátrio não restringiu a *ruptio testamente* à superveniência de *descendentes legítimos*. Nenhuma discriminação fez, tal como outras legislações, quanto à natureza da descendência.

Sobrevindo, pois, filho [passível de reconhecimento], rompe-se, também, o testamento.

Armam-se, contudo, situações que não se resolvem com a mesma facilidade. Pode o pai, ao testar, saber da existência do filho [havido fora do matrimônio], pode ignorá-la ou pode alimentar dúvida quanto à paternidade.

Se tem conhecimento, por haver estabelecido o vínculo de filiação voluntariamente ou por ter sido declarada em sentença, o testamento não caduca. Igual solução se sabe de sua existência, mas não quer reconhecêlo, visto que o tinha e conhecia, tratando-o como tal. Provado que quando testou já se passavam os fatos [comprobatórios] da filiação, possível não será alegar a ignorância e, se não ignorava, o testamento é eficaz na parte em que não ofenda a legítima.[5]

No caso de ignorância, o reconhecimento posterior autoriza o *rompimento*. A situação enquadra-se perfeitamente na hipótese legal, porquanto, ao testar, não conhecia, o testador, a existência de descendente. Ocorre, por conseguinte, a *supervenientiam liberorum*. Não importa que o reconhecimento seja *coativo*, em vida do testador ou após sua morte. Conta-se apenas a ignorância, no momento em que testa.

Se nutre dúvidas quanto à paternidade e a repele em consciência, não se rompe o testamento, eis que o conhecia, e se testou em seu detrimento presume-se que não quis favorecê-lo.[6]

Quanto aos *filhos* [*havidos fora do casamento*], hoje reconhecíveis, o reconhecimento posterior ocorre, frequentemente, depois da morte do genitor. Ocorrendo, rompe-se o testamento, porque é o filho [havido fora do casamento], verdadeiramente, descendente sucessível, [sendo proibida qualquer discriminação quanto à natureza da filiação].

200. Ignorância da Existência de Outros Herdeiros. Rompe-se também o testamento feito na ignorância de existirem outros herdeiros necessários.[7]

A razão de ser do preceito está no propósito de estender aos ascendentes [e ao cônjuge] a regra de caducidade. São eles, assim como os descendentes, *herdeiros necessários*, posto que somente chamados na falta daqueles. Nem por isso pode o autor da herança, que ainda os tenha, dispor livremente dos bens. Sujeito está à limitação imposta quando há descendentes.

---

5 Clóvis Beviláqua, **Comentários ao Código Civil**, art. 1.752.

6 Conf. Philadelpho de Azevedo em voto no Rec. Ext. n. 6.734.

7 [Código Civil, art. 1.974].

Pelo mesmo motivo se, ao testar, ignorava a existência de ascendente [ou do cônjuge], caduca o testamento. Diz-se que, ao determinar a caducidade, presume a lei a vontade do testador, supondo que não faria testamento ou o organizaria de outra maneira, se soubesse que o ascendente ainda vivia. Outro é, porém, o fundamento da regra. Uma vez que os ascendentes [e o cônjuge] também são herdeiros necessários e têm, em consequência, direito à legítima, eficaz não pode ser um testamento em que se não atende à restrição legal, parecendo ao legislador mais conveniente recusar-lhe eficácia do que determinar a redução das disposições testamentárias.

201. Sobrevivência do Herdeiro. Se o descendente inexistente, ou ignorado, falece antes do testador, o testamento não perde sua eficácia.

Tal conclusão é intuitiva. Os efeitos do testamento não se produzem antes da morte do testador. Consequentemente, a causa de sua ineficácia tem de ser apurada no momento da abertura da sucessão. A superveniência de descendente sucessível somente repercute no testamento se ele sobreviver ao testador. Se morre antes, não será herdeiro necessário, nem se alterará a situação existente ao tempo da testamentificação, sobrevindolhe mais um descendente.

Não faria sentido autorizar o *rompimento* quando premorre o herdeiro necessário, pois subsiste, nesse caso, sua razão determinante.

É óbvio que, se esse herdeiro tem descendentes, a caducidade se impõe.

202. Como se Dá o Rompimento. É controvertido o modo por que se dá o *rompimento*. Para alguns tratadistas, tem de ser provocado mediante ação especial, verificando-se, portanto, com o pronunciamento do juiz. A sentença seria declaratória, e a ação, imprescritível, somente se extinguindo por via indireta, pela usucapião. A outros parece, ao contrário, que não é necessária a ação. O testamento caduca de *direito*.

O Direito pátrio não contém regra que estabelece a caducidade independentemente de ação, mas também não a exige. Como quer que seja, faz-se necessário o *pronunciamento do juiz*. Ao ter conhecimento da circunstância de fato determinante da caducidade, não manda cumprir o testamento, declarando, portanto, sua ineficácia. Mas, se o testamento já tiver sido cumprido quando reaparecer o herdeiro que o testador supunha morto, a ação é indispensável.

203. Exclusão da Caducidade. Não se rompe o testamento se o testador previu a existência, ou superveniência, de herdeiros necessários.

A previsão presume-se quando ele dispõe apenas da metade da herança.

Não se rompe, outrossim, se não contemplar, na parte disponível, os herdeiros necessários, de cuja existência saiba.[8] Obrigado não estando a favorecê-los,

---

8 [Código Civil, art. 1.975].

dispensado se acha de mencionar as razões por que preferiu deixá-la a estranhos. Não há que falar, nesse caso, em *deserdação*.

Importa é que ignore a existência de tais herdeiros, ao testar. Na dúvida, pode tomar a cautela de declarar que, se aparecerem, se tenha como eficaz o testamento, sem ofensa à legítima. Do mesmo modo, em relação à possível superveniência.

Capítulo 27
TESTAMENTEIRO

Sumário: 204. Testamentaria. **205.** Natureza Jurídica. **206.** Testamenteiro. **207.** Aceitação. **208.** Atribuições, Direitos e Obrigações. **209.** Vintena ou Prêmio. **210.** Extinção.

204. Testamentaria. Para dar cumprimento às suas disposições de última vontade, pode o testador nomear, no próprio testamento, pessoa com essa incumbência, denominada *testamenteiro*.

A figura do *executor testamentário* deveria surgir unicamente quando não houvesse herdeiros instituídos, aos quais compete naturalmente dar execução ao testamento. No rigor dos princípios, é incompreensível a nomeação de testamenteiro quando o autor da herança escolhe o seu continuador, fazendo-o herdeiro.[1] Certas razões aconselham, entretanto, a permissão legal: a dúvida quanto à experiência, ou diligência, do herdeiro, a resistência no cumprimento de disposições que colidem com os seus interesses, a própria desconfiança nos instituídos, ou nos legitimários, em relação à precisa e oportuna execução de suas determinações.[2] Justifica-se, em consequência, a autorização para que encarregue pessoa de sua confiança de prover diretamente à execução do testamento.

O *testamenteiro* é de livre nomeação do testador, podendo ser herdeiro, legatário, parente seu ou pessoa estranha. Exige-se, apenas, que a nomeação se faça em *testamento* ou *codicilo*.

É *universal* ou *particular*, conforme lhes sejam concedidas, ou não, a posse e administração da herança, ou de parte dela.[3]

Ao conjunto de suas atribuições denomina-se *testamentaria*.

A *testamentaria* não é transmissível nem delegável. Não se transmite, por ato *inter vivos, mortis causa*. Do seu caráter personalíssimo resulta que tem de ser exercida pela própria pessoa investida no cargo. Contudo, permite-se que o testamenteiro se sirva de auxiliares para a execução dos atos de sua incumbência, tais como advogados e contabilistas. A constituição de procurador para agir em

---

1 ALMEIDA, Lacerda de. **Sucessões**. p. 465.
2 DEGNI. **La successione a causa di morte**. v. II, p. 203.
3 OLIVEIRA, Itabaiana de. **Tratado de direito das sucessões**.v. II, p. 275.

seu nome, judicial ou extrajudicialmente, não constitui delegação de poder, porque subiste a responsabilidade do testamenteiro perante os herdeiros e legatários.

A *testamentaria* não pode ser deferida a certas pessoas que, tendo, embora, capacidade jurídica, se encontram em situação que desaconselha seu exercício, conquanto se trate, não de liberalidade, mas de encargo. Tais são os que escreveram, a rogo, o testamento: seu cônjuge, ascendentes, descendentes e irmãos, o oficial perante quem foi feito e as testemunhas instrumentárias. A incompatibilidade não resulta, como parece a alguns,[4] do fato de ser gratificado o ofício, mas da inconveniência de se confiá-lo a quem participou do ato de nomeação, circunstância esta que também concorre para justificar o afastamento dessas pessoas pela consideração de que teriam de envolver-se em questões porventura suscitadas pela execução do testamento. Não devem ser *legitimadas*, consequentemente, para o exercício do *munus*.

Do mesmo modo, *pessoa jurídica* não pode ser nomeada *testamenteiro*. A natureza da testamentaria repele sua outorga a tais entes.

205. Natureza Jurídica. A natureza jurídica da *testamentaria* é objeto de controvérsias. Quatro teorias tentam explicá-la:

1ª – do mandato;

2ª – da representação;

3ª – da tutela;

4ª – do ofício privado.

Para os adeptos da *teoria do mandato*, o testamenteiro seria representante dos legatários e os credores da herança, ou dos herdeiros, ou do próprio acervo hereditário, ou, finalmente, do testador.

Nenhuma dessas construções explica a verdadeira essência da *testamentaria*. Se é possível nomear testamenteiro num testamento sem *legados*, que institua apenas herdeiros, bem é de ver que não se pode considerar o executor testamentário *representante* dos legatários. Para mais, suas funções não se cingem à ação do interesse desses sucessores a título singular. Não é também *representante dos herdeiros*, dentre outras razões porque se, muitas vezes, a sua atuação tem de contrariar interesses daqueles, seria absurda uma representação contra os interesses do representado.[5] De resto, podendo o próprio herdeiro ser nomeado executor testamentário, seria, como observa Degni, representante de si mesmo. Visto, por outro lado, que a herança não é *pessoa jurídica*, não há como ver no testamenteiro um representante, ou, com maior propriedade, um *órgão* desse inexistente sujeito de direito. Seria ele, no fundo, representante dos herdeiros, não se contornando

---

4   BEVILÁQUA, Clóvis. **Comentários ao Código Civil**, art. 1.766.

5   DEGNI. Ob. cit. p. 206.

Cap. 27 · TESTAMENTEIRO | 211

com essa transferência a dificuldade. Inaceitável, finalmente, a teoria que o considera representante do testador. Ainda que o nosso Direito admitisse o mandato *post mortem*, sem representação, teria de resultar de um contrato.

Incongruente é, do mesmo modo, a teoria da *representação*, oriundos os poderes de negócio jurídico unilateral, porquanto pressuporia eficácia de uma vontade inexistente no momento de atuação. De resto, o conceito mesmo da *representação* não se ajusta às funções do testamenteiro, porque supõe ação em nome e no interesse do representado.[6]

Ainda mais estranha é a assemelhação da *testamentaria* à *tutela*. Para rejeitá-la "basta a consideração de que os herdeiros instituídos são encarregados da execução das últimas vontades quando não há testamenteiro nomeado".[7] Verdade é que, se o testador omitir a nomeação, exercerá a função [um dos cônjuges e, na falta destes, o herdeiro nomeado pelo Juiz].[8]

Tal como na tutela, pode haver testamenteiro testamentário, legítimo e dativo, mas esta coincidência não autoriza a confusão.

A execução testamentária é considerada[9] um *ofício privado*, entendido como um conjunto de poderes atribuídos em lei a determinada pessoa, que se apresentam, do mesmo modo, como deveres. O testamenteiro deve providenciar a execução do testamento, defender-lhe a validade e praticar atos para atender a interesses suscitados no mesmo tempo.[10] Exerce, em suma, verdadeiro *munus*, oriundo de negócio unilateral, em nome próprio, com poderes e deveres peculiares. Contudo, não está obrigado a aceitá-lo, nem se exige, para a recusa, qualquer escusa prevista em lei. Seria, em resumo, um *ofício de assunção* facultativa, o que não deixa de constituir uma anomalia. Explica-se, entretanto, por não ser *munus* público.

206. Testamenteiro. A testamentaria pode ser exercida por qualquer pessoa física em pleno gozo da capacidade civil.

Não podem ser testamenteiros, por conseguinte, os menores, absoluta ou relativamente incapazes, e os interditos. A mulher casada não precisa da autorização do marido para aceitar o encargo.

O exercício da testamentaria pode ser cometido a um ou mais testamenteiros, *conjunta ou separadamente*.[11]

Nomeados mais de um, importa saber se o foram *solidária, conjunta*, ou *sucessivamente*. Se houver *solidariedade*, pode cada nomeado agir livremente, respondendo todos por seus atos. Se devem atuar *conjuntamente*, nenhum deles tem o direito a exercer isoladamente o encargo. Sendo a nomeação em *ordem*

---

6 DEGNI. Ob. cit. p. 207.
7 ALMEIDA, Lacerda de. Ob. cit. p. 469.
8 [Código Civil, art. 1.984].
9 Messineo.
10 DEGNI. Ob. cit. p. 208.
11 [Código Civil, art. 1.976].

sucessiva, deve assumi-lo o primeiro designado, chamando-se o segundo, se não aceitou, e assim por diante.

Não aceitando nenhum dos nomeados, cumpre ao juiz nomear quem possa exercer a testamentaria. A nomeação deve recair em herdeiro.

Omitida pelo testador a nomeação, [somente se justifica a do *testamenteiro* dativo se não houver cônjuge supérstite].

Não havendo herdeiro para exercer o encargo, ou não estando ele em condições de exercê-lo, pode o juiz nomear pessoa estranha à sucessão [ou o testamenteiro judicial, nas comarcas onde houver o cargo].

No caso de *nomeação* sucessiva, quem se encontre na segunda ordem da vocação pode agir não somente quando falta o primeiro testamenteiro, mas, também, quando se opõe à execução do testamento.

A nomeação dos testamenteiros pelo testador tem de ser feita em testamento, mas pode constar, igualmente, de *codicilo*.

Proíbe-se o exercício da testamentaria à pessoa que, a rogo do testador, escreveu o testamento, estendendo-se a proibição a seu descendente, ascendente, cônjuge, [companheiro] e irmão. Em nenhuma hipótese deve-se admitir a investidura.

O testamenteiro tem atribuições próprias, direitos e deveres.[12]

207. Aceitação. Quem quer que seja nomeado *testamenteiro* pode, livremente, *aceitar* ou *recusar a testamentaria*.

A *aceitação* independe de *forma* específica, admitindo-se que seja *tácita*. Não comporta, porém, condição, ou termo, nem pode ser parcial.

Aceita a testamentaria, a renúncia tem de ser motivada. Não enuncia a lei as *escusas*, mas é admissível que somente possa o testamenteiro deixar o encargo justificadamente.

A *recusa* não precisa, entretanto, ser justificada, nem obedece à forma determinada.

Ninguém é obrigado a aceitar a testamentaria.

Uma vez que o testamenteiro é indispensável, se o nomeado não aceitar a testamentaria, passa a exercê-la o segundo designado, e assim sucessivamente. Se o testador houver nomeado testamenteiro único e este recusar o encargo, nomeará o juiz quem o substitua. A presença de *testamenteiro dativo* pode decorrer, portanto, da recusa dos nomeados, como se impõe quando o omitiu o testador e não deixou viúva.

208. Atribuições, Direitos e Obrigações. Compete ao testamenteiro, em síntese, dar execução ao testamento, exercendo as atribuições conferidas pelo testador. Quando não especificadas no testamento, cumpre-lhe praticar os atos definidos na lei como próprios da testamentaria.

---

12 [Código de Processo Civil, art. 735, § 5º].

Deve, primeiramente, apresentar em juízo o testamento, para registro. Se estiver em poder de outra pessoa, pode requerer ao juiz a intimação do detentor para que o exiba, sob pena de busca e apreensão.

Registrado, fica obrigado a cumprir suas disposições no prazo marcado pelo testador. Se este houver permitido o cumprimento no segundo ou no terceiro ano, tem o testamenteiro de provar que diligenciou desempenhar anteriormente suas atribuições. Caso não haja o testador fixado prazo, terá de lhe dar execução no prazo legal.[13]

Compete-lhe:

a) dar execução às disposições testamentárias;

b) sustentar a validade do testamento;

c) exercer as funções de [inventariante] quando lhe forem concedidas a posse e a administração da herança, ou não lhe haja cônjuge, nem herdeiros necessários;

d) defender a posse dos bens da herança.

Atribui-se-lhe a fiscalização se não é *testamenteiro universal*, isto é, também *inventariante*, uma vez que, acumulando as duas funções, cumpre direta e imediatamente as disposições testamentárias, inclusive quanto a legados e dívidas. Se os bens da herança não estiverem na sua posse, exige a execução do testamento e zela pelo exato cumprimento de suas disposições, admitindo-se hoje, extravagantemente, *que pode defender a posse desses bens, sem a ter.*

Contestada a validade do testamento, incumbe-lhe sustentá-la, seja testamenteiro universal ou particular. Para exercer essa atribuição não depende do concurso dos herdeiros instituídos, nem do inventariante. Se estes se desinteressam em defendê-lo, cumpre ao testamenteiro fazê-lo, devendo também obrigatoriamente citá-lo na ação de nulidade.

Atribuição de [um dos cônjuges], a ser exercida nas situações previstas na lei,[14] compreende a prática de atos de administração da herança, próprios da *inventariança*. No exercício dessa função, encarrega-se do pagamento dos legados e cumprimento dos demais encargos da herança, podendo, até, alienar bens, se autorizado pelo testador, ou quando necessário seja vendê-los para pagamento dos impostos. Não é apenas fiscal da fiel execução do testamento, mas administrador da herança, em cuja posse se acha investido como se [fosse inventariante].

Incumbe-lhe, ainda, quando tem tal condição, velar pela conservação e aproveitamento dos bens da herança.

Não é mais encargo do testamenteiro cuidar do funeral do testador e fazer as necessárias despesas, inclusive com os sufrágios.

---

13 [Código de Processo Civil, art. 735, § 5º].
14 [Código Civil, art. 1.984].

SUCESSÕES – *Orlando Gomes*

Como visto, suas funções abrangem prerrogativas e deveres, variando conforme tenha, ou não, a posse e a administração da herança. Tem, por outras palavras, poderes, direitos e deveres.

A lei atribui e confere ao testamenteiro [o direito de] receber o prêmio, arbitrado pelo juiz, quando não for herdeiro ou legatário,[15] se o testador não o fixar.

Dentre os *poderes*, compreendidos nas suas atribuições, distinguem-se os decorrentes de sua investidura na situação de cabeça de casal dos que exerce sem ter a posse e a administração da herança.

Deveres lhe são legalmente impostos, sobrelevando o de *prestar contas*.[16] Tem de cumpri-lo no prazo legal se o testador não houver concedido maior lapso de tempo. Bem é de ver que não pode ser cumprido quando houver litígio quanto aos bens da herança, dificuldade na liquidação, ou qualquer obstáculo razoável que retarde a execução do testamento, se, por ele, não é responsável.

A disposição testamentária que desobrigue o testamenteiro da prestação de contas é *ineficaz*.

Consiste a *prestação de contas* na comprovação de que todas as verbas testamentárias foram cumpridas, bem como na documentação das despesas efetuadas.

Responde o testamenteiro pelos danos que causar no exercício de suas funções, por ser gestor de negócios. Não é, entretanto, depositário, mas tem responsabilidade quanto aos bens confiados à sua guarda.

209. Vintena ou Prêmio. *Vintena* é o prêmio a que faz jus o testamenteiro pelo serviço que presta. Em síntese: remuneração *pro labore et administratione*. Considera-se *despesa judicial* do inventário.

Varia de um a cinco por cento sobre a herança líquida, quando arbitrada pelo juiz, mas pode ser fixada livremente pelo testador.

A vintena é um direito do testamenteiro, podendo ser pedida ao juiz. Se o testador não a fixar, o juiz fá-lo-á, a requerimento do interessado, [considerando o valor da herança e o trabalho desempenhado no exercício do cargo].

O testamenteiro que for herdeiro ou legatário não tem direito à vintena.[17] [O Código de Processo Civil vigente não reproduziu o texto do art. 1.138 do texto revogado, que previa que] ao que for casado pelo regime da comunhão de bens com herdeiro ou legatário do testador é lícito preferir o prêmio à herança ou ao legado. A vintena é deduzida da metade disponível, se houver herdeiro necessário, e de todo o acervo hereditário, não havendo. Há de ser em dinheiro, não sendo lícita a adjudicação de bens do espólio.

---

15 [Código Civil, art. 1.987].

16 [Código Civil, art. 1.983].

17 Pode, entretanto, o testador ordenar seu pagamento. Teixeira de Freitas, C. L. C. Ferreira Alves, Carlos Maximiliano, Itabaiana.

Duas razões justificam a ressalva: a primeira é que a execução do testamento é um dever do herdeiro; a segunda, porque, já tendo sido beneficiado no testamento, pode dispensá-la.

O testamenteiro que for *meeiro* faz jus ao prêmio.

A vintena deve ser paga, como visto, em dinheiro. Para calcular a vintena, deduzem-se do monte as dívidas do testador e as despesas com o funeral. Quando há *herdeiros necessários*, a dedução é da *metade disponível*. É de tal parte que se deduz o *quantum* devido ao testamenteiro, deixando-se intacta a *legítima*.[18] O arbitramento pelo juiz deve levar em conta o valor da herança e o trabalho do testamenteiro.

Não havendo *herança líquida*, em razão de ter sido absorvido o ativo pelo passivo, ainda assim fará o testamenteiro jus ao prêmio, suportando os credores o encargo.

O testamenteiro perde a *vintena*, se removido. Nesse caso, reverte à herança o que lhe tocaria a esse título. Perde-a, ainda, se não houver cumprido o testamento.

210. Extinção. Concluído o serviço, extingue-se a testamentaria. Cessa também pela destituição ou remoção do testamenteiro.

São causas de *remoção*:

a) a glosa de despesas ilegais;

b) o não cumprimento das disposições testamentárias;

c) a ação, ou omissão, intencional, nociva aos interesses dos herdeiros e legatários.

A *pena de remoção* implica a perda do direito ao prêmio ou vintena.

Destituído o testamenteiro, toma seu lugar o imediato e, se não há, nomeia outro juiz.

A *remoção* decreta-se *ex officio*, ou a requerimento dos interessados, ou do Ministério Público.

Pressupõe culpa *lato sensu* do testamenteiro. É desenganada *sanção*.

A função do executor testamentário também se extingue sem remoção propriamente dita, pela escusa, incapacidade superveniente ou morte. Em tais casos, a extinção não decorre, como nos outros, de não haver cumprido com zelo os deveres do cargo, ou se ter revelado incompetente no seu desempenho. O pedido de demissão do encargo deverá ser dirigido ao juiz com alegação de causa justa. A decisão é proferida depois de ouvidos os interessados e o órgão do Ministério Público.

---

18 MAXIMILIANO, Carlos. **Direito das sucessões.**v. II, n° 1.389.

Capítulo 28
PETIÇÃO DE HERANÇA

Sumário: 211. Finalidade da Ação. **212.** Natureza. **213.** Legitimação. **214.** Herdeiro Aparente. **215.** Relações entre o Herdeiro Real e o Aparente. **216.** Relações entre o Herdeiro Real e o Adquirente de Bem Hereditário. **217.** Particularidades da Ação.

211. Finalidade da Ação. A qualidade de herdeiro pode ser contestada pelo que lhe afirma pertencer exclusivamente, ou nega sua pertinência ao que a ostenta.[1]

Ocorre a contestação, frequentemente, quando a herança é recolhida por parentes mais afastados do *de cujus* e aparece parente mais próximo, que os exclui, por se encontrar em classe preferencial. Se devolvida a herança a colaterais do finado, o filho natural é judicialmente *reconhecido*. Direito lhe assiste, em consequência, de recolhê-la, afastando da sucessão os parentes que só seriam chamados se não existisse o descendente, colocado pela lei no primeiro grau da vocação hereditária. Do mesmo modo, se o testamento do autor da herança vem a ser descoberto depois de inventariados e divididos os bens entre herdeiros legais que, nele, não foram contemplados. São hipóteses, dentre tantas outras, em que os herdeiros verdadeiros precisam exercer seu direito para tornar efetiva sua *condição hereditária*.

O meio próprio para alcançarem esse resultado é a *ação de petição de herança*.

Propõem-na não somente para obter o reconhecimento judicial de sua *qualidade sucessória*, mas, também, a restituição dos bens da herança, em parte ou na sua totalidade.

Quem os possua como se fosse herdeiro aparenta condição que não tem, aparecendo aos olhos de todos como titular definitivo dos direitos, ações e obrigações transmitidos pelo *auctor sucessionis*, mas seria apenas *herdeiro aparente*, ainda que estivesse de má-fé. Entretanto, frequentemente, porém, ostenta, de boa-fé, a qualidade hereditária.

212. Natureza. A *petitio hereditatis* é uma ação especial cuja singularidade provém da *natureza* particular do seu *objeto*.

---

1 [Código Civil, art. 1.824].

218 | SUCESSÕES – *Orlando Gomes*

Destinando-se ao reconhecimento da *qualidade sucessória* de quem a intenta, visa, precipuamente, à positivação de um *status*, do qual deriva a *aquisição da herança*. Tende a conseguir o *universum jus defuncti*, jamais determinados bens da herança. Contudo, não a propõe o interessado unicamente no propósito de ter reconhecida sua condição de herdeiro, mas, também, para obter a restituição de todos os bens da herança, ou de parte deles. Esse é, sem dúvida, seu escopo prático. Embora tenha também essa finalidade, atinge-a por via de consequência Antes de reconhecida a *qualidade sucessória* do demandante, não se apresenta ele como proprietário dos bens da herança, havidos por sucessão hereditária, nem os reivindica isoladamente considerados.

À vista dessas premissas, pode-se afirmar que a *petitio hereditatis* não se confunde com a *ação de reivindicação*. Diferenciam-se segundo A. Cicu,[2] porque: *a)* a reivindicatória tem por objeto o reconhecimento do direito de propriedade sobre determinada coisa, enquanto a ação de petição de herança visa ao reconhecimento da qualidade de herdeiro, da qual pode derivar o reconhecimento de um direito de propriedade, de outro direito real, de um direito de crédito ou de outro direito pessoal; *b)* enquanto na *rei vindicatio* deve o *autor* provar, não somente, que adquiriu a propriedade, mas que a houve de quem era proprietário, na *petitio hereditatis* deve o herdeiro provar unicamente seu *título de aquisição*.

Verdade é, porém, que o autor tem de provar que os bens pertenciam ao *de cujus*, e somente bens individualizados podem ser objeto de ação em que a sentença condene à sua restituição. Teria, desse modo, caráter misto pela duplicidade de seu objeto, por inseparáveis os propósitos de reconhecimento da qualidade hereditária e da restituição dos bens.

Cumpre, no entanto, estimar o valor da positivação do primeiro desses propósitos, definindo-o com rigorosa exatidão para saber em que verdadeiramente consiste. A resposta obtém-se, mais inteligivelmente, pela distinção entre a *ação de estado* e a *petitio hereditatis*, comumente cumuladas. Regulam-se diversamente e têm finalidades distintas. A *ação de estado* é premissa da *petição de herança*, quando o título de herdeiro depende da prova de parentesco, como acontece em relação ao filho ilegítimo não reconhecido. Certificada a qualidade de parente sucessível, não implica, entretanto, investidura na de herdeiro, assim entendido o que deveria ter sido chamado. Atestada, porém, a qualidade sucessória, positiva-se o direito à herança, legitimando-se o pedido de restituição dos bens hereditários.

Em relação ao afastamento de herdeiro testamentário, a anulação do testamento em ação proposta pelo herdeiro legal também constitui premissa da *petitio hereditatis*, se, em consequência, lhe cabe recolher a herança. Em suma, ingressa em juízo para que se lhe reconheça o *título de herdeiro* com que se apresentava o possuidor dos bens hereditários.

Provada a *qualidade sucessória*, a recuperação da herança, no todo ou em parte, é natural e necessário corolário, dado que, para outro fim, não se propõe a ação de petição da herança.

---

2 **Successioni per causa di morte**. p. 223.

Entre nós, prepondera a opinião de que a *petitio hereditatis é ação real*,[3] tendo, pois, natureza condenatória.

213. Legitimação. Cumpre indicar quem está legitimado a intentar a ação petitória de herança e contra quem pode ser proposta.

Cabe a quem se afirma *herdeiro* e busca esse *título*, pretendendo lhe pertença exclusivamente, ou, tão só, a participação na herança.[4]

Legitimado passivamente é o possuidor dos bens hereditários com o título de herdeiro, ou mesmo com outro título.

Quando a ação é intentada pelo que pretende tomar o lugar de quem recolheu a herança, afirmando exclusivamente para si a *qualidade hereditária*, o réu é o *herdeiro aparente*.

Necessário esteja na *posse* dos bens hereditários. Do ponto de vista prático, não se propõe a *petitio hereditatis* senão para haver bens da herança indevidamente possuídos pelo *herdeiro aparente*.

A *aparência* não é relevante unicamente em relação a *terceiros*, mas, também, relativamente ao verdadeiro herdeiro.

Proposta a ação contra o *herdeiro aparente*, a sentença dirá, em definitivo, se a aparência corresponde, ou não, à realidade.

214. Herdeiro Aparente. Herdeiro aparente é o que se encontra na posse de bens hereditários como se fosse o legítimo titular do direito à herança.

Nessa situação, pratica atos que a lei tutela, principalmente em homenagem à boa-fé de *terceiros* e no propósito de oferecer maior segurança às relações jurídicas. Se a *aparência* evidencia a *realidade*, prima o elemento visível sobre o oculto.[5]

O *herdeiro aparente* é por todos considerado genuíno herdeiro, por força de erro comum, ainda quando esteja de má-fé.

As disposições legais concernentes à validade de certos atos por ele realizados[6] aplicam-se às diversas situações em que a sua figura se delineia em face da *exclusão* judicialmente determinada. Pode o herdeiro ser excluído:

a) pela sentença que o declare indigno;

b) por ter sido anulado o testamento que o instituíra;

c) por se ter encontrado testamento que o não contemplava;

d) por haver sido reconhecido o título de herdeiro a alguém que o pretere.

---

3 FONSECA, Arnoldo Medeiros da. **Investigação de paternidade**, nota 37, p. 359.
4 [Código Civil, art. 1.824].
5 [Código Civil, art. 1.827, parágrafo único].
6 [Código Civil, art. 1.817].

No caso de *indignidade*, a lei defere a sucessão aos descendentes, como se morto fosse, não havendo necessidade, portanto, da *petitio hereditatis*. Nos demais casos, o herdeiro aparente é excluído pela sentença que reconheça *qualidade sucessória* no autor da ação.

215. Relações entre o Herdeiro Real e o Aparente. O *herdeiro aparente* pode ser possuidor dos bens hereditários, de *boa-fé* ou de *má-fé*.

É possuidor de *boa-fé* se houver adquirido a posse na convicção por erro escusável de ser vero herdeiro. Não se configura esse elemento psicológico quando o erro decorre de culpa grave. Necessário o *título* de herdeiro, proveniente da lei ou de testamento. Admite-se, porém, o *título putativo*, bastando, assim, estar ele convencido de sua *qualidade hereditária*. Estará de boa-fé, por exemplo, se ignora a existência de parente que o precede na ordem da vocação hereditária, ou se supõe válido testamento absolutamente nulo.

Tanto podem ser possuidores de boa-fé o *herdeiro* como o *legatário*, havendo, quanto a este, dúvida sobre sua legitimação passiva na *petitio hereditatis*, que não cabe nos sistemas jurídicos que admitem a ação até contra o possuidor de bens hereditários *sem título*.[7]

É possuidor de má-fé o herdeiro aparente que não ignorava o obstáculo à aquisição da herança ou foi negligente na indagação das circunstâncias que ensejariam dúvida acerca de sua condição.

Vencido na demanda, deve o herdeiro aparente restituir os bens que possuía e o preço recebido dos que houver alienado. Aplicam-se os princípios relativos ao *enriquecimento sem causa*, cumprindo-lhe restituílos no estado em que se encontravam ao ser proposta a ação. Responde nos limites do seu enriquecimento. [Conforme prescreve o art. 1.826, a responsabilidade do possuidor será fixada segundo sua posse, observado o disposto nos arts. 1.214 a 1.222].

Se o herdeiro aparente era possuidor de boa-fé, não fica obrigado à restituição dos frutos percebidos.

Se era possuidor de má-fé, tem de ressarcir os danos, ainda que a coisa haja perecido sem culpa sua, cumprindo-lhe, outrossim, restituir os frutos. Aplicam-se, em síntese, as regras da posse, [conforme seja de boa ou de má-fé (arts. 1.214 a 1.222)].

216. Relações entre o Herdeiro Real e o Adquirente de Bem Hereditário. A questão principal em matéria da petição de herança consiste na indagação acerca da validade da alienação feita pelo *herdeiro aparente*.

Cumpre distinguir *alienação a título oneroso* de *alienação a título gratuito*. Importa, ainda, verificar se a aquisição do bem se deu de *boafé* ou de *má-fé*.

São [eficazes] as alienações de bens hereditários se efetuadas a *título oneroso*. Nulas, as realizadas a *título gratuito*.[8] Caem as doações e outras liberalidades,

---

7 Código Civil italiano; Código Civil português.
8 MAXIMILIANO, Carlos. **Direito das sucessões**. n. 93.

porque, embora haja o donatário adquirido de boa-fé, nada perde ao restituir o que recebeu de quem não podia dar.

Terceiro que haja adquirido do *herdeiro aparente*, por *título oneroso* e de *boa-fé*, qualquer bem hereditário, não é obrigado a restituí-lo ao herdeiro real. Evidentemente, estará protegido se o bem pertencia ao defunto. Provada, porém, sua má-fé, a aquisição é ineficaz.

Em resumo: são eficazes as aquisições de boa-fé, por título oneroso, e ineficazes as de má-fé por esse mesmo título, bem como as feitas a título gratuito.

É preciso considerar ainda o estado psicológico do *alienante*. Se o herdeiro aparente pratica, de *boa-fé*, o *ato de disposição*, responde apenas no contexto das regras do *enriquecimento sem causa*. Praticando-o de *má-fé*, é responsável pelas perdas e danos.

Predomina, entretanto, o entendimento de que, para eficácia da alienação, não deve ter relevância a *boa* ou *má-fé* do *herdeiro aparente*. Protege-se a *boa-fé* do *adquirente*.

Assim, são três apenas os requisitos para a validade da aquisição por *terceiro*:

a)   que adquira de herdeiro aparente;

b)   que adquira por título oneroso;

c)   que adquira de boa-fé.[9]

A proteção à *boa-fé* do terceiro adquirente leva a considerar-se *herdeiro aparente* não apenas quem se apresente com o *título* de herdeiro, mas, igualmente, quem, *sem título*, se comporta como se o fosse, investindo-se na posse dos bens hereditários, pagando tributos, fazendo despesas e assim por diante.

[Caso o herdeiro aparente pague um legado de boa-fé, em cumprimento às disposições testamentárias, não estará obrigado a prestar o equivalente ao verdadeiro legatário. A este caberá o direito de proceder contra aquele que recebeu. É o que dispõe o art. 1.828 do novo texto do Código Civil].

Exige-se a *boa-fé* no momento da aquisição. *Mala fidas superveniens non nocet*. Não se presume a *boa-fé*.

217. Particularidades da Ação. A ação de petição de herança pode ser proposta *antes* ou depois de homologada a *partilha*. O julgamento do processo de divisão hereditária não faz coisa julgada em relação ao pretenso *herdeiro real*, por ter sido a ele estranho. Desnecessário rescindi-la. A exclusão do verdadeiro herdeiro determina sua *nulidade absoluta*, que pode ser reconhecida independentemente de ação. Nova partilha impõe-se. Se reconhecida a qualidade hereditária do autor da ação *antes* de serem partilhados os bens, refaz-se o processo de *inventário*.

---

9   CICU, A. Ob. cit. p. 242.

Admitem-se *medidas acautelatórias*, como a de *reserva* de bens em poder do inventariante, comumente requerida na ação de investigação de paternidade.

A *petitio hereditatis* propõe-se, as mais das vezes, juntamente com a investigatória de paternidade, mas é ação independente, podendo ser intentada sem se cumular a outra qualquer.

Pode ser intentada a todo tempo. Na doutrina e jurisprudência pátrias havia equívoco a respeito da *prescritibilidade* da ação. Dividem-se escritores e tribunais entre a prescrição das ações reais e pessoais, que tem lapso diferente. Inclina-se a maioria, contraditoriamente, pela tese da prescrição das ações pessoais, sustentando, embora, que se trata de ação real.

No rigor dos princípios, a ação é *imprescritível*. Ainda que tivesse natureza *real*, não prescreveria, como não prescreve a *ação de reivindicação*, a que se equipararia. Fosse *ação pessoal*, também seria imprescritível porque, destinada ao reconhecimento da *qualidade hereditária* de alguém, não se perde esta pelo não uso. Busca-se um *título de aquisição*. Seu reconhecimento não pode ser trancado pelo decurso de tempo. Há de ser declarado, passem ou não os anos.

Confundem-se dois problemas quando se admite a prescrição do direito hereditário, ou, mais precisamente, do *título de herdeiro*. O *herdeiro aparente* pode *usucapir* os bens recebidos na convicção de que lhe pertenciam por devolução regular. Assim sendo, se o consumo *real* somente promove a aquisição do título quando já se consumou a usucapião, impossibilitado ficará de recolher os bens. Nessa hipótese, a *petitio hereditatis* torna-se inútil, em vista de não se produzir sua consequência natural, que é a restituição dos mesmos bens. Não é a ação que prescreve, mas a exceção de usucapião que a inutiliza.

Correta é a disposição do recente Código Civil português: "A ação pode ser intentada a todo tempo, sem prejuízo da aplicação das regras da usucapião relativamente a cada uma das coisas possuídas".[10] Não se trata de usucapião de herança, que seria inadmissível, mas dos bens hereditários.

[Inobstante o pensamento do autor, o Supremo Tribunal Federal entendeu que a ação de petição de herança não é imprescritível, editando a Súmula n. 149, assim ementada:

> "É imprescritível a ação de investigação de paternidade, mas não o é a de petição de herança."

Seguindo a orientação da Suprema Corte, a ação de petição de herança, de acordo com os novos prazos adotados pelo legislador, prescreve em 10 anos].

Na ação de petição de herança, o autor não tem obrigação de individuar os bens hereditários.

---

10 Art. 2.075, 2.

Quando a *petitis hereditatis* é cumulada à ação de investigação de paternidade, pede o autor habitualmente que o juiz mande reservar, em poder do inventariante, o quinhão a que fará jus se decidido a seu favor o litígio.

O artigo do Código de Processo Civil concernente a tal providência não autoriza essa interpretação, que, de resto, facilitaria abusos e extorsões. A reserva de quinhão só deveria ser admitida em relação a herdeiro incluído que tivesse contestado a sua qualidade, pois, nessa hipótese, poder-se-ia considerá-lo como se fosse admitido. No entanto, o Código de Processo Civil, embora se refira ao herdeiro excluído,[11] defere a retenção (reserva) a quem quer que se julgue preterido, isto é, a qualquer pessoa, não declarada herdeiro pelo inventariante, que se arrogue à condição de herdeiro.

A reserva é feita quando o juiz aprova o esboço de partilha. Determina, então, que se faça ao inventariante um pagamento especial do quinhão reservado. Dos bens que o compõem o inventariante é depositário.

---

11 [Código de Processo Civil, art. 628].

Capítulo 29
CESSÃO DE HERANÇA

Sumário: 218. Generalidades. **219.** Cessão de Herança. **220.** Momento da Cessão. **221.** Pressupostos e Requisitos. **222.** Particularidades. **223.** Efeitos.

218. Generalidades. [O novo texto do Código Civil supriu uma lacuna existente no texto revogado, disciplinando a cessão da herança nos arts. 1.793 a 1.795].

Em duas acepções emprega-se o vocábulo *cessão*. Ora designa o negócio translativo de direito, ora seu efeito. A transferência ou alienação de bens pressupõe *negócio jurídico*, oneroso ou gratuito, idôneo a operar sua aquisição pelo *cessionário*. A *cessão* corresponde, respectivamente, à *compra e venda* e à *doação*, que tomam essa denominação quando se referem a direitos ou a situações jurídicas. Realiza-se, sempre, contratualmente, podendo ter por objeto o próprio contrato, créditos, dívidas, herança, quinhão hereditário.

A *cessão* sujeita-se às normas reguladoras do negócio jurídico a que corresponde, enquadrando-se, pois, no esquema legal dos contratos, como a doação e a compra e venda, que são, tipicamente, negócios translativos.

Em certos casos, a *cessão* é mais do que a simples alienação de uma coisa, consistindo em substituição de determinada *posição jurídica*. É toda uma situação subjetiva que se transfere, ingressando o *cessionário* no lugar do *cedente*. Tal *situação* ou *posição jurídica* é, verdadeiramente, o *objeto* do negócio – elemento da relação jurídica que não se confunde com as coisas ou prestações em que recaem os direitos nela compreendidos.

Nessa perspectiva, insere-se a *cessão de herança*, negócio jurídico por via do qual um coerdeiro, estando aberta a sucessão, dispõe do seu quinhão hereditário, transferindo-o a outro herdeiro ou a terceiro. A *cessão de herança* tem como objeto o *nomen hereditarium*, isto é, um patrimônio sem a especificação dos bens e das dívidas.

Especificados que sejam, a especificação é meramente exemplificativa.

219. Cessão de Herança. O conceito de *cessão de herança* depende da qualificação atribuída à *hereditas*.

226 | SUCESSÕES – *Orlando Gomes*

Dissentem, no particular, os escritores. Consideram-na alguns *universitas juris*, enquanto outros lhe contestam tal estrutura. Há, de um lado, os que veem na herança um *complexo unitário*, uma unidade *abstrata e objetiva* estabelecida por ficção legal, e, do outro, os que negam essa autonomia, sustentando que é um conjunto de bens autônomos, ainda que coligados.

Para os adeptos da *concepção atomística*, a cessão de herança se cindiria em tantos contratos autônomos quantos os elementos individuais que a compõem, enquanto para os partidários da *concepção unitária* o contrato seria único, tendo por objetivo o *universum jus defuncti*.[1]

A doutrina tem vacilado ultimamente na determinação da natureza da herança, levantando dúvidas e objeções à teoria tradicional da *haereditas universitas juris*. A principal impugnação é a de que cessaria, com *a aceitação*, de ser *universitas juris*.[2] Cariota Ferrara, recorrendo ao conceito de *patrimônio autônomo* para explicar a natureza da herança, critica a noção de *universitas juris* porque, sendo criação da lei, a unidade abstrata e ideal não poderia dissolver-se por um ato do herdeiro, qual a aceitação, nem se transformar em simples complexo de bens, quando aceita a benefício de inventário, ou requerida a separação de bens pelos legatários, ou credores.[3]

É a herança, sem dúvida, *objeto jurídico*, de natureza complexa, suscetível de alienação pelo herdeiro, tornando-se irrelevante que esse *objeto* seja *economicamente* ativo ou passivo.[4] Transferem-se pela *cessão* direitos e obrigações, por força de assumir o cessionário, na esfera patrimonial, a posição jurídica do cedente. O adquirente da herança, ou de quinhão hereditário, sucede o transmitente nos respectivos encargos. O princípio geral de que o devedor não se libera da dívida, cedendo-a, e, pois, continua responsável por seu pagamento, não anula o conceito de *universitas*, nem nega a transmissibilidade do passivo, antes confirma-a.

De resto – como revela Giacobbe –, a concepção unitária da herança conserva sua utilidade prática, e, assim, sua relevância jurídica.

Pode o sucessível, pois, realizar o negócio translativo que tenha por objeto a herança, transferindo ao adquirente todas as situações ativas e passivas que constituem, unitariamente, aquele complexo patrimonial.

É controvertido se, com a cessão, se transmite a *qualidade de herdeiro*. A doutrina tradicional nega. Para os que aceitam a teoria de que se transmite a *situação subjetiva* do herdeiro, impõe-se a resposta afirmativa, tendo-se de admitir que o cessionário adquire o direito de aceitar a herança e de pedi-la pela ação própria. Quanto ao *direito de acrescer*, diz-se que é intransmissível, por ser posição do herdeiro, não transmitida pelo *de cujus*.

---

1 Cf. GIACOBBE, G. Cessione di Credità. In: **Enciclopedia del diritto**; Cristobal Montes, **La venta de herancia**.

2 FERRARA, Cariota. **Le successioni per causa di morte**. t. I, p. 114.

3 Ob. cit. p. 115.

4 GIACOBBE, G. trab. cit.

220. Momento da Cessão.

A *herança* pode ceder-se *antes* ou *depois* da *aceitação*.

No Direito pátrio, a cessão anterior não importa aceitação, se feita aos demais coerdeiros, a *título gratuito*.[5] Contrariamente, cedida a estranhos, ou a um dos coerdeiros, supõe ter sido aceita, implicando fato concludente da aceitação, como, de resto, se realizada a *título oneroso*, ainda aos demais coerdeiros.

A *cessão de herança* faz-se, ordinariamente, depois da *aceitação*, quando em curso o processo de inventário.

Interessa determinar o momento e as condições em que se efetua, porque, na primeira hipótese, não ocorrem duas transmissões. Na sucessão legítima, equivalerá à *renúncia*, uma vez que, por prescrição legal, a parte do renunciante acresce à dos outros herdeiros da mesma classe.

Ocorrendo depois de aceitar a herança, o quinhão hereditário do cedente é objeto de segunda transmissão, visto que ele adquirira com a aceitação e o transfere a terceiro.

A distinção é relevante principalmente sob o ponto de vista do Direito Fiscal.

221. Pressupostos e Requisitos.

A cessão de herança é negócio jurídico translativo sujeito aos pressupostos e requisitos necessários à validade e eficácia dos contratos.

Feita a *título oneroso*, ingressa geralmente no esquema legal da *compra e venda*. Se a *título gratuito*, no da *doação*.

Requer, assim, que as partes contratantes sejam *capazes*, tenham *legitimação* para estipular o contrato, consintam livremente e observem a forma prescrita na lei.

Não pode o ascendente, pois, alienar a herança a descendente sem expresso consentimento dos outros descendentes. Se a herança é tudo o que possua o herdeiro, nula será a doação. Feita a filho, importará adiantamento de legítima, e assim por diante.

A cessão de herança tem como objeto o conjunto de bens que tocará ao herdeiro cedente. O cessionário adquire uma universalidade, a título singular, por intermédio de negócio jurídico unitário. Compra, numa palavra, um quinhão hereditário. O *cedente* não vende bens; cede a sua *qualidade*, não se responsabilizando pela extensão do direito hereditário cedido.

Quanto à *forma*, exige-se a *escritura pública*, ainda que a herança se constitua apenas de bens móveis, [preceitua o art. 1.793], porque o *direito à sucessão aberta* é bem imóvel por determinação legal.[6] A escritura não está sujeita à transcrição no registro imobiliário porque só com a partilha se especificam os bens.

222. Particularidades.

À cessão de herança a título oneroso, realizada sob a forma típica do contrato de compra e venda, não se aplicam todas as disposições reguladoras desse negócio jurídico.

---

5 [Código Civil, art. 1.805, § 2º].
6 [Código Civil, art. 80, n. II].

228 | SUCESSÕES – *Orlando Gomes*

Interessantes particularidades submetem-na a regras discrepantes: quanto à *garantia* devida pelo *cedente*, às *indenizações* a que fica obrigado e à *alienação* do objeto do contrato.

Na compra e venda, responde o vendedor pela *evicção*. Obrigado fica a resguardar o comprador dos seus riscos, de sorte que deve restituir integralmente o preço e pagar determinadas indenizações, se alienou coisa alheia. Na *cessão de herança*, impossível seria impor ao cedente igual obrigação, porque não implica transferência do domínio de coisas individuadas. Por ser alienação de uma *universalidade de direito*, garante o *cedente*, apenas, a própria *qualidade de herdeiro*. Responde, por conseguinte, somente quando se positive que não a possui, visto que o objeto da *cessão* é um complexo ideal de bens *lato sensu*. Não poderia garantir, com efeito, que esse ou aquele bem pertence ao acervo hereditário. Desse modo, a *garantia* a que o cedente está adstrito resolve-se na obrigação de restituir o preço recebido e reembolsar despesas se a sua *qualidade sucessória* for excluída por sentença proferida na ação de *petição de herança*, que a reconheça no respectivo autor.

Obriga-se, ainda, se vendeu bem da herança, a reembolsar o cessionário, entregando-lhe o respectivo valor. Cumprindo essa obrigação, não estará, propriamente falando, a pagar *indenização* alguma, senão a praticar ato que, segundo Giacobbe, tende a reconduzir *in pristinum* o objeto alienado.

Outra obrigação é a de restituir frutos percebidos de qualquer bem, bem como reembolsar crédito hereditário satisfeito.

Em compensação, direito lhe assiste a receber do *cessionário* o que houver gasto na satisfação dos encargos da herança.

Nas legislações que traçam essas normas, declara-se seu caráter supletivo. Não se justificaria, realmente, atribuir-lhes cunho imperativo.

Na compra e venda podem alienar-se *coisas futuras*. A *cessão de herança* não consente essa modalidade contratual. A *alienação* em que implica, como negócio translativo, somente pode ser a ajustada quando a sucessão estiver aberta. Anterior *cessão* é *nula*, por ser pacto sucessório, que a lei proíbe.

223. Efeitos. O efeito capital da cessão de herança em nosso ordenamento jurídico é obrigar o cedente a transferir a *titularidade* de sua situação, transferência que não implica a transmissão da qualidade de herdeiro, por ser personalíssima. No inventário, não se distingue, porém, a posição do herdeiro por direito próprio da posição do cessionário. Pode este, portanto, exigir a partilha judicial.

Consumada a aquisição, assume, pois, o adquirente a posição do *cedente*, com as limitações decorrentes da natureza particular do objeto da cessão.

A cessão tem como objeto um *quinhão hereditário*. Um dos herdeiros aliena sua parte na herança a outro, ou a estranho. Se pretende cedê-la a terceiro, tem de comunicar o propósito aos demais coerdeiros para que exerçam o *direito de preferência*, uma vez que a herança é coisa indivisa, a todos pertencendo em comum. O direito dos coerdeiros rege-se, no particular, pelas disposições

Cap. 29 · CESSÃO DE HERANÇA | 229

concernentes aos *condôminos*. O coerdeiro que não tiver sido notificado pode, depositando o preço, haver para si o quinhão cedido, se o requerer no prazo de [cento e oitenta dias, e, sendo vários os coerdeiros, entre eles se dividirá o quinhão cedido proporcionalmente às respectivas quotas hereditárias, assinala o art. 1.795].

Toca-se, agora, num dos pontos mais interessantes para a caracterização da cessão de herança.

Necessário se faz atentar para uma distinção que, na *prática*, é, não raro, ignorada.

Distingue-se, com efeito, a cessão de herança da venda de bens hereditários, não hesitando a doutrina[7] na fixação dos traços distintivos, de resto tão claros que não se compreende a confusão. Já os jurisconsultos romanos haviam feito a distinção, assinalando diferenças importantíssimas, dentre as quais a de ser indiferente, na cessão, que a herança seja lucrativa ou danosa e a de ser inadmissível a rescisão por lesão *ultra dimidium*.

A distinção é fácil. Se o contrato tem como objeto a quota do herdeiro, um terço, a metade, e assim por diante, ou mesmo o *universum jus*, tem-se uma cessão de herança. Se o seu objeto consiste na futura transmissão de bens determinados ou determináveis, contra o pagamento de certo preço, é compra e venda de bens hereditários. A especificação dos objetos, sua enumeração, o interesse por aquisição e tantos outros sinais de identificação revelam que as partes não querem a transferência de um patrimônio com o ativo e o passivo; querem, sim, a translação de bens hereditários determinados. É como diz Cristobal Montes: "Tampoco estamos frente a una venta de herencia cuando un coheredero dispone de los particulares bienes que pueden corresponderle en la partición", porquanto "cuando se especifiquen exactamente los bienes vendidos que integran una herencia no habrá venta (cesión) de herencia".[8]

Na doutrina francesa, Planiol e Ripert[9] advertem que a cessão de herança se distingue de todas as operações que têm por objeto transmitir, no todo ou em parte, um bem ou um crédito que faça parte da indivisão hereditária, deixando patente que a venda de um imóvel da herança não se confunde com a cessão de direitos sucessórios indivisos.

Na literatura nacional, Itabaiana de Oliveira estabelece a distinção, ao ensinar que a cessão tem por objeto uma universalidade de direito, isto é, um conjunto de bens que formam uma só massa e não uma série de bens individualmente determinados.[10] Tanto vale afirmar que, se o objeto do contrato é constituído por estes bens, não se pode falar em cessão de herança.

Em suma: cessão de herança é uma coisa; venda de bens hereditários, outra.

---

7 Ob. cit., p. 9.

8 Ob. cit., p. 9.

9 **Traité pratique de droit civil français**. t. X, p. 405.

10 **Tratado de direito das sucessões**. 3. ed. v. I, p. 92.

[O novo texto do Código Civil considerou ineficaz a cessão de direitos hereditários por um coerdeiro sobre determinado bem da herança. Ineficaz, também, a disposição, sem autorização do juiz do inventário, de qualquer bem considerado singularmente, pendente a indivisibilidade (art. 1.793).

Razão assiste ao autor em sua escorreita distinção entre cessão de direitos hereditários e venda de bens da herança. Entretanto, na prática, tem sido admitida a cessão de determinado bem da herança, quando efetuada por todos os herdeiros.

Nesse caso, o cessionário substitui os herdeiros cedentes, não em uma fração da herança, mas em determinado bem que lhe será atribuído por ocasião da partilha celebrada nos autos de inventário].

Capítulo 30
INVENTÁRIO

Sumário: 224. Inventário. [**224-A.** Inventário e partilha por escritura pública]. **225.** Inventariante. **226.** Representação legal. **227.** Bens sujeitos a inventário. **228.** Prestação de contas. **229.** Remoção do inventariante. **230.** O procedimento de inventário [judicial].

224. Inventário. Em dois sentidos emprega-se a palavra *inventário*: *a)* como o modo necessário de liquidação do acervo hereditário; *b)* como o procedimento especial de jurisdição contenciosa no qual se descrevem e avaliam os bens do finado para dividi-los entre os herdeiros. Na primeira acepção, está previsto, no Código Civil, que o exige sob forma judicial em toda e qualquer *sucessão* [(art. 1.796)], salvo se todos os herdeiros forem maiores e capazes, [e estiverem acordes quanto à partilha e inexistir testamento. A Lei n. 11.441, de 04.01.2007, deu nova redação ao art. 983 do CPC/1973, atual art. 610 da lei processual vigente, permitindo o inventário e a partilha por escritura pública]. Na segunda, no Código de Processo [(arts. 610 a 646 do CPC)], sua finalidade não se limita à descrição dos bens da herança, mas se estende à verificação da existência dos sucessores, à avaliação dos bens hereditários, à discriminação das dívidas da herança. Quando o *de cujus* tiver sido casado no regime da comunhão de bens, tem ainda por fim estremar da herança a *meação* do cônjuge supérstite. Destina-se essencialmente a preparar a *divisão hereditária* que deriva da *partilha*, como tal entendida a extinção do estado provisório de *indivisão*.

O *inventário judicial* é processualmente um *procedimento especial*. Conquanto esteja regulado entre os processos de jurisdição contenciosa, tem traços fortes e o rito simples dos processos administrativos, nele não se encontrando as figuras contrapostas de *autor* e *réu*. Entende-se, porém, que encerra um conflito de interesses.

O *procedimento especial* do *inventário* cumpre-se no *foro* do último domicílio do *inventariado*, quaisquer que sejam a natureza e a situação dos seus bens. A unidade do foro do inventário quebra-se quando há bens situados em outro país. Se o *de cujus* tinha mais de um domicílio, instaura-se em qualquer deles.

Instaurado o processo, o *inventário* prossegue nos trâmites legais, sob o impulso do representante do *espólio* ou herança, denominado *inventariante*. Não se trata propriamente de *representação*, eis que o *espólio* não é pessoa jurídica, mas

232 | SUCESSÕES – *Orlando Gomes*

de uma atividade de administração de um patrimônio em cujo desdobramento o administrador não age em nome próprio ou alheio, em seu benefício ou de outrem, mas *objetivamente* para alcançar o fim transpessoal de manter a integridade pessoal da herança até a partilha.[1] Diz-se, não obstante, que *representa* ativa e passivamente o *espólio*, tal sendo a posição tomada pelo legislador (art. [75, VII] do CPC).

Tem legitimidade para requerer o *inventário* quem estiver na posse e administração da herança e *concorrentemente* quem quer que tenha interesse em sua realização, tanto para que se faça a partilha como para que se paguem as dívidas. A lei enuncia, entretanto, para cortar dúvidas, as pessoas ou órgãos que têm *legitimidade concorrente* (art. [616] do CPC).

Durante o processamento do *inventário*, a herança é um patrimônio especial ao qual se aplicam regras de Direito Civil e de Direito Processual, próprias e inderrogáveis pela vontade dos participantes.

[O art. 610 do Código de Processo Civil estabeleceu o prazo de abertura do inventário judicial para dois meses, mantendo o prazo de 12 (doze) meses para sua conclusão, o que na prática não se observa na maioria das vezes].

No procedimento do *inventário*, não cabem a ouvida de testemunhas, nem a justificação de crédito, e menos ainda embargos de terceiro. Resolvem-se no inventário as questões sobre *interpretação do testamento, renúncia* da herança, *fideicomisso*, recusa de conferir bens doados, *divisão da herança* por estirpe ou cabeça, entre outros.[2]

Sob a denominação contraditória de *inventário negativo*, promovese um processo judicial para estabelecer que o finado não deixou bens. Tal inventário é necessário principalmente quando se faz mister excluir a responsabilidade do herdeiro – que só existe *intra vires hereditatis*.

[224-A. Inventário e Partilha por Escritura Pública. Inovou o legislador por meio da Lei n. 11.141, de 04.01.2006, que deu nova redação ao art. 983 do Código Civil, revogado pelo atual art. 610, permitindo que o inventário e a partilha fossem feitos por meio de escritura pública, desde que estivessem presentes os seguintes requisitos:

1 – o autor da herança tenha falecido *ab intestato*;

2 – os herdeiros sejam maiores e capazes;

3 – os herdeiros estejam acordes quanto à divisão dos bens; e

4 – que as partes estejam assistidas por advogado.

---

1 Couto e Silva (**Comentários ao Código de Processo Civil**. v. XI, p. 271), invocando o conceito de *atividade neutra*, de Dölle.

2 MAXIMILIANO, Carlos. **Direito das Sucessões**. v. III, p. 296.

Acolhendo proposta da Associação dos Notários e Registradores do Estado do Rio de Janeiro, a Corregedoria de Justiça do Estado do Rio de Janeiro, visando o melhor atendimento dos usuários dos serviços notariais, baixou o Provimento CGJ n. 16/2014, admitindo a possibilidade de ser lavrada escritura de inventário e partilha, ainda que o *de cujus* tenha deixado testamento:

1) quando houver testamento revogatório de todos os outros anteriormente feitos, devendo sua sucessão ser processada de conformidade com a ordem da vocação hereditária;

2) quando o testamento for caduco, ou seja, suas disposições forem ineficazes. A caducidade tem como consequência a cessação da razão de sua existência, e

3) quando houver decisão judicial, com trânsito em julgado, declarando a invalidade do testamento.

Ressalte-se que o inventário e a partilha por escritura pública são facultativos.

A possibilidade de partilha por meio do denominado "inventário extrajudicial" segue uma tendência moderna admitida em vários países, excluindo da apreciação pelo Poder Judiciário questões que versem sobre direitos disponíveis entre pessoas maiores e capazes.

O texto legal é omisso e sua redação propicia controvérsias, sendo certo que dependerá de regulamentação pelas Corregedorias dos Tribunais de Justiça estaduais, inclusive para declarar as funções e responsabilidades do Notário e do Registrador.

Embora o legislador tenha se referido exclusivamente à partilha, é óbvio que, havendo um só herdeiro, a adjudicação poderá ser objeto de escritura pública. Ainda que o herdeiro seja incapaz, a adjudicação poderá ser feita por escritura pública, pois, nesse caso, não haverá risco de prejuízo, eis que se trata do único beneficiário do acervo hereditário. O incapaz será representado ou assistido por seu representante legal. A lei proíbe a participação de incapazes somente nos casos de partilha, pois os mesmos poderiam ser prejudicados na divisão dos bens, o que não ocorre no caso de adjudicação.

A escritura pública deverá conter a declaração de herdeiros e bens, observando-se o disposto no art. 620 do CPC. Com os valores atribuídos pelos herdeiros, sujeitos a posterior verificação pela Fazenda Estadual, os bens serão partilhados da forma que melhor lhes convier, sujeitando-se aos impostos decorrentes da divisão proposta.

Os herdeiros que desejarem poderão renunciar à herança ou cedê-la gratuita ou onerosamente a terceiros, que comparecerão à escritura na qualidade de cessionários.

A lei que regulará a capacidade para suceder é a que estiver em vigor na data da abertura da sucessão, independente da data em que for lavrada a escritura, o que deverá ser verificado pelo Tabelião.

234 | SUCESSÕES – *Orlando Gomes*

Nada impede que sejam inventariadas duas sucessões em uma mesma escritura, desde que acatadas restrições constantes do art. 672. do diploma processual.

No inventário extrajudicial, em princípio, não haverá a figura do inventariante, cuja nomeação compete ao Juiz, nos termos do art. 617. Os herdeiros poderão eleger um dentre eles para representar o espólio ativa ou passivamente nas ações propostas e, também, para dar cumprimento às obrigações deixadas pelo *de cujus*. A escritura servirá de título para provar, onde for necessário, a nomeação do representante, que terá os mesmos poderes do inventariante.

Qualquer erro cometido na escritura ou ocorrendo exigência procedente do Registro Geral de Imóveis, o ato notarial deverá ser rerratificado por outra escritura para as devidas correções.

Os bens que não forem incluídos na escritura poderão ser objeto de sobrepartilha, que deverá ser feita mediante nova escritura.

A escritura constitui título hábil para transferência dos imóveis perante o Registro Geral de Imóveis de ativos financeiros, e, também, para transferência dos bens móveis, embora nesse caso a lei seja omissa. Não faz sentido proceder à escritura de inventário e partilha para bens imóveis e, simultaneamente, ter de fazer o inventário judicial para transferência dos bens móveis.

O inventário negativo, que se destina a declarar a inexistência de bens a inventariar, também poderá ser feito por escritura pública].

225. Inventariante. Até ser liquidada e partilhada, permanece a *herança* um conjunto de bens indivisos, que precisam ser *administrados*.

Incumbe a administração, em princípio, a quem está na posse dos bens hereditários.

No Direito pátrio, a figura do administrador da herança confunde-se com a do *inventariante*. Como é nomeado *inventariante* normalmente esse possuidor, fundem-se as duas funções. Quem inventaria os bens administra-os [desde a assinatura do compromisso até a homologação da partilha.[3]]

A administração dos bens da herança impõe-se em razão do estado de indivisão em que se conservam até a partilha.

Compete ao inventariante:

a) trazer ao acervo os frutos que perceber no exercício do seu ofício;

b) arrendar e alienar os bens da herança, mediante acordo dos interessados e prévia autorização judicial;

c) realizar os créditos;

d) pagar as dívidas do espólio;

e) demandar e ser demandado em nome do espólio;

---

3 [Código Civil, art. 1.991].

f) usar os interditos possessórios contra qualquer pessoa, inclusive contra os próprios herdeiros.

Até que o inventariante assuma o cargo, prestando o compromisso legal, o espólio é representado ativa e passivamente por um administrador provisório. Possui tal condição [o cônjuge ou companheiro, se com o outro convivia ao tempo da abertura da sucessão, ou aquele que se encontrar na] na posse dos bens do espólio. Cumpre-lhe trazer ao acervo os frutos percebidos desde a abertura da sucessão. Tem direito ao reembolso das despesas que fizer. Responde, finalmente, pelo dano que causar por dolo ou culpa.

A administração dos bens da herança é legalmente deferida, em ordem sucessiva, a pessoas indicadas para exercer a inventariança, [podendo o Juiz, em casos excepcionais, inverter a ordem preferencial].

A nomeação do inventariante deve recair, em primeiro lugar, no *cônjuge* [ou companheiro] *sobrevivente*[, qualquer que seja o regime de bens,] cabendo-lhe continuar, até a partilha, na posse dos bens do defunto.

É necessário ainda que o cônjuge [ou companheiro sobrevivente] estivesse vivendo com o outro ao tempo de sua morte.[4]

Cabeça de casal não se confunde com *inventariante*; é o cônjuge [ou companheiro] que tem a posse e administração dos bens da herança até a partilha.

Na falta de cônjuge [ou companheiro] sobrevivente, deve ser nomeado *inventariante* o *coerdeiro* que estiver na posse e administração dos bens [e, ainda, o herdeiro menor, por seu representante legal]. Não havendo herdeiro, o *testamenteiro*. Se toda a herança foi distribuída em legados, o testamenteiro deve ainda ser nomeado *inventariante* se lhe foi confiada a administração do espólio. Vem em seguida, na ordem de vocação, [o cessionário do herdeiro ou legatário], o *inventariante judicial* [, *se houver,*] e qualquer pessoa [estranha] idônea onde não houver inventariante judicial.

O inventariante exerce a função de simples administrador dos bens da herança, não podendo aliená-los sem a autorização do juiz e o consentimento dos herdeiros.

226. Representação Legal. Na condição legal de *administrador*, tem o *inventariante* a *representação* do espólio, ativa e passiva, *in solidum*.[5]

O poder de agir no interesse do espólio lhe está atribuído na lei.[6]

Autorizado se acha, com efeito, a estar em juízo, como autor ou réu, propondo ações e recebendo citações, tal como se permite em relação a outros *nú-*

---

4   [Art. 993 do Código de Processo Civil de acordo com a redação dada pela Lei n. 12.195, de 14 de janeiro de 2010].

5   MORATO, Francisco. **Rev. dos Tribunais de São Paulo**, v. 112.

6   [Código de Processo Civil, art. 618].

cleos unitários, como a massa falida, que se representa pelo síndico, e a herança jacente, pelo seu curador.

O *inventariante dativo* não representa o espólio em juízo, devendo ser citados todos os herdeiros e sucessores do falecido nas ações em que o espólio for parte.

Ao *inventariante dativo* recusa-se, pois, o poder de representar o espólio em juízo, provando essa exclusão que tal representação é antes atribuída ao *cabeça de casal "lato sensu"*.

O *espólio* não é pessoa jurídica. Faltam-lhe os pressupostos necessários à *personalização*, mas, compondo-se de bens que se identificam em *massa* homogeneizada e de interesses nucleados unitariamente, precisa exercer atividade jurídica assemelhada à que corresponde aos sujeitos de direito, conquanto mais restrita.

O processo técnico de que se serve o legislador para possibilitá-la é atribuir--lhe *representação*.

Tal processo não tem merecido aplausos gerais. Condena-se a extensão dos poderes ínsitos a essa representação,[7] entendendo-se que deveriam ser limitados à prática estrita dos atos indispensáveis à defesa e garantia dos direitos atinentes à posse e administração dos bens da herança. A ação do inventariante restringir--se-ia à liquidação da dívida ativa e ao uso dos remédios possessórios e medidas preventivas para segurança e salvaguarda de direitos.

Censura-se, com mais ênfase, a concessão da *representação passiva "in solidum"*, sustentando-se que lhe deveria ser recusada, por evidente que aos próprios herdeiros deveria caber a orientação da defesa ou da proteção de seus interesses.[8]

Sem embargo de tais reparos e objeções, procede a atribuição de ampla representação ao administrador da herança, pois, de outro modo, não poderia exercer sua função. Ademais, a necessidade de citar todos os herdeiros em qualquer ação contra o espólio, ou de obter, de cada qual, poderes específicos para agir judicialmente constituiria sério estorvo aos interesses de terceiros e dos próprios herdeiros.

O receio de que não se conduza judicialmente com o mesmo interesse dos herdeiros dissipa-se diante da possibilidade de integrarem as lides como *litisconsortes*.

Ao inventariante, que não seja *dativo*, cumpre, por conseguinte, no exercício dos seus poderes de *administrador da herança*, representá-la, *in solidum*, ativa e passivamente. Desse modo, as sentenças proferidas, nos juízos em que for parte o *espólio*, são oponíveis aos herdeiros.[9]

O inventariante, sendo *dativo*, não representa *passivamente* também o espólio, mas pode praticar os atos necessários à proteção da posse dos bens hereditários e à sua própria administração. Em tese, porém, os direitos relativos à herança têm de ser exercidos conjuntamente por todos ou contra todos os herdeiros.

---

7 Carvalho Santos, Cândido Naves.

8 NAVES, Cândido. **Comentários ao Código de Processo Civil de 1939**. v. VI, p. 114.

9 NAVES, Cândido. Ob. cit. p. 118.

Cap. 30 · INVENTÁRIO | 237

227. Bens Sujeitos a Inventário. Ao inventariante cabe administrar os bens hereditários.

Se a nomeação recair no cônjuge sobrevivente, nenhuma dúvida se levanta. Não sendo inventariante o viúvo por se ter escusado ou ter sido removido, ainda assim lhe deve competir a administração dos bens do casal, por impossível a divisão antes da partilha.

No exercício do *munus*, o inventariante pode pedir aos herdeiros a entrega dos bens que lhe cabe administrar, que estejam em poder dos mesmos herdeiros.

Assiste-lhe igual direito contra *terceiros* que tenham em seu poder bens que devam ser restituídos ao espólio, podendo usar, para retomá-los, o interdito de reintegração de posse.

Cumpre-lhe trazer à *colação* os bens recebidos pelo herdeiro ausente, renunciante ou excluído.

228. Prestação de Contas. Os gestores de negócios alheios devem contas. Administrador da herança, o inventariante é obrigado a prestá-las.[10]

Podem ser pedidas a todo tempo, mas, de regra, prestam-se com [a partilha ou quando o juiz determinar]. Justifica-se também a prestação de contas após a partilha, se tem rendimentos a entregar ou despesas a cobrar.

Incluem-se na prestação não somente os gastos efetuados, como os *frutos* que houver percebido desde a abertura da sucessão, compreendidos os do cônjuge meeiro. O saldo é dividido entre os herdeiros na proporção do direito de cada qual.

Para aprovação das contas, requer-se parecer favorável dos interessados, ao qual não está, entretanto, adstrito o juiz.

Se as contas não forem aprovadas, ou se o inventariante não as prestar tempestivamente, será *removido*, a requerimento de qualquer dos interessados.

O cargo de inventariante é *gratuito*.

229. Remoção do Inventariante. A requerimento de qualquer interessado, pode o inventariante ser *removido*, se incorrer em faltas taxativamente discriminadas na lei.

As *causas* da remoção dividem-se conforme as omissões digam respeito ao *processo de inventário* ou ao exercício da *administração propriamente* dita dos bens da herança.

Pertencem ao primeiro grupo:

a) deixar de descrever, no prazo legal, os bens hereditários, não prestando tempestivamente as primeiras e últimas declarações;

b) não dar ao processo o andamento conveniente, suscitando dúvidas infundadas e praticando atos meramente protelatórios.

---

10 [Código de Processo Civil, art. 618, VII].

São causas de remoção por *incapacidade administrativa*:

a) sonegar, ocultar, desviar ou dilapidar bens do espólio;

b) causar, por negligência, considerável prejuízo à herança;

c) deixar correr à revelia ações contra o espólio;

d) não promover a cobrança das dívidas ativas ou não lhes interromper a prescrição;

e) deixar que os bens se deteriorem;

f) permitir que sejam danificados ou dilapidados.

Removido pode ainda ser se suas contas não forem aprovadas, ou se não forem prestadas tempestivamente.

A remoção [pode] ser decretada *ex officio* pelo juiz [em casos graves e que imponham seu imediato afastamento. Sendo proposta a ação de remoção, o inventariante deverá ser intimado para se defender]. Se o juiz o remover, nomeará outro observando a ordem de nomeação.

Sonegação é a ocultação intencional da existência de bens que devem ser descritos no inventário ou levados à colação. Há, por conseguinte, duas modalidades de sonegação: a que se dá quando o herdeiro, ou o inventariante, oculta bens dolosamente, e a que ocorre quando não traz ao inventário bem recebido como adiantamento de legítima para conferi-los. Se é o *inventariante* quem sonega bens, deve ser removido. Impõe-se a pena [de ofício] no próprio processo de inventário.

230. O Procedimento de Inventário [Judicial]. O inventário judicial é necessário [nos casos em que a lei o exige]. Para requerê-lo, é preciso ter legitimidade.

Tem-na quem estiver na posse e administração dos bens da herança e ainda o cônjuge [ou o companheiro] sobrevivo, o herdeiro, o legatário, o testamenteiro, o credor de herdeiro [, do] espólio [e do legatário,] e até o Ministério Público [e a Fazenda Pública,] se houver herdeiros absolutamente incapazes [ou quando tiver interesse].

Nomeado o inventariante e prestado o compromisso, fará o compromissado, no prazo de vinte dias, as *primeiras declarações*, que serão reduzidas a *termo* no qual se registram dados discriminados na lei. Seguem-se as *citações* ao cônjuge supérstite, aos herdeiros, aos legatários e à Fazenda Pública, ordenadas pelo juiz, a fim de que os citados se pronunciem sobre as declarações feitas. Passa-se, não havendo impugnação, à fase da *avaliação*. Concluída, presta o inventariante as *últimas declarações*, procedendo-se em seguida, à partilha [após o pagamento dos impostos devidos.[11]]

O procedimento especial de inventário e partilha é de jurisdição *contenciosa*.

---

11 [Código de Processo Civil, art. 620].

Em certas situações, como a de serem capazes todos os herdeiros ou de pequeno valor da herança, o inventário pode tomar a forma de *arrolamento*. O arrolamento previsto no art. [659] do CPC cabia, em primeiro lugar, quando fosse diminuto o valor da herança, ou quando todos os herdeiros fossem capazes, se quisessem fazer partilha amigável e requeressem-na conjuntamente, com indicação do inventariante e descrição dos bens. Era necessária a aquiescência do cônjuge sobrevivo. Não estava dispensada a sentença homologatória da partilha, bem como a optativa de julgamento, em contradição, aliás, com o pressuposto da convenção da partilha amigável. O processo toma a forma de *arrolamento sumário*, que se distingue pela dispensa da lavratura de termos de qualquer espécie. O procedimento é simples: os herdeiros, todos maiores e capazes, requerem ao juiz a nomeação de inventariante que designarem, declaram seus títulos e os bens do espólio e lhe atribuem, para fins de partilha, o respectivo valor. Não se admite avaliação de bens, nem se conhecem questões relativas ao lançamento, ao pagamento ou à quitação de taxas judiciárias ou de tributos incidentes na transmissão *mortis causa* da propriedade. O imposto de transmissão será objeto de lançamento administrativo caso o Fisco discorde dos valores atribuídos, devendo ser cobrado em processo à parte. Deste processo de *arrolamento sumário*, distingue-se o de *arrolamento simples*, [previsto no art. 664], facultado quando o valor dos bens do espólio for igual ou inferior a [1.000 (mil) salários mínimos]. No arrolamento simples é o inventariante nomeado que atribui o valor dos bens em estimativa que pode ser impugnada por qualquer dos interessados, hipótese na qual o juiz nomeará avaliador e deliberará sobre a partilha.

A lei dispensa de inventário ou arrolamento [as importâncias previstas na Lei n. 6.858, de 24.11.1980, consideradas] pequenas heranças, como, por exemplo, o levantamento do FGTS, bastando, para recebê-las, um alvará do juiz, como previsto [no art. 666 do Código de Processo Civil].

No caso do *inventário*, podem surgir questões cuja solução escapa ao julgamento do juiz que o preside. Chamam-se *questões de alta indagação*, [previstas no art. 612 do CPC,] porque exigem, quanto à matéria de fato, a produção de provas que o desviariam da sua finalidade. São de alta indagação as questões a respeito da nulidade do testamento, da doação, da partilha em vida, da deserdação, da indignidade, do reconhecimento de filho, de sonegados, da venda de ascendente a descendente, entre outras.[12]

---

12 MAXIMILIANO, Carlos. **Direito das sucessões**. 4. ed. v. III, p. 293.

Capítulo 31
COLAÇÃO

Sumário: 231. Localização. **232.** Fundamento. **233.** Natureza. **234.** Pressupostos. **235.** Sujeitos. **236.** Objeto. **237.** Modos. **238.** Valor dos Bens Doados.

231. Localização. O descendente que houver recebido doação de ascendente deve *conferi-la*, se concorre à sua sucessão com herdeiros da mesma classe.

A essa *conferência* indeclinável denomina-se *colação*.

No Direito nacional, os *descendentes sucessivos*, em qualquer grau, [e o cônjuge ou companheiro, quando com estes concorre], são obrigados à *colação*. [O acórdão proferido no REx. 878.694/MG entendeu que aos companheiros aplica-se a regra do art. 1.829 do Código Civil, não sendo, portanto, razoável admitir que, concorrendo com os descendentes, não confiram os bens recebidos por doação, quando estes estão obrigados a colacionar. Neste julgamento, a Corte declarando a inconstitucionalidade do art. 1.790 do Código Civil, afirmou: "No sistema constitucional vigente, é inconstitucional a distinção de regimes sucessórios entre cônjuges e companheiros (...)", apontando para que a igualdade prevaleça não somente na concorrência prevista no citado dispositivo, mas em todos os direitos e deveres. Entendemos que não havendo mais distinção de regime sucessórios entre cônjuges e companheiros, estes estão obrigados à conferência.

De forma que ao mencionar no presente capítulo o cônjuge estará inserto também o companheiro, por força do entendimento jurisprudencial].

Impõe-na a lei apenas a *herdeiros necessários*. A *colação* limita-se, consequentemente, ao campo da *sucessão legítima*. Se dúvida houvesse quanto a esse confinamento, não subsistiria à vista do preceito legal[1] que declara ter a colação por fim igualar as legítimas dos herdeiros. Somente o *herdeiro necessário* tem *legítima*.

No Direito de outros povos, é admitida, todavia, também na *sucessão testamentária*,[2] mas parece evidente a distorção da finalidade do instituto.

Os Códigos, em geral, disciplinam a colação no título concernente ao inventário e partilha, que é comum aos dois tipos de sucessão. Dessa localização,

---

1 [Código Civil, art. 2.003].
2 BARASSI. **Le successioni per causa di morte**. p. 329.

não se deve inferir, porém, que as disposições relativas à colação se aplicam indiferentemente à sucessão legítima e à testamentária. Situam-se nesse título porque a *conferência* dos bens recebidos, por doação, do ascendente comum ocorre depois de feitas as citações para o inventário.[3] O prazo é de [quinze] dias, *contados da abertura de vista dos autos aos herdeiros [para se pronunciarem sobre as primeiras declarações]*.

A oposição do herdeiro à pretensão de *conferência* é decidida pelo juiz do inventário, que mandará sequestrar os bens sujeitos à colação, para que integrem o espólio.

Se a questão for, entretanto, de alta indagação, remeterá as partes para as vias ordinárias.

232. Fundamento. Para justificar a exigência legal da *colação*, a doutrina invocava fundamentos diversos, lavrando discórdia entre os doutores. Seriam: *a)* a vontade presumida do ascendente; *b)* a igualdade entre os descendentes; *c)* a compropriedade familiar; *d)* a antecipação da herança; *e)* o interesse superior da família.[4]

Dessas teorias, melhor servem ao nosso direito positivo a da *igualdade entre os descendentes* e a da *antecipação da herança*.

A teoria da *vontade* presumida deve ser rejeitada, não somente por se atritar com a disciplina legal do instituto, como, também, por defeito técnico. Choca-se, realmente, com a norma que faculta ao ascendente *dispensar* a colação. Tecnicamente, as regras que estabelecem *presunção* não criam, como na hipótese, direitos substantivos nem constituem obrigações, limitando-se a impor ao juiz o dever de considerar provado determinado fato jurídico.[5] Da vontade presumida do ascendente não poderia nascer a obrigação de *conferir*, constituída por lei supletiva.

Inaceitável, igualmente, a teoria da *compropriedade familiar*, por se apoiar numa ficção. Durante a vida do ascendente, têm os descendentes apenas mera expectativa a igual participação no patrimônio que se tornará *herança*. Essa expectativa não converte em compropriedade esse patrimônio de que é exclusivo titular o ascendente com *liberdade de dispor*, ainda limitada.

Buscar, finalmente, o *fundamento* da obrigação de *conferir* doações no *interesse superior da família* é fugir ao problema, pois esse interesse se invoca como a razão de ser da sucessão legítima, tendo, assim, cunho genérico impróprio à fundamentação de instituto especial.

A teoria da *igualdade entre descendentes* inspirou o legislador pátrio na regulamentação do instituto. Os descendentes [e o cônjuge] são *herdeiros* obrigatórios. Pertence-lhes, de pleno direito, a metade dos bens do ascendente [ou do cônjuge]. Esta parte da herança tem de ser dividida em frações iguais. Quando o ascendente

---

3 [Código de Processo Civil, arts. 627 e 639].

4 GAZZARA. Collazione. In: **Enciclopedia del diritto**.

5 FORCHIELLI. Apud GAZZARA. trab. cit.

contempla, em vida, um [dos descendentes], revogaria o princípio da igualdade das *legítimas* se o bem doado não tivesse de ser conferido para constituição da metade indispensável. [O mesmo ocorre nas doações de um cônjuge ao outro quando concorrem com descendentes]. Os demais herdeiros seriam prejudicados, porque, além do que receberá gratuitamente antes da abertura da sucessão, o favorecido herdaria igual quota.

Obrigado, porém, a trazer ao acervo hereditário o que lhe foi doado, observar--se-á a regra da igualdade das legítimas.

Tende, pois, a *colação* a alienar a desigualdade entre *herdeiros necessários* descendentes [e o cônjuge], quanto às suas *legítimas* [*quando concorrerem com os descendentes*]. Não objetiva igualdade absoluta, porquanto pode o autor da herança dispor livremente da outra metade, deixando-a para um, ou alguns, de seus descendentes [ou, ainda, para o cônjuge], bem como imputar a doação nessa parte disponível, dispensando a colação.

A justificação desse instituto emana ainda da presunção de que, ao doar bem a um dos seus descendentes[, ou de cônjuge ao outro], tem o ascendente [ou o consorte] a intenção de lhe antecipar parte da herança. Diz, com efeito, [o art. 544] que tal doação constitui *adiantamento de legítima*. O direito do donatário de *renunciar* à herança não contradiz a tese, pois, ainda assim, o herdeiro favorecido está obrigado a conferir a doação para o fim de repor a parte excedente da legítima e mais a metade disponível.

233. Natureza. Não é pacífico o entendimento da doutrina a respeito da natureza de colação.

Prevalece, tradicionalmente, a opinião de que se consubstancia na *obrigação de restituir*, imposta legalmente ao descendente [ou ao cônjuge] que haja recebido do ascendente [ou do consorte], por *doação*.

A se admiti-la, o donatário transferiria ao acervo hereditário o bem *ex collatione*, importando, à exigência legal, *resolução* da doação. Essa transferência não ocorre. Pode o donatário alienar o bem antes da abertura da sucessão, sendo obrigado, nesse caso, a trazer à colação o seu valor; se a doação se resolvesse, o adquirente perderia, para o espólio, o bem adquirido. Por outro lado, se o herdeiro favorecido renunciar à herança, não estará obrigado a conferir a doação senão para o efeito de repor a parte inoficiosa.

A dificuldade de explicar a natureza da colação mediante tão simples construção teórica determinou investigações mais profundas de sua estrutura dogmática. A reunião do *donatum* ao *relictum* origina situação nova, caracterizada pela coexistência de duas *comunhões* distintas: a dos herdeiros descendentes entre si, que tem como objeto tanto o *relictum* como o *donatum*, e a dos descendentes com o estranho, que tem como objeto somente o *relictum*,[6] tanto assim que os credores

---

6 GAZZARA. **Enciclopedia del diritto.**

da herança não podem aproveitar-se do *donatum*, visto não ser bem do defunto.[7] Mas, como fenômeno sucessório, consiste na reconstituição do acervo hereditário para determinação exata da legítima de cada coerdeiro descendente, que deve se realizar por força de lei, cumpra, ou não, o donatário a obrigação de *conferir*, permanecendo eficaz a doação. Sendo simples *reconstituição* para fim específico, conserva o donatário a propriedade exclusiva do bem doado, superpondo-lhe à sua posição de *donatário* a de *herdeiro*, que se torna preeminente, segundo Gazzara.

234. Pressupostos. São pressupostos da colação:

a) a ocorrência de doação de ascendente comum [de um cônjuge ao outro];

b) a participação do donatário na sucessão do doador. [Ressalte-se que o cônjuge só participa nos casos em que concorre com os descendentes];

c) o concurso entre o donatário e outros descendentes do doador, do mesmo grau.

A obrigação de *conferir* é inexigível, entretanto, se dispensada pelo próprio doador.

A *dispensa* pode ser feita em *testamento*, ou na própria escritura de doação.[8]

É negócio jurídico *autônomo*, conquanto instrumentalmente unido a um dos dois atos pelos quais deve necessariamente expressar-se. Tem, realmente, *causa típica*.

Ainda quando se insere no contrato de *doação*, conserva a natureza de *negócio unilateral*.

A *revogabilidade* ou *irrevogabilidade da dispensa* depende de ser concedida no próprio instrumento de doação ou em testamento. Inserta no negócio *inter vivos*, torna-se irrevogável. Contida no negócio da última vontade, cai com a revogação do testamento.

É inadmissível a *dispensa virtual*. Não obstante se possa depreender das cláusulas da doação, ou do testamento, a vontade de dispensar a colação, somente vale a declaração *expressa* por infensa à natureza do ato qualquer declaração tácita.

Os *efeitos* da dispensa não são ilimitados. Se a doação é *inoficiosa*, o donatário dispensado fica obrigado, não obstante, a repor a parte excedente. Haverá, nesse caso, *dispensa parcial*.

Pressupõe a colação ato de *atribuição patrimonial* pelo qual o beneficiado enriquece à medida que empobrece o doador.

Se o beneficiado não quer, ou não pode, aceitar a herança, nem por isso se exime de conferir para restituir a parte inoficiosa.

---

7 CICU. **Successioni per causa di morte**. p. 511.

8 [Código Civil, art. 2.006].

Cap. 31 · COLAÇÃO | 245

Destinado a igualar legítimas, só é possível cogitar-se de colação quando concorram à sucessão vários descendentes [ou cônjuge], tendo cabimento, nesse caso, para a reconstituição do acervo hereditário a fim de se determinar a parte obrigatória de cada coerdeiro, bem como a restituição do que tenha excedido à legítima do renunciante ou do excluído.

Havendo um só herdeiro necessário, o *donatum* pode ser reunido ao *relictum* por meio de *imputação*. Esta se distingue da *colação* pela diversidade de fim e das pessoas entre as quais operam. Também na *imputação* o bem doado retorna para se calcular a *legítima* do descendente, incorporando-se ao *monte-mor* para ser partilhada a soma. É que na hipótese não há liberalidade, mas sim alternativa, *adiantamento de legítima*.

235. Sujeitos. Os descendentes [e o cônjuge] sucessíveis são obrigados à colação. [O Código Civil proclama que a finalidade da colação é igualar a legítima dos descendentes e do cônjuge (art. 2.003), e considera a doação de um cônjuge a outro como adiantamento de legítima (art. 544). Entretanto, o art. 2.002 do texto vigente declara expressamente que somente os descendentes estão obrigados à colação, apresentando uma nítida contradição com o citado art. 2.003. Persistiu o legislador pátrio no mesmo equívoco do legislador português, deixando uma lacuna ao não obrigar, também, o cônjuge a colacionar os bens recebidos em doação. No Direito português, o cônjuge sempre sucederá o *de cujus*, sendo, portanto, lógico que deva estar sujeito à colação quando tenha sido beneficiado em vida com uma doação feita pelo autor da herança. Oliveira Ascenção assim se manifesta: "Nada nos permite detectar uma intenção de excluir o cônjuge da colação. A lacuna preenche-se nos termos gerais do direito. Neste caso, por analogia, uma vez que se verifica, perante o cônjuge, que há as mesmas razões de decidir. Isso não tira que todo o articulado sobre colação tenha sido traçado tendo em vista os descendentes apenas. Haverá agora que fazer as adaptações necessárias para integrar também o cônjuge. III – O cônjuge só está sujeito à colação quando concorre com os descendentes. Não está quando intervém sozinho, pois não teria sentido, nem quando concorre com ascendentes, pois estes também não estão".[9] No Direito vigente, havendo restrição quanto ao regime de bens, o cônjuge sobrevivente só deverá colacionar os bens recebidos por doação de seu consorte quando concorrer à sucessão, nos casos previstos no art. 1.829].

Os netos não têm essa obrigação, salvo se, representando seus pais, forem chamados à sucessão. Neste caso, não trazem à colação os bens havidos diretamente, mas os que teriam de conferir os pais, se vivos estivessem.[10] É irrelevante que deles os tenham herdado.

Ainda no caso negativo, têm de proceder à *conferência*. Igual obrigação incumbe aos netos que sucedem por *direito de transmissão*, visto que teria o pai

---

9 [**Direito civil** – Sucessões. 4. ed. Coimbra: Coimbra Ed., p. 546].
10 [Código Civil, art. 2.009].

de conferir, se não houvesse falecido antes de se tornar exigível a obrigação, que nasce, entretanto, com a abertura da sucessão.

Sendo donatários do avô, somente são obrigados a conferir se concorrerem com outros netos por *direito próprio*. [Ressalte-se que o neto somente conferirá o bem doado se ao tempo da liberalidade fosse chamado à sucessão do doador. Caso contrário, reza o parágrafo único do art. 2.005, a doação presumir-se-á imputada na parte disponível do doador].

Os herdeiros excluídos por *indignidade*, ou *deserdação*, assim como os que *renunciarem* à herança devem conferir as doações recebidas, para *reposição* da *parte inoficiosa*. No caso de *exclusão*, seus descendentes tomam-lhe o lugar, beneficiando-se igualmente com a parte excedente. No caso de *renúncia*, acresce à legítima dos coerdeiros.

O herdeiro excluído não perde a parte oficiosa, que constituiria bem da legítima. A *exclusão* não é ato revocatório da liberalidade.

Obrigado a conferir bens recebidos é apenas o *herdeiro presuntivo* na qualidade de descendente sucessível. Assim, o genro não está adstrito a colacionar bem doado pelo sogro, a menos que a doação tenha sido feita a ambos os cônjuges, hipótese na qual fica sujeita à conferência somente a metade pertencente à filha.

236. Objeto. Conferem-se unicamente as doações e dotes recebidos pelos descendentes sucessíveis em vida do ascendente que lhes prodigalize tais benefícios como *adiantamento de legítima*.

Se o bem doado perecer sem culpa do donatário, a colação deixa de ser exigível.

Quando, porém, lhe seja imputável a perda, ou tenha sido ressarcido do dano sofrido, obrigado fica a conferi-lo por seu valor, ou pela importância recebida a título de indenização.

Se ao tempo do falecimento do doador o donatário não mais tiver o bem recebido, deve trazer à colação o seu valor.[11] É irrelevante o título da alienação; confere sempre o valor do bem ao tempo da abertura da sucessão, mesmo se o aliena onerosamente, por preço superior, de ocasião.

Posto aluda a lei a *doações*,[12] tem-se admitido que também estão sujeitas à colação outras *liberalidades*, nomeadamente as chamadas *doações indiretas*. São negócios jurídicos que, sem terem a natureza e a forma da doação, encerram liberalidade, como a *remissão de dívida*, o *negotium misto cum donatione*, a *renúncia* com intenção translativa, a *construção* em terreno do filho ou a *compra*, em seu nome, de determinado bem.

Excetuam-se da colação:

---

11 [Código Civil, art. 2.003, parágrafo único; Código de Processo Civil, art. 639, parágrafo único].
12 [Código Civil, art. 2.002].

a) os gastos ordinários do ascendente com o descendente, enquanto menor, na sua educação, estudos, sustento, vestuário, tratamento nas enfermidades, enxoval, despesas de casamento, o livramento em processo-crime de que tenha sido absolvido;[13]

b) as *doações remuneratórias*;[14]

c) os frutos e rendimentos dos bens doados.

Se a doação emanar de ambos os pais, conferir-se-á, *por metade*, no inventário de cada qual. A participação ocorre necessariamente quando são casados pelo regime da comunhão de bens e a doação tem por objeto bem comum.

Não se excluem da colação as acessões e benfeitorias dos bens recebidos como adiantamento da legítima.[15] [Se somente devem ser conferidos os bens recebidos em doação, não é razoável que as benfeitorias feitas com recursos do donatário sejam conferidas. Benfeitorias e acessões devem ser conferidas quando já integravam o bem doado]. A escolha do bem que não deve ser repartido, e venha a compor a legítima do conferente, pertence-lhe. O bem sujeito à colação pode ser sequestrado por ordem do juiz, se houver recusa de entregá-lo.

237. Modos. Por dois *modos* faz-se a *colação*:

a) *in natura*;

b) por imputação.

[Realiza-se pelo primeiro dos modos indicados, estabelece o parágrafo único do art. 2.003, quando não houver no monte bens suficientes para igualar as legítimas dos descendentes ou do cônjuge. Nesse caso,] o bem doado integra-se no acervo hereditário. Deixa, por conseguinte, de pertencer exclusivamente, desde a abertura da sucessão, ao coerdeiro-donatário, como se ainda pertencesse ao *de cujus* no momento de sua morte.

Na colação pelo segundo modo apontado, imputa-se, no quinhão do herdeiro-donatário, o valor [certo ou estimado que lhes atribuir o ato de liberalidade (art. 2.004)].

Entre nós, a colação por *imputação* cabe, [também], quando o donatário não mais possui o bem doado.[16]

Outros Códigos [deixam] à escolha do donatário-herdeiro o *modo de conferência*.

Em relação aos *bens móveis*, a colação [deve] cumprir-se mediante *estimação*.

---

13 [Código Civil, art. 2.010].

14 [Código Civil, art. 2.011].

15 [Código de Processo Civil, art. 1.014, parágrafo único].

16 [Código Civil, art. 2.003, parágrafo único].

Com o propósito de obviar os manifestos inconvenientes da *colação "in natura"*, [quando for o caso deve-se admitir] que os bens colacionados encham, preferencialmente, a legítima do colacionante.

A conferência *em substância* reduz-se a *termo* nos autos do inventário assinado pelo juiz, conferente e avaliador.

238. Valor dos Bens Doados. [O novo texto do Código de Processo Civil revogou o art. 2.004 do Código Civil, estipulando que o valor dos bens para efeito de colação será verificado no momento da abertura da sucessão do doador.

Pelas regras vigentes no Código de Processo Civil, a colação será sempre em substância, excetuando-se quando o bem não mais pertencer ao donatário. Nesse caso, será por estimativa. Deverão os bens ser avaliados no inventário, juntamente com os demais bens inventariados.]

Códigos modernos prescrevem [esse] critério, determinando que o valor dos bens doados é o que eles tiverem à data da abertura da sucessão. Levam-se em conta, assim, as variações ocorridas no valor dos bens entre o momento da doação e o da morte do doador, mas somente as que não resultarem de melhoramentos feitos pelo donatário. Do mesmo modo, não se atende à desvalorização proveniente de deterioração imputável ao mesmo donatário.

É manifesta a superioridade desse critério, atenta à circunstância de que a variação de valor se verifica, geralmente, em todos os bens, não apenas no que foi objeto da doação.

O Código de Processo Civil adotou este critério, prescrevendo que o bem deve ser conferido pelo valor que tiver ao tempo da abertura da sucessão, mas se a doação for em dinheiro, [deverá ser corrigida até o tempo da abertura da sucessão]. Pelo mesmo critério avaliam-se, para efeito de *abatimento*, as construções, as edificações e as outras *acessões*, bem como as *benfeitorias* de qualquer espécie [feitas pelo donatário].

Confere-se obviamente em *valor* quando o bem é vendido antes da abertura da sucessão pelo donatário ou se a doação é de dinheiro.

Capítulo 32
ENCARGOS DA HERANÇA

Sumário: 239. Discriminação dos Encargos. **240.** Pagamento das Dívidas. **241.** Separação de Bens do Espólio. **242.** Discriminação de Patrimônios. **243.** Dívida do Herdeiro. **244.** Responsabilidade dos Herdeiros.

239. Discriminação dos Encargos. A herança responde:

a) pelas despesas funerárias;
b) pela vintena do testamenteiro;
c) pelas dívidas do falecido;
d) pelo cumprimento dos legados.

As *despesas funerárias* constituem *dívidas póstumas*. Compreendem o enterro, o luto do cônjuge sobrevivente e filhos do finado, bem como os *sufrágios* por alma do falecido, mas, neste caso, se ordenadas em testamento ou codicilo.

Saem do *monte* da herança, haja, ou não, herdeiros legítimos,[1] devendo ser pagas antes de quaisquer dívidas. Gozam de *privilégio geral* os credores por esses encargos do espólio.[2]

O *testamenteiro* não sucessor tem direito a um *prêmio* por seus serviços, ainda denominado *vintena*. Por seu pagamento, responde a herança, mas, se houver herdeiro necessário, deduz-se da *metade disponível*.[3] Desta determinação legal, não se segue que o pagamento da vintena deixa de ser encargo do espólio, tanto assim que o prêmio que o testamenteiro perder, por ter sido removido, à herança reverte.

Na mesma faixa de responsabilidade encontram-se as despesas com a arrecadação e a liquidação do acervo hereditário, bem como as despesas judiciais.

Das *dívidas póstumas* propriamente ditas distinguem-se certas dívidas do falecido, que, também, gozam de *privilégio geral* nos bens do defunto. Originam-se de pessoas e gastos com a sua doença, efetuados no semestre anterior à morte.

---

1 OLIVEIRA, Itabaiana de. **Tratado de direito das sucessões**. t. III, p. 45.
2 [Código Civil, art. 965, n. I].
3 [Código Civil, art. 1.987, parágrafo único].

As *dívidas do falecido* não se confundem com o seu passivo, embora passem a integrá-lo, porque resultam de despesas, com ele feitas, em período próximo ao óbito. Não se confundem também com as dívidas póstumas, porque estas se correlacionam a créditos nascidos após a abertura da sucessão.

Responde a herança pelo passivo do patrimônio do defunto, conforme regras adiante enunciadas, bem como pelo cumprimento dos legados.

As *dívidas passivas* atendem-se com os bens do espólio, os que forem sub-rogados em seu lugar, o preço dos vendidos e os frutos percebidos até a partilha.

240. Pagamento das Dívidas. A responsabilidade da herança pelas dívidas do defunto limita-se às suas forças.

Conquanto se confundam o patrimônio do *de cujus* e o dos herdeiros, não respondem estes pelos encargos da sucessão, *ultra vires hereditatis*. Toda aceitação de herança é, entre nós, a *benefício de inventário*. Nestas condições, se o passivo do acervo hereditário for superior ao ativo, forma-se o *concurso de credores*, regendo-se as *preferências* e *privilégios* pelas regras próprias.[4] Instaura-se no próprio inventário.

Os *credores do espólio* devem promover a cobrança [em processo apartado ao] próprio processo de inventário, instruindo o requerimento com os respectivos títulos comprobatórios. Não havendo impugnação, determinará o juiz o pagamento da dívida, a ser efetuado antes da partilha. Se o crédito for impugnado, mandará reservar bens bastantes à sua satisfação, salvo se a impugnação fundar-se em pagamento devidamente comprovado. Tomada a providência, o credor é obrigado a iniciar a *ação de cobrança* no prazo de trinta dias, sob pena de caducidade da reserva determinada.

A *impugnação* de qualquer interessado é suficiente para não se atender ao credor no inventário.[5]

A iniciativa dos credores da herança não está subordinada à *descrição das dívidas passivas* pelo inventariante. Importa, porém, que promova a cobrança antes da partilha, isto é, *até o cálculo*, contando-se os juros até esse momento.

A lei assegura aos credores do espólio uma *garantia especial*, ao lhes outorgar a faculdade de requerer a *separação dos bens* suficientes ao pagamento das dívidas.[6]

241. Separação de Bens do Espólio. Os credores do monte podem pedir a separação dos bens bastantes ao pagamento das dívidas.

Com a providência evitam que se proceda à partilha sem que fiquem bens suficientes à satisfação de seus créditos, por se terem entregues os quinhões hereditários.

---

4   [Código Civil, arts. 955 a 965].

5   OLIVEIRA, Itabaiana de. Ob. cit. p. 51.

6   [Código de Processo Civil, art. 642, § 2º].

Cap. 32 · ENCARGOS DA HERANÇA | 251

A *separação* distingue-se da *reserva* de bens. O juiz manda *reservar* bens para a solução da dívida impugnada que conste de documento comprobatório da obrigação. É medida que se consolida se o credor iniciar a ação de cobrança no prazo de trinta dias. Nos bens reservados recai, oportunamente, a execução. Não os grava, porém, qualquer ônus real. Ficam provisoriamente guardados para que, julgada procedente a ação de cobrança, tenha o credor em que se satisfazer. Na *separação*, visa-se apenas à indicação de bens do espólio que devem ser entregues ao credor para solução da dívida, ou vendidos em hasta pública para o mesmo fim. O *pressuposto* da *separação* é a existência de *dívida não impugnada* enquanto a *reserva* supõe *dívida impugnada*. A *adjudicação* ao credor somente se efetua, importando *datio in solutum*, se convierem todos os interessados; do contrário, os bens devem ser alienados em praça para solver-se a dívida com o preço da arrematação, permanecendo o saldo no monte.

A *separação* ainda não é *solução da dívida*. Por outras palavras, não constitui, ao ser deferida, *dação em pagamento*. Os herdeiros não se demitem do domínio dos bens separados.[7]

A *separação* deve ser requerida ao juiz do inventário, *antes da partilha*, pelos credores do espólio. Não faria sentido admiti-las posteriormente. Pode o interessado preferir, no entanto, a ação de cobrança. Por ter requerido a separação, não está impedido de intentá-la.

O requerimento devidamente instruído tem de ser levado à audiência dos herdeiros, determinando o juiz a *separação*, se não houver *impugnação*, a qual não precisa ser fundamentada.

Os bens a serem apartados obedecem à sequência estabelecida na lei. Em primeiro lugar, dinheiro; e, em sua falta, quaisquer outros bens suficientes ao pagamento da dívida.

Deferida a *separação*, procede-se ao pagamento pela forma disposta na lei, solvendo-se, então, a dívida, inclusive por adjudicação, se concordarem os herdeiros.[8]

Legitimados a requerê-la são, unicamente, os *credores do espólio*, isto é, das dívidas existentes no momento da morte do autor da herança. Admite-se que também possam pedi-las os credores das *dívidas póstumas*. Excluídos são, apenas, os *credores dos herdeiros*.

242. Discriminação de Patrimônios. A sucessão hereditária estabelece a confusão entre o patrimônio do autor da herança e o do herdeiro.

Conquanto a *aceitação* se dê sempre a *benefício de inventário*, não respondendo os herdeiros, portanto, além das forças da herança, podem os credores estar interessados na discriminação dos dois patrimônios. Assegura-lhes a lei, e aos legatários, o direito de exigi-la.[9]

---

7 PONTES DE MIRANDA. **Comentários ao Código de Processo Civil**. t. VII, p. 108.
8 [Código de Processo Civil, art. 640, § 4º].
9 [Código Civil, art. 2.000].

O fim da providência é permitir que possam ser pagos com os bens da herança.

Terão, ademais, preferência no pagamento, se concorrerem com credores do herdeiro.[10]

A confusão entre o patrimônio do *de cujus* e o do herdeiro prejudicaria o credor, na hipótese de se tornar insolvente o sucessor.

243. Dívida do Herdeiro. A dívida do herdeiro ao espólio deve ser partilhada igualmente entre todos,[11] mas se imputa inteiramente no seu quinhão, consentindo a maioria.

O crédito do espólio considera-se como se a dívida do herdeiro fosse de pessoa estranha à sucessão.

A imputação na quota do herdeiro devedor somente se dá a seu pedido e com anuência dos coerdeiros.

Se o devedor for insolvente, a partilha da dívida prejudica aos coerdeiros, devendo ser totalmente imputada no quinhão do herdeiro devedor do espólio.

A regra da divisão entre todos foi adotada para prevenir fraudes, conforme advertira Teixeira de Freitas.[12]

Não conta a disposição legal com aplausos gerais. Observa Clóvis Beviláqua que a solução deveria ser o pagamento da dívida como se fazia no Direito Romano, e, visto que o devedor tem direito à sua quota hereditária, compensavam-se, em quanto equivalerem, o passivo com o ativo, o dever e o haver.[13]

244. Responsabilidade dos Herdeiros. Feita a partilha, o direito de cada um dos herdeiros circunscreve-se aos bens do seu quinhão. Do mesmo modo, cada qual só responde em proporção da parte que, na herança, lhe coube,[14] *nomina et debita hereditaria ipso jure dividuntus*.

Não se estabelece entre os herdeiros o *vínculo de solidariedade*. Se um deles não paga, o credor não pode dirigir-se aos outros. Os herdeiros, numa palavra, são, após a partilha, devedores de obrigação fragmentária.

Mas, se a dívida é *indivisível*, o que pagar tem direito regressivo contra os outros, dividindo-se a parte do coerdeiro insolvente, proporcionalmente, entre os demais.[15]

O legatário não é obrigado a pagar as dívidas do testador. Na hipótese de ser constrangido ao pagamento porque o bem legado estava hipotecado, torna-se credor dos herdeiros, a menos que, no testamento, se contenha outra disposição.

---

10 [Código Civil, art. 2.000].

11 [Código Civil, art. 2.001].

12 **Consolidação das leis civis**. Nota ao art. 1.208.

13 **Código Civil Comentado**. v. VI, p. 286.

14 [Código Civil, art. 1.997].

15 [Código Civil, art. 1.999].

Cap. 32 · ENCARGOS DA HERANÇA | **253**

O usufrutuário de quota do patrimônio hereditário que cumprir encargos da herança tem direito a exigir dos herdeiros, findo o usufruto, a restituição das quantias despendidas.

No caso de *evicção* dos bens aquinhoados, os coerdeiros ficam obrigados reciprocamente a indenizar-se, na proporção de suas quotas.

Calcula-se a indenização segundo o valor do bem ao tempo da partilha.

A obrigação cessa se excluída por acordo entre os coerdeiros, na partilha ou em separado; ou se a evicção se deu por negligência do evicto, como, por exemplo, se não opôs a usucapião.

O *legatário* não tem direito à indenização se sofre *evicção*, porque o fundamento da garantia é o princípio da *igualdade* de *partilha*, a ele inaplicável.[16]

---

16 OLIVEIRA, Itabaiana de. Ob. cit. p. 138.

Capítulo 33
SONEGADOS

Sumário: 245. Conceito. **246.** Pena. **247.** Caracterização. **248.** Ação de Sonegados. **249.** Efeitos.

245. Conceito. *Sonegação* é a ocultação dolosa de bens do espólio. Ocorre tanto se não descritos pelo inventariante com o propósito de subtraí-los à partilha como se não trazidos à *colação* pelo donatário.

Constituem em sonegação:

a) a omissão intencional de bens na declaração a que está obrigado o inventariante;[1]

b) a ocultação de bens da herança, em poder do herdeiro, ou de terceiro, com o conhecimento do inventariante;[2]

c) a omissão dos bens doados pelo testador sujeitos à colação;[3]

d) a recusa do herdeiro, ou do inventariante, de restituir bens que devem ser inventariados;[4]

e) a oposição do inventariante à descrição de bens indicados pelos herdeiros ou pelos credores.[5]

As disposições concernentes aos *sonegados* destinam-se a garantir aos herdeiros a *integridade* dos seus direitos sucessórios. Interessam, outrossim, ao Fisco, no que tange à cobrança do imposto de transmissão *mortis causa*.

Omissão e ocultação têm de ser *dolosas*. Necessário provar que o inventariante, ou o herdeiro, teve o propósito de prejudicar, de fraudar a partilha. Assim, o silêncio por ignorância não configura sonegação. Não a patenteia, igualmente, a omissão involuntária.

---

1 [Código Civil, art. 1.992].

2 [Código Civil, art. cit.].

3 [Código Civil, art. cit.].

4 [Código Civil, art. cit.].

5 [Código Civil, art. 1.993].

Imprescindível, em suma, a *má-fé*.

Interpretam-se restritamente os preceitos legais relativos à sonegação, porque cominam *pena civil* a quem incorre na falta.

246. Pena. O herdeiro que sonegar bens incorre numa *pena civil*, que consiste:

a) na perda do direito que, sobre os bens sonegados, lhe cabia;
b) no pagamento do valor dos bens ocultados, mais as perdas e danos, se não mais os tiver em seu poder.

Se o próprio *inventariante* for o sonegador, a pena consiste, ademais, na sua remoção do cargo. Sendo possível a arguição de *sonegados* depois de encerrado o inventário, como se admite sem oposição, é óbvio que esta pena somente se aplica quando arguida a sonegação antes de se ultimar, após as *declarações finais*.

Incorre na sanção não apenas quem ocultar *bens*, mas também quem omitir *créditos, simular* doações, falsificar escrita para diminuir o ativo, encobrir dívida de herdeiro para com o espólio, extraviar títulos de dívida, ou utilizar-se de crédito falso contra a herança para baixar o monte-mor, ou prejudicar herdeiro ou credor.[6] A pena aplica-se mediante *condenação* em ação específica. Quando se trata, porém, da *remoção do inventariante*, a urgência de medida autoriza a aplicação da pena independentemente do processo especial, comprovada plena e imediatamente com documentos a sonegação. Nos outros casos, a apuração da falta tem de ser desviada para as vias ordinárias, no entendimento pacífico de que constitui questão de *alta indagação*.

Incorrem na pena de sonegados:

a) o simples herdeiro;
b) o herdeiro investido no cargo de inventariante;
c) o cônjuge [ou companheiro, ainda que seja, somente,] meeiro.

[Tendo sido o cônjuge elevado à condição de herdeiro concorrente nas classes dos descendentes e dos ascendentes, deve-se sujeitar à pena de sonegados se ocultar bens da herança]. Recusam a extensão [ao que é somente meeiro] os escritores aferrados à interpretação literal da lei. Referindo-se o Código unicamente a *herdeiro*, e não o sendo o *meeiro*, inferem eles que o cônjuge não se acha compreendido entre as pessoas sujeitas à sanção legal. Outros opinam, porém, que tanto se lhe pode aplicar a pena de remoção do cargo do inventariante como a de perda da parte que lhe deveria caber nos bens ocultados. Prevalece esta interpretação.[7] Cabendo-lhe a inventariança, no pressuposto de que tem a posse dos bens do defunto, maiores são as oportunidades de sonegação, não se

---

6 MAXIMILIANO, Carlos. **Direito das sucessões**. v. III, p. 380.
7 Astolfo de Rezende, Carlos Maximiliano, Washington de Barros Monteiro.

justificando que, por não ser herdeiro, possa beneficiar-se da própria fraude. [O mesmo entendimento aplica-se ao companheiro].

Ao *testamenteiro* não se aplica a sanção. Contudo, se tiver a posse e a administração da herança, pode ser removido do cargo de inventariante.

Na pena, não incorrem, finalmente, o *legatário*, o *indigno* e o *renunciante*.

247. Caracterização. A caracterização da sonegação suscita divergências doutrinárias quanto à *prova da falta* e ao *momento* em que pode ser arguida.

Dividem-se os doutores na apreciação do *requisito subjetivo*. Para alguns, torna-se necessária a prova plena, pelo autor da ação, de que houve a intenção de ocultar ou desviar bens, podendo o réu defender-se com qualquer explicação aceitável. Para outros, o simples fato de ocultar os bens revela o propósito malicioso, incumbindo ao acusado provar a boa-fé. O *dolo* na sonegação existiria *in re ipsa*. A má-fé seria ínsita.[8] Em consequência, admitem, incorretamente, que compete ao réu provar que *não* agiu maliciosamente, com intenção fraudulenta. Deve-se aceitar, no particular, a velha lição de Ulpiano: "Sonegar não parece quem desviou uma coisa qualquer, sem ânimo deliberado ou maligno e tampouco quem agiu por equívoco a respeito de certo bem que julgou não pertencer à herança".[9] A intenção de fraudar precisa ser provada pelo acusador, eis que sonegar é ocultar dolosamente.

Quanto ao momento em que pode ser arguida, declara a lei que contra o inventariante somente cabe a arguição depois de encerrada a descrição dos bens com a declaração, por ele feita, de não existirem outros por inventariar e partir, e, contra o herdeiro, depois de declarar, no inventário, que os não possui.[10]

Prestadas, pois, as declarações finais no inventário e não descritos todos os bens, está caracterizada a sonegação, no sentido de que o herdeiro pode acionar o inventariante para que lhe seja aplicada a pena.

Quanto ao herdeiro, é necessária a interpelação.

Nada impede que a ação seja proposta depois de ultimado o inventário e realizada a partilha. É possível que o herdeiro venha a ter conhecimento da ocultação dolosa somente após esses atos, assistindo-lhe, então, direito a agir judicialmente.

248. Ação de Sonegados. A *pena de sonegados* só se pode impor em ação requerida para esse fim.

Envolve a questão *matéria de fato*, dependente de cuidadosa apuração, que não pode ser decidida no processo de inventário. Devem ser as partes remetidas, por esta razão, para as *vias ordinárias*.

---

8 BARROS MONTEIRO, Washington de. **Curso de direito civil**. v. VI, p. 288.

9 **Digesto**, L. 29, t. 2º, F. R. 71, § 8º.

10 [Código Civil, art. 1.996; Código de Processo Civil, art. 621].

Legitimados a propor a ação de sonegados são os *herdeiros* e os *credores* do autor da herança, intervindo, uns e outros, conforme quem tenha a iniciativa, como *assistentes*.

Não pode intentá-la o legatário.

Deve ser proposta contra o *herdeiro* ou o *inventariante*, admitindo-se a legitimação passiva do *cônjuge meeiro* quando exerce as funções de administrador dos bens da herança.

Comprovada a sonegação, o juiz impõe a pena na sentença que proferir.

A *sentença*, obtida pelo autor da ação, aproveita aos demais interessados, sejam herdeiros ou credores.

Seus efeitos são pessoais. Caso o sonegador venha a falecer no curso da ação, não se imporá a pena a seus herdeiros, pois é *personalíssima*. Contudo, se verificada for a existência de bens ocultados, devem ser sobrepartilhados.

Tem de ser ajuizada no foro do inventário e não pode ser cumulada com o pedido de anulação de partilha.

O direito de propô-la não decai pela circunstância de haverem os herdeiros concordado com as declarações do inventariante.

Conquanto interessado no acolhimento do imposto devido pela transmissão dos bens sonegados, não pode o Fisco requerer a aplicação da pena, senão somente reclamar que sejam inventariados para a devida cobrança.

Observe-se, por fim, que a ação de sonegados é inadmissível no inventário decorrente de *separação* ou *divórcio*, porquanto se destina a imposição de pena cabível unicamente na sucessão hereditária. Contudo, o cônjuge prejudicado com a omissão de bens na partilha tem direito a reclamar em ação que prescreve em [dez] anos, contados do acordo homologatório ou do trânsito em julgado da sentença.

A sonegação não implica apropriação indébita. O sonegador está sujeito unicamente à *pena civil*.

249. Efeitos. Procedente a ação, os bens sonegados devem ser restituídos ao espólio, para sobrepartilha. Não se refaz a partilha.

Responde o sonegador como *possuidor de má-fé*. Cumpre-lhe, desse modo, devolver os frutos percebidos. Incumbe-lhe, também, pagar os juros de mora.

Alienados que tenham sido bens sonegados, pagará o sonegador a importância dos valores, que ocultou, mais perdas e danos.[11] Válida é, por conseguinte, a alienação a terceiro de boa-fé, não podendo o juiz, ainda na de má-fé, anulá-la na ação de sonegados. Admitem alguns escritores[12] a possibilidade de os herdeiros reivindicarem-nos dos adquirentes, em vez de receberem o preço por que

---

11 [Código Civil, art. 1.995].

12 Entre nós, MAXIMILIANO, Carlos. Ob. cit. p. 385.

foi vendida. Alegam tratar-se de alienação *a non domino*, mas a anulação desse negócio jurídico cabe, tão só, quando o adquirente o realizou de má-fé.

O pagamento do valor da coisa sonegada é devido se perece por sua culpa; não assim no caso de se dever o perecimento a caso fortuito.

Capítulo 34
PARTILHA

Sumário: 250. Comunhão Hereditária. **251.** Direito de Exigir Partilha. **252.** Modalidades. **253.** Regras. **254.** Partilha Testamentária. **255.** Partilha em Vida. **256.** Modos de Partilhar. **257.** Efeitos da Partilha. **258.** Tornas e Licitação. **259.** Sobrepartilha. **260.** Anulação e Rescisão da Partilha.

250. Comunhão Hereditária. A concorrência, sobre a mesma coisa, de direitos de igual natureza expressa a figura jurídica que se conhece pelo termo genérico de *comunhão*. Deriva da vontade dos interessados ou da lei. A *comunhão legal* estabelece-se em virtude da indivisibilidade inevitável de certos bens ou em razão de circunstâncias que a fazem necessária. Nesta última hipótese, denomina-se *comunhão fortuita* ou *incidente*. É *provisória* e *inintencional*.

Quando, por morte de alguém, passa seu patrimônio a vários herdeiros, permanece ele indiviso até a partilha. Todos os sucessores a título universal, chamados a recolher a herança, tornam-se *contitulares* dos direitos e obrigações integrantes do *universum jus*.

Constitui-se, em suma, a *comunhão hereditária*.

Por sua natureza, é *circunstancial* e *transitória*. A menos que o autor da herança tenha dividido seus bens, em testamento, indicando os que devem compor o quinhão de cada herdeiro, não é possível saber-se, com a abertura da sucessão, a *parte concreta* de cada qual. Impõe-se a *indivisão*. Determinam-se as circunstâncias, somente não se estabelecendo quando o *auctor successionis*, solteiro, não tem herdeiros necessários e, no testamento, distribui os bens em *legados*.

A *comunhão hereditária* é naturalmente provisória, permanecendo apenas enquanto se processem os atos que possibilitam a *partilha*. Este é o seu ato extintivo. Distingue-se, sem dúvida, da *divisão hereditária*, existente apenas no *inventário*, do qual participem dois ou mais herdeiros, e na partilha judicial. A *divisão* é a distribuição dos bens entre os sucessores, mas, na prática, o vocábulo *partilha* não se emprega quando se trata de herdeiro único.

Formam a comunhão hereditária os direitos reais transmitidos pelo *de cujus*, créditos e débitos de que era titular como sujeito ativo ou passivo. Excluem-se, porém, os bens deixados a *legatário*, por ser ele sucessor a título singular.

262 | SUCESSÕES – *Orlando Gomes*

Se o defunto foi casado pelo regime da comunhão de bens, universal ou parcial, a *meação* do cônjuge sobrevivente participa igualmente do *estado de indivisão*, conquanto não integre a *herança* propriamente dita. A consistência *quantitativa* e *qualitativa* da metade dos bens que lhe pertence somente se pode obter no processo de *inventário* e *partilha*.

Aplicam-se à *comunhão hereditária* os princípios e regras concernentes ao [condomínio].

251. Direito de Exigir Partilha. O herdeiro tem o direito de exigir partilha.[1]

Não pode renunciá-lo nem vale a proibição de seu exercício determinada pelo *testador*.[2]

Podem requerê-la também:

a) o cônjuge meeiro;

[*b) o companheiro*];

c) o cessionário de herança;

d) o credor do herdeiro.

O direito de exigir partilha tem a *natureza*, os *caracteres* e a estrutura do direito do condômino de promover a extinção do condomínio. É um direito potestativo.

O direito de exigir partilha é *irrenunciável* no sentido de que o coerdeiro, ou outro titular, não pode privar-se de sua *titularidade*. Nada impede, entretanto, que todos os herdeiros convencionem que o patrimônio se conserve indiviso por certo prazo. Necessário, porém, que sejam legitimados à realização de *partilha amigável*.

O direito de exigir partilha sofreu, recentemente, grave restrição, estabelecida no Estatuto da Terra, quando o bem hereditário é imóvel rural que, por sua dimensão, não deve ser fracionado[3] por imposição legal. Em alguns ordenamentos jurídicos[4] declaram-se indivisíveis, no interesse da produção, certos bens; se fazem parte da *comunhão hereditária*, têm de ser adjudicados a um só dos coerdeiros, a todos indivisamente, ou devem ser vendidos a um estranho.

O direito de exigir partilha não se confunde com o de pedir quinhão. Este se exerce para que o juiz, em *despacho*, designe os bens que devam enchê-lo. O *pedido de quinhão* deve ser ajuizado pelos interessados e despachado pelo juiz, em prazo certo. O despacho de *deliberação de partilha* resolve os pedidos dos herdeiros e designa os bens que devem encher o quinhão de cada qual. O recurso deste despacho é o *agravo de instrumento*.

---

1 [Código Civil, art. 2.013].
2 [Código Civil, art. 2.013].
3 Lei n. 4.504, de 30.11.1964.
4 Código Civil italiano, art. 722.

Entendem alguns, entretanto, que não comporta recurso algum. Não há regras obrigatórias para o juiz, mas é prudente que observe os princípios tradicionais, condensados no Código de Processo (art. 997).

252. Modalidades. Pode a partilha ser *amigável* ou *judicial*.

A *partilha amigável* tem a estrutura de um contrato. Realiza-se, com efeito, mediante acordo dos interessados, que deve ser homologado pelo juiz se feito por instrumento particular. Dispensa homologação, o que se faz por escritura pública, ou é reduzido a termo nos autos do inventário. São pressupostos da partilha amigável:

a) a capacidade plena de todos os herdeiros;

b) a intenção de promovê-la sem discrepância.

É permitida unicamente se os herdeiros são maiores e capazes. *A contrario sensu,* se há *menores* ou *interditos,* não pode ser feita por mútuo consentimento. Impede também a partilha amigável a divergência entre herdeiros, visto que não se obterá a indispensável coincidência de vontades necessária ao acordo. A existência de um desses obstáculos torna necessária a partilha judicial, também chamada litigiosa.

[A lei processual admite o inventário extrajudicial, se todos os herdeiros forem maiores, capazes e não houver testamento. O inventário extrajudicial é uma faculdade deferida aos herdeiros. Todos devem estar concordes e serão assistidos por advogados. A lei[5] continua a exigir o *inventário judicial,* quando há herdeiros menores, ou maiores incapazes, ou, ainda, se houver testamento. Alguns Estados estão admitindo o inventário extrajudicial ainda que haja testamento, desde que os herdeiros maiores e capazes estejam acordes quanto à partilha. No caso do inventário extrajudicial, a partilha terá a forma de uma escritura pública, contrato entre as partes. No inventário judicial, seja na forma litigiosa, seja por arrolamento, ao fim e ao cabo, será proferida sentença homologatória da partilha, com natureza constitutiva].

Pode a *partilha* também ser reduzida a *termo nos autos.* Nestas condições, é também *judicial,* distinguindo da modalidade assim denominada por não ser deliberada pelo juiz. [A Lei n. 11.441, de 05.01.2007, que deu nova redação ao art. 1.031 do Código de Processo revogado previu] a homologação de [plano] pelo juiz mediante a prova de quitação dos tributos incidentes nos bens do espólio e em suas rendas. [O dispositivo foi reproduzido no art. 659 da lei processual vigente].

No despacho de deliberação da partilha atende o juiz:

a) ao regime de bens de extinta sociedade conjugal;

---

5 [Código de Processo Civil, art. 610].

b) ao título com que se apresentaram os herdeiros, isto é, se o são por direito próprio, representação ou transmissão;

c) a disposições testamentárias;

d) à eliminação do passivo e distribuição do ativo;

e) à alienação de bens para pagamento aos credores ou para tornar mais cômoda a divisão;

f) às operações de colação e imputação;

g) ao modo de partilhar.[6]

Do despacho de deliberação da partilha distingue-se a *sentença de partilha*. Esta põe termo a um processo de jurisdição contenciosa (*actio familiae erciscundae*). Tem autoridade de coisa julgada. Decide o juiz questões suscitadas no curso do inventário e organiza a divisão, contrariando, não raro, a vontade de interessados. Para desfazê-la, cabe o recurso de apelação ou a *ação rescisória*.[7] Não procede o entendimento dos que sustentam o cunho *voluntário* ou gracioso da jurisdição do processo de inventário e partilha.

O inventário extinto por sentença deliberativa é, na opinião prevalente, de natureza contenciosa.

Pode a partilha assumir feição especial se o pai, usando de faculdade legal, resolve fazê-la por ato entre vivos ou de última vontade, respeitando a legítima dos filhos. Se feita por *ato de última vontade*, isto é, um testamento, prevalece a sua deliberação, não tendo cabimento a partilha amigável, nem a judicial. Na outra hipótese, os bens são divididos em vida do doador.

Havendo um só herdeiro, inexiste, obviamente, partilha, mas simples adjudicação da herança, homologada por sentença.

A partilha consta de um *auto de orçamento* e de *folhas de pagamento*. No auto deve estar exarado o valor de cada quinhão e, nas folhas individuais, a cota a ser paga a cada sucessor e a relação dos bens que lhe couberam.

253. Regras. Mencionam-se na partilha o nome do autor da herança, do inventariante, do cônjuge, dos herdeiros, dos legatários e dos credores, o ativo, o passivo e o líquido partível, o valor de cada quinhão ([art. 653 do CPC]).

No partilhar os bens, deve-se observar a maior igualdade possível quanto ao seu valor, natureza e qualidade.[8] Formando-se os quinhões de sorte que todos os herdeiros adjudiquem bens da mesma espécie, procedendo-se à reta divisão na qualidade e quantidade, evitando-se, por exemplo, que apenas um deles fique com os bens imóveis. Cumpre ao juiz, em síntese, proceder *ex bono et aequo*.

---

6 OLIVEIRA, Itabaiana de. **Tratado de direito das sucessões**. v. III, p. 100.

7 LOPES DA COSTA. **A administração pública e a ordem jurídica privada**. p. 319; BUENO VIDIGAL, Luís Eulálio. **Ação rescisória**. p. 40.

8 [Código Civil, art. 2.017].

Importa prevenir a *contitularidade*, dividindo-se os bens por forma a que caibam os diversos quinhões, atenta à circunstância de que não convém o condomínio, por ser *mater rixarum*. Tão necessária se considera a regra *singulas res singulis haeredibus*, que a lei prescreve: não cabendo o imóvel [na meação do cônjuge ou companheiro ou] no quinhão de um só herdeiro, ou não admitindo divisão cômoda, deve ser [licitado entre os interessados ou] vendido [judicialmente] para divisão do preço se um ou mais herdeiros não lhe requerem a adjudicação, repondo aos outros, em dinheiro, o que sobrar.[9] É de consultar-se, outrossim, a *comodidade* dos herdeiros, levando-se em conta fatores pessoais, como a idade, o sexo, a profissão, assim como a própria situação física e jurídica do bem hereditário, adjudicando-se o imóvel, por exemplo, ao herdeiro proprietário de prédio contíguo ou se estiver, para com ele, na condição de prédio dominante ou serviente, e assim por diante. Cumpre, em suma, atender às seguintes regras:

1 – a da igualdade;

2 – a da prevenção de litígios futuros;

3 – a da comodidade dos coerdeiros.

A inobservância dessas regras enseja a impugnação da partilha e pode dar lugar à sua recusa, como quando o juiz infringe o preceito da igualdade dos quinhões, prejudicando manifestamente um ou alguns dos herdeiros.

Obedece a partilha à *ordem* seguinte: dívidas pagas, meação, parte disponível e quinhões hereditários. Exige-se atualmente que conste da partilha uma *folha de pagamento* em que se discrimine a quota a ser paga e se relacionem os bens.[10]

254. Partilha Testamentária. Pode o testador prover a composição dos quinhões dos herdeiros instituídos.

Ocorre, nesse caso, a chamada *atribuição qualificada*.[11] Há de partilhar-se a herança, assim dividida, na conformidade das disposições testamentárias.

Ao contrário do que se poderia supor, a partilha por *ato de última vontade* não pode identificar-se com uma *pluralidade de legados*.[12] Os herdeiros não se tornam legatários por efeito da individualização dos bens para o enchimento dos respectivos quinhões, porquanto, instituindo-os, o testador está a dispor de quotas-partes do seu patrimônio, como porção de sua substância.

A divisão pode ser total ou parcial, aplicando-se à parte não atribuída as regras da partilha comum.

Se os sucessores testamentários não são *herdeiros legitimários*, é inteiramente válida a estimativa dos bens por valor diverso do real, por irrelevante a despro-

---

9 [Código Civil, art. 2.019 e art. 649 do Código de Processo Civil].

10 [Código de Processo Civil, art. 653].

11 MESSINEO. **Manuale di diritto civile e commerciale**. v. III, p. 597.

12 AZZARITI e MARTINEZ. **Successioni per causa di morte e donazione**. p. 606.

porção. Caso contrário, cabe a ação de *redução*, para observância do princípio da igualdade das legítimas.

A composição material dos quinhões hereditários pode ser feita pelo testador ainda em relação aos bens que devem constituir a *legítima*, uma vez observadas as limitações legais. Sua vontade tem de ser respeitada, admitindo os doutos que a disposição é vinculante para os coerdeiros.

Entre nós, a *partilha testamentária* está prevista apenas em relação aos descendentes de quem deseje realizá-la por ato de última vontade.[13] Não se fazia mister prevê-la e permiti-la quando não há *herdeiros* necessários.

255. Partilha em Vida. A partilha em vida consiste na repartição dos bens entre descendentes, feita por ascendente comum mediante ato *inter vivos* ou de última vontade. O instituto está consagrado no Direito pátrio.

De configuração imprecisa e natureza controvertida, é condenado, na sua extensão, advogando-se a eliminação da modalidade de partilha-doação. Justificar-se-ia a abolição por três principais razões: 1ª) a dificuldade de sua construção jurídica, em virtude de sua natureza anômala; 2ª) o desatendimento de sua finalidade própria por se prestar a graves iniquidades, tendo-se em vista que o sentimento de respeito impede os filhos de se rebelarem contra a vontade paterna; 3ª) a possibilidade de alcançar-se sua finalidade mediante simples doação.[14]

Admitem-se duas *modalidades de partilha* em vida feitas por ascendentes:

a) partilha-doação, *divisio parentum inter liberos*;
b) partilha-testamento, *testamentum parentum inter liberos*.

A partilha-doação é tida, por alguns, como *sucessão antecipada*, enquanto outros consideram-na espécie do negócio jurídico que a qualifica. Trata-se, porém, de verdadeira partilha que se rege pelas regras atinentes à divisão hereditária e à doação. Deve o pai partilhante ter o poder de disposição dos bens no momento em que efetua a partilha.

Consistindo em doação, torna-se necessária a aceitação, expressa ou tácita, dos filhos. Compreende apenas os bens existentes, não podendo abranger sua totalidade, a menos que o doador tenha condições permanentes para prover a sua própria subsistência.

Não pode ser inoficiosa, cumprindo ao partilhante respeitar a *legítima* dos [herdeiros necessários].

---

13 [Código Civil, art. 2.018].
14 AZZARITI e MARTINEZ. **Diritto civile italiano secondo il Nuovo Codice**. p. 698.

Há de obedecer à *forma* prescrita para a doação, devendo constar de escritura pública se partilhados bens imóveis, mas podendo ser feita por escrito particular, se móveis.

O regime da comunhão de bens impede a partilha-doação por um só dos cônjuges, porquanto nenhum deles tem a propriedade exclusiva dos bens, nem é possível determinar, antes da dissolução da sociedade conjugal, os que constituem a *meação*.[15] Se o marido pudesse dividir, em vida, os bens que, por metade, lhe pertencem, estaria convertendo em regime de separação, na constância do matrimônio, o da *comunhão* – alteração esta não permitida, [exceto nos casos prescritos em lei].[16] Consente-se, porém, a *partilha-doação conjuntiva*, nada se opondo a que os cônjuges, num só e mesmo ato, repartam seus bens entre os filhos. A *doação conjunta* não é proibida. Seria absurda sua identificação ao defeso *testamento conjuntivo*.

A partilha conjuntiva não é possível quando os cônjuges têm filhos de leitos diferentes.

A *partilha-testamento* não levanta objeções, nem demanda maior investigação. Realiza-se com a intenção de prevenir discórdia, devendo ser respeitada pelo juiz.

Sua eficácia não é imediata, como na partilha-doação, nenhum direito transferindo aos herdeiros enquanto vivo o testador. Na hipótese de premorte do filho, o lote que lhe havia sido partilhado passa aos descendentes, e, se não os tem, divide-se entre os sobreviventes.[17]

Para alcançar o resultado da partilha em vida emprega-se, na prática, o *ato duplo*, pelo qual o pai doa seus bens aos filhos e, posteriormente, precedem estes à partilha, em ato distinto, do qual participa aquele. O processo é válido.

256. Modos de Partilhar. Depende o *modo de partilhar* do *modo de suceder*.

Sucede-se:

a)   por direito próprio;
b)   por direito de representação;
c)   por transmissão.

Quando os herdeiros sucedem *por direito próprio*, faz-se a partilha:

1 – por cabeça;
2 – por linha.

Procede-se à partilha *por cabeça* quando, no momento da abertura da sucessão, há *igualdade de grau de parentesco* dos herdeiros sucessíveis, da classe dos *descendentes* ou dos *colaterais*. Assim, falecendo o *auctor successionis* com todos

---

15 Cf. do autor, **Questões de direito civil**. p. 92.
16 LAFAIETE PEREIRA. **Pareceres**.
17 OLIVEIRA, Itabaiana de. Ob. cit. p. 126.

os filhos sobreviventes, partilha-se a herança em tantos quinhões iguais quantos os descendentes desse grau de parentesco. Do mesmo modo, se deixa apenas *colaterais* do segundo, do terceiro ou do quarto graus.

Faz-se por *linhas*, se sucessíveis são, no momento da abertura da sucessão, unicamente os *ascendentes* do mesmo grau de parentesco. Desse modo, sobrevivendo ao *de cujus* pai e mãe, ou avós, divide-se a herança, no primeiro caso, em duas partes, uma para o genitor e a outra para a genitora, e, na segunda hipótese, também em duas partes iguais, uma para os avós paternos e a outra para os maternos. Se houver *desigualdade de graus de parentesco* na linha ascendente, os parentes próximos excluem os mais remotos, adjudicando-se àqueles toda a herança.

Quando os herdeiros sucedem *por direito de representação*, faz-se a partilha *por estirpe*.

Para a sucessão *por direito de representação*, necessário é que, no momento da abertura da sucessão, haja, na *linha descendente*, ou *colateral, desigualdade de graus de parentesco*. Sendo chamados à sucessão *filhos* e *netos* do *de cujus* – estes por direito de representação, isto é, substituindo filho *premorto* –, divide-se a herança pelos descendentes diretos, formando os netos, seja qual for seu número, uma unidade, como se estivesse a herdar aquele a quem representam. Havendo, por exemplo, três filhos sobrevivos e quatro netos de filho premorto, partilha-se a herança em quatro partes, nunca em sete. O quinhão atribuído aos netos, igual aos dos filhos, subdivide-se, por sua vez, em tantas partes quantos são aqueles. É a *estirpe* que herda, e não cada descendente *indireto*. Na *linha colateral* também se dá o *direito de representação*, mas somente em favor do *sobrinho*, filho de irmão do finado. Divide-se a herança conforme a regra enunciada linhas *retro*.

Quando os herdeiros sucedem *por transmissão*, a herança se partilha intuitivamente *por estirpe*, visto que não há propriamente concurso, estabelecido que foi entre o herdeiro transmitente e os outros, herdando os adquirentes não do primeiro *auctor successionis*, senão do sucessor deste, falecido antes de aceitar a herança, ou no curso do inventário. Se alguém falece, deixando, por exemplo, três filhos, e um deles vem a morrer depois da abertura da sucessão, transmite-se a seus sucessores, como uma unidade, o direito hereditário que adquirira. Seu quinhão divide-se pelos herdeiros aos quais se transmitiu.

257. Efeitos da Partilha. Passada em julgado a sentença que julgar a partilha, a cada um dos herdeiros adjudicam-se os bens que lhe tocaram.

O efeito principal da partilha é declarar cada herdeiro sucessor único de bens que lhe couberam, assim considerado desde a abertura da sucessão.

Diz-se *retroativa* a sentença que homologa ou julga a partilha porque opera *ex tunc*.

Não é a partir do seu trânsito em julgado que o herdeiro adquire a titularidade dos direitos especificados no seu *quinhão*, mas desde o momento da abertura da sucessão. A sentença é meramente *declaratória*. Por outras palavras, não atribui direitos ao herdeiro.

Declara-os, firmando sua *consistência qualitativa*, indicando os que passam a ser objeto de sua exclusiva titularidade. Produz, em suma, o efeito de todo *juízo divisório*.

Feita a partilha, podem os herdeiros exigir do inventariante a entrega dos bens.

Recebe cada qual um formal de partilha, que se compõe das seguintes peças extraídas dos autos: termo de inventariante e título de herdeiro, avaliação dos bens do inventário que compuseram o quinhão deste em sua integridade e cujas frações tenham entrado na constituição do mesmo quinhão, pagamento do quinhão hereditário, certidão do pagamento de impostos, sentença.[18]

O formal de partilha tem força executiva contra o inventariante, os herdeiros e seus sucessores a título universal ou singular.

O *processo* é idêntico ao das *execuções*, devendo instaurar-se perante o juiz do inventário por meio de simples petição.

O formal de partilha pode ser substituído pela certidão do pagamento de quinhão hereditário, se o valor deste não exceder cinco vezes ao salário mínimo regional.[19]

Se houver erro de fato na descrição dos bens, as inexatidões podem ser corrigidas, ainda depois de ter passado em julgado a sentença.

Na partilha entram os bens que, por aplicação do princípio da *subrogação*, substituíram os que foram alienados no curso do inventário.

258. Tornas e Licitação. Na possibilidade de repartir os bens por forma que atenda estritamente à regra de igualdade da partilha em todas as classes dos bens da herança, determina a lei que se usem um dos dois processos seguintes:

a)   a *torna* ou *reposição*;

b)   a *licitação*.

Recorre-se ao primeiro processo quando, ultrapassando, [após avaliação atualizada], o valor de um imóvel indivisível o limite quantitativo do quinhão do herdeiro, ao qual se adjudica, paga ele, em dinheiro, a outro coerdeiro, o excesso.

A *torna* é, por conseguinte, uma *reposição*, admitida para resolver uma dificuldade.

O herdeiro interessado na adjudicação do bem repõe aos outros, em dinheiro, o que sobrar.[20]

---

18 [Código de Processo Civil, art. 655].

19 [Código de Processo Civil, art. 655, parágrafo único].

20 [Código Civil, art. 2.019, § 1º].

A adjudicação pode ser requerida pelo *cônjuge sobrevivente* [*ou pelo companheiro*] para que o imóvel que não couber em sua *meação* lhe seja entregue mediante *torna*.

O direito de requerê-la pressupõe desinteresse ou inconveniência quanto à posse comum do bem.

O processo de *reposição* não se emprega unicamente quando o bem não couber *necessariamente* na meação do cônjuge sobrevivo, [do companheiro] ou no quinhão de um só herdeiro. Pode adotar-se havendo acordo para que um dos herdeiros receba bens de valor superior ao seu quinhão. Neste caso, a *torna* passa a ser o *preço* da alienação que indubitavelmente ocorre.[21]

Se nenhum dos herdeiros, o cônjuge supérstite [ou o companheiro] se interessar em adjudicar o imóvel, a solução prescrita na lei é a sua *venda judicial*.[22]

Denomina-se *licitação*.

No Direito anterior, a licitação consistia numa espécie de leilão entre os coerdeiros.

O imóvel era adjudicado ao herdeiro que oferecesse maior lance acima de sua avaliação. Os manifestos inconvenientes desse sistema, principalmente o de favorecer os herdeiros mais ricos, aconselharam sua abolição. Outro passou a ser o conceito de *licitação*, outro, o significado técnico da palavra. No Direito atual, processa-se mediante a *venda em* hasta pública do bem que não pode ser comodamente partilhado ou não cabe no quinhão de um só herdeiro. É um *processo acessório* pelo qual se obtém a divisão do imóvel pelo seu *preço repartido* entre os herdeiros.

A essa solução se recorre somente se um dos interessados não quiser adjudicar o bem, repondo a diferença. Tanto cabe quando o imóvel é fisicamente indivisível como na hipótese em que sua divisão seja economicamente desaconselhável por importar desvalorização.

Na *licitação* atualmente admitida, os coerdeiros podem ser alijados por estranho que ofereça melhores condições para a aquisição do bem. Têm apenas *preferência*, em iguais condições de oferta.

[Se houver proposta para venda particular do bem, com a aquiescência de todos os interessados, deverá o juiz autorizar a sua venda].

259. Sobrepartilha. A sobrepartilha é uma *partilha adicional* de bens omitidos no inventário.

Admite-se quando conveniente seja não protelar a partilha, ou quando não se descreveram alguns bens, ocultados ou desconhecidos, quando haja bens litigiosos ou de liquidação difícil ou quando estejam em lugar remoto do juízo do inventário.

---

21 OLIVEIRA, Itabaiana de. Ob. cit. p. 130.
22 [Código Civil, art. 2.019].

Diversos, por conseguinte, os motivos.

No primeiro caso, os interessados convencionam-na para não retardarem a partilha.

Transferem para outro momento a repartição de bens remotos da sede do juízo, litigiosos, ou de liquidação difícil.[23] Permite-se esse *adiamento* sob o fundamento de que a divisão da parte líquida da herança não deve procrastinar-se por causa da parte ilíquida.

No segundo caso, torna-se indispensável, porque os bens aparecem depois de julgada a partilha. Se não foram descritos e inventariados, é óbvia a necessidade da partilha adicional. Não teria cabimento se a omissão determinasse a nulidade da partilha, mas a lei não lhe atribui tal consequência. Seja qual for o motivo da omissão, tem-se por válida e eficaz.

Os bens não descritos ficam sujeitos à *sobrepartilha*, quer tenham sido omitidos por *dolo* ou *ignorância*.[24] Sobrepartilham-se, assim, os *sonegados* e os que se descobrirem depois da partilha. Os bens litigiosos e distantes devem ficar sob a guarda do inventariante ou de outro que seja nomeado.

Obedece a sobrepartilha às regras estabelecidas para a partilha, devendo processar-se no inventário do autor da herança, com o mesmo inventariante, admitindo-se, porém, que seja outro.[25]

260. Anulação e Rescisão da Partilha. A questão da invalidade da partilha suscitava viva controvérsia em virtude de seu tratamento legal. O Código Civil [limita-se] a declarar sua anulabilidade pelos vícios e defeitos que invalidam, em geral, os [negócios] jurídicos, estatuindo que o prazo de [decadência] para promover a anulação seria um ano, [não estabelecendo, porém, o marco inicial]. Não havendo disposição quanto à nulidade, sustentavam alguns escritores que deveria ser observado o mesmo lapso [decadencial] nos casos de nulidade, entendendo outros que caberia aplicar a regra relativa à ação rescisória.

O Código de Processo [Civil] eliminou a controvérsia ao adotar novo sistema, que descansa na distinção entre *partilha anulável* e *partilha rescindível*, referida à distinção entre *partilha amigável* e *partilha litigiosa*, assim denominada a última em vista de ser julgada por sentença.

A *partilha amigável* é *anulável*; a *partilha litigiosa, rescindível*.

É que a primeira, conquanto deva ser reduzida a termo nos autos ou homologada pelo juiz, é em essência um contrato, estando exposta aos vícios psíquicos do consentimento. Assim como se pode anular qualquer contrato se a vontade é viciada por erro, dolo, ou coação, também a partilha amigável é anulável se eivada de um desses vícios.

Pode também ser anulada se intervém na sua conclusão algum herdeiro *incapaz*.

---

23 [Código de Processo Civil, art. 669, III e IV e parágrafo único; Código Civil, art. 2.021].
24 [Código de Processo Civil, art. 669, I e II; Código Civil, art. 2.022].
25 [Código de Processo Civil, art. 670; Código Civil, art. 2.021].

Porque só se admite entre pessoas capazes, a participação do *absolutamente incapaz* determina não a sua anulabilidade, mas a sua *nulidade*. O incapaz a que se refere a lei processual só pode ser quem o é *relativamente* à prática de certos atos.

Invadindo esfera do direito material, preceitua o Código de Processo que a *ação anulatória* prescreve em um ano, variando o termo inicial conforme a causa da anulabilidade e não mais da sua homologação.

A partilha julgada por sentença pode ser rescindida nos casos taxativamente enumerados na lei.[26] As duas hipóteses previstas são:

1 – a preterição de formalidade legal;

2 – a preterição de algum herdeiro ou a inclusão de quem não o seja.

A rescisão obtém-se por sentença em ação rescisória, para a qual se exige depósito nos termos do artigo 968, II, do CPC.

A anulação da partilha há de ser requerida exclusivamente pelo coerdeiro que declarou a vontade por erro, dolo ou coação.

Anulada a partilha, procede-se à outra. Não sendo possível a restituição dos bens repartidos, o herdeiro tem de trazer o equivalente, em dinheiro, salvo se pereceram sem culpa sua. Até a proposição da ação anulatória, os coerdeiros são considerados possuidores de boa-fé, salvo, evidentemente, o que agiu com dolo ou foi o autor da coação.

Rescindida a partilha, cumpre-se a formalidade legal cuja inobservância deu causa à rescisão. Se a causa da rescindibilidade tiver sido a preterição do herdeiro, dever-se-ia refazer o inventário para que pudesse intervir em atos e diligências, que lhe interessam fundamentalmente, como, por exemplo, a avaliação dos bens. No entanto, refaz-se a partilha.

Os atos de disposição praticados por pessoa que, sem ser herdeiro, foi incluído na partilha, são válidos se o adquirente estava de boa-fé, mas o intruso tem de repor o acervo hereditário de quanto o desfalcou.

Não há confundir as duas hipóteses. A *partilha amigável* é um negócio jurídico, que não perde a sua natureza com a homologação judicial. De resto, pode toda sentença homologatória ser resilida como os negócios jurídicos em geral, e, pela mesma razão, a *anulação* do ato homologado acarreta a sua ineficácia, virtude não tendo, como não tem, para validar contrato defeituoso por vício do consentimento. De resto, é *ato jurisdicional* tão somente na forma. [Extingue-se o direito de propor a] *ação anulatória* de *partilha amigável* [no prazo de] um ano, contado o prazo, se a causa tiver sido a *coação*, do dia em que tiver cessado, de quando houver acabado a *incapacidade*, se intervém incapaz, e da data de sua assinatura, no caso de *dolo* ou de *erro*.

---

26 COUTO E SILVA. Ob. cit. p. 396.

A *partilha judicial* não é anulável; é *rescindível*; vale dizer que só perde a eficácia por outra *sentença* proferida em *ação rescisória* fundada, em princípio, nos pressupostos *específicos*, dado que o preceito autorizante abre exceção à regra geral. O prazo para propô-la é de dois anos, entendendo-se que é de *decadência*. Trata-se de prazo gritantemente curto para invalidar sentença que, por exemplo, pretere herdeiro ou inclui numa partilha quem não o é.

Verdade é que o herdeiro preterido, sendo terceiro em relação à sentença, tem [dez] anos para intentar a ação de *petição de herança*.[27]

Observe-se, por último, que *não* está excluída a *ação de nulidade de partilha*, *admissível*, todavia, na *partilha amigável*, como prevista a sanção para os negócios jurídicos em geral.

A *sentença* na partilha judicial que é *nula* deve ser *rescindida*, se proferida por juiz incompetente ou violar literal disposição de lei, únicos pressupostos gerais admissíveis.

A declaração judicial de paternidade retroage ao momento da abertura da sucessão do pai, sendo nula a partilha do filho reconhecido, se não participou do inventário, e iniciando-se o prazo da prescrição quando toma conhecimento do ato. A anulação da partilha não se processa nos autos do inventário. Legitimado a promovê-la é unicamente quem seja sucessor do autor da herança. O reconhecimento de filho em ação de investigação de paternidade não invalida a partilha, devendo a invalidade ser pleiteada pela ação própria.

Se não foi feita, por ocasião da separação, a partilha dos bens do casal, o cônjuge sobrevivo concorre ao espólio na qualidade do meeiro, isto é, comunheiro dos bens existentes naquela data. Visando a receber o que lhe cabe na dissolução [da união estável ou da sociedade de fato, pode a companheira promover a nulidade da partilha].

---

27 [Código de Processo Civil, art. 658; Código Civil, art. 205].

ÍNDICE ALFABÉTICO DE ASSUNTOS

(Os números referem-se às páginas.)

A

Aceitação da herança
– a benefício de inventário, 25
– aceitação expressa, 24
– aceitação presumida, 24
– aceitação tácita, 24
– espécies, 24
– natureza da declaração, 23
Administração da herança
– administrador, 228
– bens, 227
– cabeça de casal, 225
– inventariante, 225
– inventariante dativo, 226
– prestação de contas, 228
– remoção, 229
– representação judicial, 226
– sonegados, 245

C

Caducidade do testamento
– classificação, 197
– como se rompe, 202
– descendente sucessível, 199
– exclusão, 203
– natureza, 196
– rompimento por superveniência, 198
– sobrevivência do herdeiro, 201
Capacidade sucessória
– conceito, 27
– *concepturos*, 28
– das fundações, 77
– das pessoas físicas, 28

– das pessoas jurídicas, 29
– incapacidade, 27
– incapacidade absoluta, 27
– incapacidade relativa, 27
– indignidade, 32
– nascituro, 28
Cautela sociniana, 66
Cessão de herança
– acepções, 4
– causa, 218
– conceito, 218
– determinado bem, 223
– efeitos, 223
– momento da cessão, 220
– natureza, 218
– particularidades, 222
– pressupostos, 221
– requisitos, 221
– transmissão da qualidade de herdeiro, 223
Cláusula de administração, 146
Cláusula de conversão, 145
Cláusula de decadência, 135
Cláusula de impenhorabilidade
– cláusula implícita, 144
– efeito, 144
– natureza, 144
Cláusula de inalienabilidade
– efeitos, 141
– espécies de inalienabilidade, 139
– inalienabilidade absoluta, 139
– inalienabilidade legítima, 139
– inalienabilidade relativa, 139
– inalienabilidade temporária, 139
– inalienabilidade vitalícia, 139
– justa causa, 137
– natureza, 140
– sub-rogação de bens inalienáveis, 142

Cláusula de incomunicabilidade
 – conceito, 143
 – inalienabilidade, 143
Codicilo, 79
 – finalidade, 79
 – forma, 79
Colação
 – fundamento, 232
 – imputação, 307
 – localização, 231
 – modos, 237
 – natureza, 233
 – objeto, 236
 – pressupostos, 234
 – sujeitos, 235
 – valor dos bens, 238
Comorientes, 13
Cônjuge
 – companheira, 58
 – direito de habitação, 56
 – direito de propriedade, 56
 – natureza do direito do cônjuge, 55
 – proteção, 57
 – sucessão, pressupostos, 54
 – usufruto, 57

D

Deserdação
 – casos, 186
 – cominatória, 185
 – comprovação da causa, 185
 – conceito, 183
 – efeitos, 188
 – erepção, 183
 – indignidade, 239
 – pressupostos, 184
 – reintegração da legítima, 184
Devolução sucessória, 15
 – aspectos, 17
 – efeitos, 18
 – indireta, 17
 – sucessiva, 18
Direito de acrescer
 – aplicação, 135
 – conceito, 132
 – designação conjuntiva, 131
 – fundamento, 133
 – natureza, 132
 – pressupostos, 134

 – regime do usufruto, 136
 – representação, 132
 – substituição, 132
Direito de deliberar, 22
Direito de representação
 – causas, 42
 – efeitos, 43
 – estirpe, 44
 – fundamento, 40
 – na linha colateral, 53
 – natureza, 40
 – pressupostos, 41
 – relação externa e interna, 43
 – subestirpe, 43,44
 – teorias sobre sua natureza, 40
 – vocação indireta, 40
Disposições conjuntas
 – direito de acrescer, 132
 – *re et verbis*, 131
 – *re tantum*, 131
 – traços da conjunção real, 131
 – *verbis tantum*, 131
Disposições testamentárias
 – a favor da alma, 123
 – à pessoa incerta, 123
 – a termo, 127
 – condicionais, 126
 – conjuntas, 131
 – conteúdo, 122
 – instituição de herdeiros, 127
 – interpretação, 122
 – modais, 128
 – motivadas, 130
 – pura e simples, 125

E

Encargos da herança
 – discriminação, 239
 – discriminação de patrimônios, 242
 – dívidas, 243
 – dívidas do herdeiro, 240, 243
 – pagamento das dívidas, 240
 – responsabilidade do herdeiro, 244
 – separação de bens, 241

Fenômeno sucessório
 – aquisição da herança, 19

– delação, 17
– momentos, 11
Fideicomissário
– direitos, 179
– obrigações, 179
– posição, 179
Fideicomisso
– caducidade, 180
– conceito, 175
– controvérsias, 182
– de resíduo, 177
– delação no fideicomisso, 11, 18
– dupla vocação, 177
– elementos constitutivos, 177
– elementos históricos, 176
– ineficácia, 181
– *inter vivos*, 177
– ordem sucessiva, 177
– teorias, 175
– usufruto, 182
Fiduciário
– direitos, 179
– obrigações, 179
– posição, 179
Formalismo, 115

Herança
– aceitação, 22, 23
– aquisição, 19
– conceito, 27
– efeitos da aquisição, 21
– momento cronológico da aquisição, 19
– momento jurídico da aquisição, 19
– natureza, 31
Herança jacente
– arrecadação, 64
– curador, 64
– *ereptio*, 62
– natureza, 63
– no direito moderno, 62
Herança vacante
– destinação dos bens vagos, 65
– noção, 65
– propriedades dos bens vagos, 65
Herdeiro
– distinção do legatário, 6
– sucessor a título universal, 5

Herdeiro aparente
– relações com o herdeiro real, 215
– relação do herdeiro real com o adquirente, 216

Indignidade
– casos, 32
– conceito, 27
– declaração de indignidade, 34
– efeitos, 33
– fundamento, 27
– legitimação ativa, 28
– natureza jurídica, 31
– no direito moderno, 30
– no direito romano, 30
– reabilitação do indigno, 35
– sentença, 34
Invalidade
– anulabilidade, 119
– captação, 120
– coação, 120
– das disposições testamentárias, 118
– erro, 120
– ineficácia, 121
– nulidade, 117
– revogação, 116
– rompimento, 116
– vícios extrínsecos, 117

L

Legados
– aceitação, 159
– adenção, 163
– alternativo, 154
– aquisição, 158
– caducidade, 163
– caracteres, 147
– classificação, 150
– caução muciana, 164
– conceito, 147
– condicionais, 128
– de alimentos, 153
– de coisa alheia, 150
– de coisa genérica, 150
– de coisas, 150

- de crédito, 155
- de dinheiro, 157
- de direitos reais, 157
- de dívida, 157
- de prestações periódicas, 157
- de quantidades certas, 157
- de renda, 157
- de usufruto, 152
- extinção, 163
- garantia, 164
- *in faciendo*, 157
- *legatorum servandorum causa*, 164
- *legatum liberationis*, 155
- *legatum nominis*, 155
- modais, 157
- modo de prestação, 160
- objeto, 149
- pagamento, 161
- puros e simples, 147
- renúncia, 159
- sujeitos, 148
- termo, 157
- translação, 163

Legítima
- adiantamento, 66
- proteção, 66
- redução das disposições testamentárias, 66

Liberalidades inoficiosas, 67
- ação de redução, 68
- como se efetua a redução, 68
- legitimação, 66
- objeto da ação, 68
- ordem da redução, 69
- redução, 68
- restituição, 68

Liberdade de testar, 70

M

Modos de suceder
- de partilhar, 39
- *jure proprio*, 39
- *jure representationis*, 39
- *jure transmissionis*, 39
- regras, 39

P

Pacto sucessório, 2

Partilha
- ação rescisória, 252, 260
- comunhão hereditária, 250
- direito de exigir, 251
- efeitos, 257
- invalidade, 260
- licitação, 258
- modalidades, 252
- modos, 256
- regras, 253
- sobrepartilha, 259
- testamentária, 254
- tornas, 258

Partilha em vida
- partilha-doação, 255
- partilha-testamento, 255

Petição de herança
- ação real, 212
- finalidade da ação, 211
- legitimação, 213
- natureza, 212
- particularidades da ação, 217

R

Renúncia
- conceito, 26
- eficácia, 26
- natureza, 26

Revogação do testamento
- alienação da coisa legada, 195
- classificação, 190
- do testamento revogatório, 192
- estrutura, 189
- expressa, 191
- inutilização, 194
- parcial, 190
- presumida, 195
- tácita, 193
- total, 190

S

Saisine, 19

Sonegados
- ação, 248

ÍNDICE ALFABÉTICO DE ASSUNTOS | 279

- caracterização, 247
- conceito, 245
- efeitos, 249
- pena, 246
Sublegado, 147
Substituição fideicomissária, 173
Substituição recíproca
- conceito, 172
- desigualdade, 172
- igualdade, 172
- parcial, 172
- regras, 172
- total, 172
Substituição vulgar
- caducidade, 167
- combinações, 167
- efeitos, 171
- fundamento, 169
- natureza, 168
- pressupostos, 170
- simultânea, 167
- sucessiva, 167
Substituições
- classificação, 166
- conceito, 165
- vocação indireta, 166
- vocação sucessiva, 165
Sucessão
- abertura, 12
- acepções da palavra, 4
- conteúdo, 10
- contratual, 7
- divisão necessária, 8
- do cônjuge, 49, 54,
- do Estado, 59
- dos ascendentes, 50
- dos descendentes, 47
- dos irmãos, 52
- dos parentes, 52
- dos parentes colaterais, 52
- dos tios e sobrinhos, 52, 53
- espécies, 7
- fonte, 16
- formas, 8
- hereditárias, 4
- *inter vivos*, 4
- legítima, 36
- legitimária, 36
- lugar da abertura, 14

- *mortis causa*, 4
- pressupostos, 9
- sentido objetivo, 4
- sentido subjetivo, 4
- sistemas, 8
- tempo de abertura, 14
- testamentária, 70
- título singular, 5
Sucessão codicilar, 72
Sucessão do Estado
- momento da aquisição, 61
- natureza, 60
Sucessão legal
- classes, 41
- graus, 43
- herdeiros facultativos, 46
- herdeiros legítimos, 37
- herdeiros necessários, 37
- legitimária, 36
- ordens, 36
- quando ocorre, 36
Sucessão testamentária
- antecedentes históricos, 71
- capacidade de suceder, 77
- capacidade de testar, 75
- conceito, 72
- lei reguladora, 73
- localização, 71
- no direito anterior, 71
- no direito romano, 71
- pressupostos, 74

T

Testamenteiro
- aceitação, 207
- atribuições, 208
- conjunto, 204
- dativo, 204, 206
- extinção, 210
- natureza, 205
- quem pode ser, 206
- remoção, 210
- testamentária, 204
- vintena, 209
Testamento
- aeronáutico, 111
- assinatura, 106
- caracteres, 101
- cerrado, 95

- comum, 78
- conceito, 72
- conjuntivo, 109
- conteúdo, 122
- correspectivo, 82
- data, 81
- de mão comum, 82
- especial, 81
- formas, 81
- marítimo, 110
- militar, 113
- nuncupativo, 114
- particular, 103
- *per relationem*, 81
- público, 85
- recíproco, 82
- reconstituição, 84
- sem testemunhas, 108
- simultâneo, 82

Testamento cerrado
- abertura, 100
- auto de aprovação, 98
- cédula testamentária, 96
- cerramento, 99
- conceito, 95
- formalidades, 95
- formalidades da cédula, 97
- incolumidade, 101
- legitimação, 96

Testamento marítimo
- caducidade, 112
- espécies, 110
- forma particular ou secreta, 110
- forma pública, 110
- formalidades complementares, 110
- holografia, 110
- legitimação, 110

Testamento militar
- caducidade, 112
- conceito, 109
- forma nuncupativa, 114
- formas, 109

- ineficácia, 121

Testamento nuncupativo
- quando se admite, 86
- testemunhas, 86

Testamento particular
- assinatura, 104
- autografia, 104
- conceito, 103
- confirmação, 106
- denominações, 103
- formalidades não essenciais, 107
- hológrafo, 103
- ineficácia, 107
- publicação, 106
- requisitos de eficácia, 106
- requisitos de validade, 104
- testemunhas, 108

Testamento público
- conceito, 87
- do analfabeto, 91
- do cego, 94
- do mudo, 93
- do surdo, 92
- formalidades essenciais, 88
- natureza, 86
- solenidades, 100
- testemunhas, 90
- unidade do ato, 87

Vintena, 209

Vocação hereditária
- conceito, 38
- concurso de sucessores, 45
- direta, 38
- indireta, 38
- ordem da vocação, 38
- pressupostos da sucessão, 9
- regras, 38
- sentidos da expressão, 38